南京审计大学重大课题《中国审计史料收集、整理与研究》（NSZD201730）

中国审计史料收集、整理与研究系列丛书

南京审计大学博物馆 主编

# 民国审计法规资料选编

◎ 谢冬慧 李相森 夏寒 编

知识产权出版社
全国百佳图书出版单位
—北京—

**图书在版编目（CIP）数据**

民国审计法规资料选编 / 谢冬慧, 李相森, 夏寒编. — 北京 : 知识产权出版社, 2019.10

（中国审计史料收集、整理与研究系列丛书）

ISBN 978-7-5130-6464-4

Ⅰ.①民… Ⅱ.①谢… ②李… ③夏… Ⅲ.①审计法 – 汇编 – 中国 – 民国 Ⅳ.①D922.279

中国版本图书馆CIP数据核字（2019）第206399号

**内容提要**

本书为民国时期我国审计法律法规汇编,本书按照宪法性文件的规定、审计及相关组织法、审计法及施行细则、审计管理法规等类型编排本选编,分为三大部分,上篇:审计的宪法性规定及相关法律;中篇:审计的管理法规及操作规范;下篇:审计案例。

责任编辑：张冠玉　　　　　　　　　　　　　　　　责任出版：孙婷婷

中国审计史料收集、整理与研究系列丛书

**民国审计法规资料选编**
MINGUO SHENJI FAGUI ZILIAO XUANBIAN
谢冬慧　李相森　夏　寒　编

| | | | |
|---|---|---|---|
| 出版发行： 知识产权出版社 有限责任公司 | 网　　址：http://www.ipph.cn |
| 电　　话：010 - 82004826 | http://www.laichushu.com |
| 社　　址：北京市海淀区气象路50号院 | 邮　　编：100081 |
| 责编电话：010 - 82000860 转 8699 | 责编邮箱：laichushu@cnipr.com |
| 发行电话：010 - 82000860 转 8101 | 发行传真：010 - 82000893 |
| 印　　刷：北京中献拓方科技发展有限公司 | 经　　销：各大网上书店、新华书店及相关专业书店 |
| 开　　本：720mm×1000mm　1/16 | 印　　张：20.75 |
| 版　　次：2019年10月第1版 | 印　　次：2019年10月第1次印刷 |
| 字　　数：464千字 | 定　　价：88.00元 |

ISBN 978 - 7 - 5130 - 6464 - 4

# 序

　　"中国审计史料收集、整理与研究"是2017年11月获批的南京审计大学校内重大项目。本课题旨在加强审计文化研究,推动审计学科建设。其具体意义表现在三个层面:首先,在学科发展层面,中国审计史资料是中国审计史、审计法学研究,以及审计学科建设的基础性工作,也是南审人建设高水平特色大学义不容辞的责任。其次,在学术创新层面,中国审计史料散落在各种文献之中,迄今尚无人进行系统整理和研究,这制约了审计史研究的发展。因此,将此类资料收集、整理、汇编和研究,在此基础上重修审计史,开拓出学术研究的新天地,并由此产生较浓的学术影响,也有助于确立南京审计大学学校特色研究、高水平办学的地位,甚至打造出全省、全国性的研究基地。最后,在人才培养与馆藏提升方面,本课题的研究也具有重大意义,通过收集、整理、汇编和研究审计史资料,不仅可以整合学校现有研究力量,造就专门人才,形成特色研究队伍,而且通过这种活动可以发现有重要价值的文献,再通过仿制的方式制作展品,弥补目前审计馆馆藏的不足。

　　立项之后,我们认真谋划,将所收集的资料范围锁定在中国古代、近代以及现当代三个大的历史时段,涉及有关财政监督、官员监察等活动所产生的审计资料。在此基础上,我们确定了具体的课题实施路径:首先,分成四个课题组,即中国古代审计课题组、民国审计课题组、红色审计课题组、现当代审计课题组。课题组通过梳理中国古代传统典籍、近代以来的档案以及现代法律、法规、文件等资料,析出与审计相关的内容,如审计体制、审计制度、审计机构、审计人物、审计案例等,然后分期、分类整理汇编,形成初步成果——资料选编。其次,鉴于本项工作的难度和工作量,本课题先从审计制度的史料收集和整理切入,再逐渐全面铺开。这样,在先期形成中国古代审计制度、民国时期审计法规及现当代中国审计法规的系列资料汇编或选编。

　　本课题是南京审计大学博物馆(审计文化与教育研究院)一项极其重要的工作,也是提升和传承审计文化的重要载体和学术平台。我们期待在未来几年,通过本课题平台人员的共同努力,最终形成一支热衷审计文化研究的专、兼职研究队伍,出版一批有分量的审计文化研究成果,真正为推动审计学科建设和提升南京审计大学学术影响力做出一点贡献。

南京审计大学博物馆(审计文化与教育研究院)

2019年6月

# 前　言

　　"由于经济社会发展的需求不同,不同国家在不同的经济社会发展阶段,其审计制度安排是不同的,审计在经济社会发展中承担的责任和发挥的作用,以及审计工作的表象具有很大差异。"❶那么,将不同时期的审计制度做一个系统的梳理,定会发现有价值的东西,值得今天参考和借鉴。

　　民国时期,是中国历史上法律较为发达的时期,审计法也遇到发展的好时机。特别是1927年4月,南京国民政府成立,加大了立法进程,1927—1937年的十年被称为民国立法的"黄金时期",在这一背景之下,审计立法成果斐然,仅就审计法规而言,可以说极为细致严密。

　　在此,我们将民国时期的审计法律法规做一个梳理,选择其中重要的部分编辑成册,以供审计学人研究参考。为便于读者参考使用,特做以下说明。

　　第一,我们将按照宪法性文件的规定、审计及相关组织法、审计法及施行细则、审计管理法规等类型编排本选编。其中,审计法规按照调整对象归类,每个调整对象所涉及的法规按照时间先后编排。

　　第二,法规原文大多无标点符号,编辑时加上了标点符号,原文"左列"改为"下列"、原文"右列"改为"上述"、"如左"改为"如下"。

　　第三,考虑到文本结构和文字编排的合理性,本汇编分为上、中、下三篇,上篇"审计的宪法性规定及相关法律"由宪法性文件的规定、审计及相关组织法、审计法及施行细则三部分构成;中篇"审计的管理法规及操作规范"由审计机构管理法规、审计人员管理法规、审计会议管理规则、审计程序规则、巡回与就地审计规范、专项审计规则、审计惩戒规则、审计资料处理规则、审计相关证件规则、特殊地方审计法规十部分构成;下篇由"北洋政府时期审计例举"和"国民政府时期审计案例"部分两大块构成。

　　第四,《民国审计法规资料选编》来源于中国第二历史档案馆、国家图书馆、上海图书馆、南京图书馆、南京大学古籍馆及民国研究中心、中国人民大学图书馆、广州档案馆、武汉档案馆、重庆档案馆、西北大学古籍馆、南通审计博物馆等多家收藏民国史料的单位。

　　第五,《民国审计法规资料选编》在酝酿设计和编纂过程中得到了学校分管领导裴育副校长的大力支持;得到原博物馆馆长、现为泽园书院院长的肖建新教授的精心指导;得到了博物馆张武宁副馆长以及民国审计课题组成员法学院李相森老师、政府审计学院夏寒老师、博物馆刘馨、姜琳琳、谢律星、胡英强等诸位老师,以及硕士研究生丁振宇与吴云等同学的大力支持和帮助,在此一并致谢。

---

❶ 刘家义:《中国特色社会主义审计理论研究》,中国时代经济出版社2013年版,第1页。

第六，《民国审计法规资料选编》将由知识产权出版社公开出版，多谢于晓菲、张珑两位编辑不辞辛劳的校对和审核工作，在此，我们致以衷心感谢。

"雄关漫道真如铁，而今迈步从头越"，尽管我们在资料收集、整理的过程中，已经遇到或者将来会遇到重重困难，但是，只要能够将审计文化的研究向前推进一步，我们的工作就非常有价值，也恳请学界朋友多多批评斧正。

编　者

2019 年 1 月

# 目　　录

# 上篇  审计的宪法性规定及相关法律

## 一、宪法性文件的规定

宪法被称为"法律中的法律",作为国家的根本法律,它规定了国家的根本任务和根本制度,包括审计制度。自1908年中国历史上第一部宪法性文件——《钦定宪法大纲》开始,中国有了宪法的历史。到了民国时期,宪法不断出台,先后有10部宪法性文件(不包括中国共产党革命根据地宪法性文件)问世。其中均对审计制度或者相关制度做了原则性规定,成为当时审计法律法规的指导性文件。

### (一)清末民国宪法性文件概览

**清末民国宪法性文件一览表**

| 序号 | 文件名称 | 颁布时间 |
|------|----------|----------|
| 1 | 钦定宪法大纲 | 1908年 |
| 2 | 宪法重大信条十九条 | 1911年 |
| 3 | 中华民国临时政府组织大纲 | 1911年 |
| 4 | 中华民国临时约法 | 1912年 |
| 5 | 天坛宪法草案 | 1913年 |
| 6 | 中华民国约法 | 1914年 |
| 7 | 中华民国宪法 | 1923年 |
| 8 | 民国政府建国大纲 | 1924年 |
| 9 | 中华民国宪法草案 | 1936年 |
| 10 | 中华民国宪法 | 1947年 |

### (二)清末宪法性文件与审计

**1. 钦定宪法大纲(1908年)(节选)**

(1908年8月27日,清末政府《钦定宪法大纲》颁布,共有23条内容,集中体现了对皇权的保护,其中对皇室经费的使用没有规定任何监督机制,例如第十三、十四条。)

十三、皇室经费,应由君上制定常额,自国库提支,议院不得置议;

十四、皇室大典,应由君上督率皇族及特派大臣议定,议院不得干预。

**2. 宪法重大信条十九条（1911年）（节选）**

（到了1911年11月颁布的《宪法重大信条十九条》对皇室的政治经济权利却有了一定的限制，集中体现在第十三、十四、十五、十六共四条内容。）

十三、官制官规，定自宪法；

十四、每年出入预算，必经国会议决，不得自由处分；

十五、皇室经费之制定及增减，概依国会议决；

十六、皇室大典，不得与宪法相抵触。

## （三）民国宪法性文件与审计

**1. 中华民国临时政府组织大纲（1911年）（节选）**

（《中华民国临时政府组织大纲》❶于1911年12月13日公布，共4章21条内容，其中2条内容与审计相关。）

第十条　参议院之职权如下：

三、议决临时政府之预算；

四、检查临时政府之出纳；

五、议决全国统一之税法、币制及发行公债事件。

第十七条：行政各部如下：

一、外交部；

二、内务部；

三、财政部；

四、军务部；

五、交通部。

**2. 中华民国临时约法（1912年）（节选）**

（《中华民国临时约法》❷于1912年3月11日公布，一共7章56条，其中1条内容与审计相关。）

第十九条　参议院之职权如下：

二、议决临时政府之预算、决算；

三、议决全国统一之税法、币制及度量衡之准则。

四、议决公债之募集及国库有负担之契约；

---

❶ 卞修权. 近代中国宪法文本的历史解读[M]. 北京：知识产权出版社，2006：177-179页。此大纲"可谓民国开创之临时宪法，值军事仓皇之时，为暂时权宜之计，草创伊始，美备纂难"。(见：谢振民. 中华民国立法史[M]. 北京：中国政法大学出版社，2000：303-304.)

❷ 卞修权. 近代中国宪法文本的历史解读[M]. 北京：知识产权出版社，2006：181-182.

十、得咨请政府查办官吏纳贿违法事件。

**3. 天坛宪法草案(1913年)(节选)**

(辛亥革命后第一届国会于1913年4月8日宣告成立,并由参众两院各选30人为宪法起草委员。同年10月31日完成《中华民国宪法草案》。共11章,113条。其中第十章"会计"专章涉及审计相关内容,但是没有法律效力。)

第九十五条 新课租税及变更税率,以法律定之。

第九十六条 现行租税未经法律变更者,仍旧征收。

第九十七条 募集国债及缔结增加国库负担之契约,须经国会议定。

第九十八条 国家岁出岁入,每年由政府编成预算案,于国会开会后十五日内,先提出于众议院。

参议院对于众议院议决之预算案修正或否决时,须求众议院之同意,如不得同意,原议决案即成为预算。

第九十九条 政府因特别事业,得于预算内,预定年限,设继续费。

第一〇〇条 政府为备预算不足或预算所未及,得于预算案内设预备费。预备费之支出,须于次会期请求众议院追认。

第一〇一条 下列各款支出,非经政府同意,国会不得废除或削减之:

一、法律上属于国家之义务者;

二、履行条约所必需者;

三、法律之规定所必需者;

四、继续费。

第一〇二条 国会对于预算案,不得为岁出之增加。

第一〇三条 会计年度开始,预算未成立时,政府每月依前年度预算十二分之一施行。

第一〇四条 为对外战争,或战定内乱不能召集国会时,政府经国会委员会之议决,得为财政紧急处分。

但须于国会开会后七日内,请求众议院追认。

第一〇五条 国家岁出之支付命令,须先经审计院之核准。

第一〇六条 国家岁出岁入之决算案,每年经审计院审定,由政府报告于国会。

众议院对于决算否认时,国务员应负其责。

第一〇七条 审计院以参议院选举之审计员组织之。

审计员任期九年,每届三年改选二分之一。审计员之选举及职任,以法律定之。

第一〇八条 审计院设院长一人,由审计员互选之。审计院院长关于决算报告,得于两院列席及发言。

**4. 中华民国约法**（1914年）（节选）

（《中华民国约法》❶于1914年5月1日公布，一共10章68条，其中8条内容与审计相关。）

第三十一条 立法院之职权如下：

二、议决预算；

三、议决或承诺关于公债募集及国库负担之条件；

第四十三条 国务卿、各部总长有违法行为时，受肃政厅之纠弹及平政院之审理。

第五十一条 国家岁出岁入，每年度依立法院所议决之预算行之。

第五十二条 因特别事件，得于预算内预定年限，设继续费。

第五十三条 为备预算不足或于预算以外之支出，须于预算内设预备费。

第五十六条 预算不成立时，执行前年度预算，会计年度既开始，预算尚未议定时亦同。

第五十七条 国家岁出岁入之决算，每年经审计院审定后，由大总统提出报告书于立法院，请求承诺。

第五十八条 审计院之编制，由约法会议议决之。

**5. 中华民国宪法**（1923年）（节选）

（《中华民国宪法》❷于1923年10月10日公布，其中14条内容与审计相关。）

### 第十一章 会计

第一一〇条 募集国债及缔结增加国库负担之契约，须经国会议定。

第一一一条 凡直接有关国民负担之财政案，众议院有先议权。

第一一二条 国家岁出岁入，每年由政府编成预算案，于国会开会后十五日内，先提出于众议院。

参议院对于众议院议决之预算案，修正或否决时，须请求众议院之同意。如不得同意，原议决案即成为预算。

第一一三条 政府因特别事业，得于预算内预定年限，设继续费。

第一一四条 政府为备预算不足或预算所未及，得于预算案内设预备费。

预备费之支出，须于次会期请求众议院追认。

第一一五条 下列各款支出，非经政府同意，国会不得废除或削减之：

一、法律上属于国家之义务；

二、履行条约所必需者；

三、法律之规定所必需者；

四、继续费。

第一一六条 国会对于预算案，不得为岁出之增加。

---

❶ 卞修权. 近代中国宪法文本的历史解读［M］. 北京：知识产权出版社，2006：187-190.

❷ 卞修权. 近代中国宪法文本的历史解读［M］. 北京：知识产权出版社，2006：203-204.

第一一七条　会计年度开始,预算未成立时,政府每月依前年度预算十二分之一施行。

第一一八条　为对外防御战争或戡定内乱,救济非常灾变,时机紧急,不得碟集国会时,政府得为财政紧急处分;但须于次期国会开会后七日内,请求众议院追认。

第一一九条　国家岁出之支付命令,须先经审计院之核准。

第一二〇条　国家岁出岁入之决算案,每年经审计院审定,由政府报告于国会。

众议院对于决算案追认案否认时,国务员应负其责。

第一二一条　审计院之组织及审计员之资格,以法律定之。

审计员在任中,非依法律,不得减俸,停职或转职。

审计员之惩戒处分,以法律定之。

第一二二条　审计院之院长,由参议院选举之。

审计院院长关于决算报告,得于两院列席及发言。

第一二三条　国会议定之预算及追认案,大总统应于送达后公布之。

### 6. 国民政府建国大纲(1924 年)

(针对国家建设,孙中山先生于 1924 年 4 月 12 日手书《国民政府建国大纲》25 条,提出了国家规划方案。大纲将选举、罢免、创制、复决作为人民应有之"权",将立法、行政、司法、考试、监察作为政府施政的"能"。只有权能分治,方能实现"万能政府"理想,实现三民主义的远大目标。)

**国民政府建国大纲**❶

**民国十三年四月十二日孙文书**

一、国民政府本革命之三民主义、五权宪法以建设中华民国。

二、建设之首要在民生,故对于全国人民之食衣住行四大需要,政府当与人民协力共谋;农业之发展,以足民食共谋;织造之发展,以裕民衣;建筑大计划之各式屋舍,以谋民居修治,道路运河以利民行。

三、其次为民权,故对于人民之政治知识能力,政府当训导之,以行使其选举权,行使其罢官权,行使其创制权。

四、其三为民族,故对于国内之弱小民族,政府当扶植之,使之能自决自治,对于国外之侵略强权,政府当抵御之,并同时修改各国条约,以恢复我国际平等、国家独立。

五、建设之程序分为三期:一曰军政时期,二曰训政时期,三曰宪政时期。

六、在军政时期,一切制度悉隶于军政之下,政府一面用兵力扫除国内之障碍,一面宣传主义,以开化全国之人心,而促进国家之统一。

七、凡一省完全砥定之日,则为训政开始之时,而军政停止之日。

八、在训政时期,政府当派曾经训练考试合格之员到各县,协助人民筹备自治,其程度以全县人口调查清楚、全县土地测量完竣、全县警卫办理妥善、四境纵横之道路修筑成功、而其人民曾受

---

❶ 蔡鸿源. 民国法规集成第 9 册[M]. 合肥:黄山书社,1999:40.

四权使用之训练而完毕,其国民之义务、誓行革命之主义者,得选举县官,以执行一县之政事,得选举议员以议立一县之法律,始成为一完全自治之县。

九、一完全自治之县其国民有直接选举官员之权有直接罢免官员之权,有直接创制法律之权有直接复决法律之权。

十、每县开创自治之时,必须先规定全县私有土地之价,其法由地主自报之,方政府则照价征税,并可随时照价收买,自此次报价之后,若土地因政治之改良、社会之进步而增价者,则其利益当为全县人民所共享,而原主不得而私之。

十一、土地之岁收、地价之增益、公地之生产、山林川泽之息、矿产水力之利皆为地方政府之所有,而用以经营地方人民之事业及育幼养老济贫救灾医病,与夫种种公共之需。

十二、各县之天然富源与及大规模之工商事业,本县之资力不能发展与兴办,而须外资乃能经营者,当由中央政府为之协助,而所获之纯利中央与地方政府各占其半。

十三、各县对于中央政府之负担,当以每县之岁收,百分之几为中央岁费,每年由国民代表定之,其限度不得少于百分之十,不得加于百分之五十。

十四、每县地方自治政府成立之后得选国民代表一员以组织代表会参与中央政事。

十五、凡候选及任命官员,无论中央与地方,皆须经中央考试铨定资格者乃可。

十六、凡一省全数之县,皆达完全自治者,则为宪政开始时期,国民代表会得选举省长为本省自治之监督,至于该省内之国家行政,则省长受中央之指挥。

十七、在此时期中央与省之权限采均权制度,凡事务有全国一致之性质者,划归中央;有因地制宜之性质者,划归地方不偏于中央集权或地方分权。

十八、县为自治之单位,省立于中央与县之间,以收联络之效。

十九、在宪政开始时期,中央政府当完成设立五院,以试行五权之治,其序列如:曰行政院、曰立法院、曰司法院、曰考试院、曰监察院。

廿十、行政院暂设如下各部:一内政部、二外交部、三军政部、四财政部、五农矿部、六工商部、七教育部、八交通部。

廿一、宪法未颁布以前各院长皆归总统任免而督率之。

廿二、宪法草案当本于建国大纲及训政宪政两时期之成绩,由立法院议订,随时宣传于民众,以备到时采择施行。

廿三、全国有过半数、省分达至宪政开始时期,即全省之地方自治,完全成立时期则开国民大会决定宪法而颁布之。

廿四、宪法颁布之后,中央统治权则归于国民大会行使之,即国民大会对于中央政府官员有选举权、有罢免权、对于中央法律有创制权、有复决权。

廿五、宪法颁布之日,即为宪政告成之时,而全国国民则依宪法行全国大选,举国民政府,则于选举完毕之后三个月解职,而授政于民选之政府,是为建国之大功告成。

### 7. 中华民国宪法草案（1936年）（节选）

（《中华民国宪法草案》于1936年5月2日由立法院通过，1936年5月5日由国民政府公布，别称《五五宪草》，也是后来《中华民国宪法》的雏形，共8章147条，其中13条内容与审计相关。）

第六十一条 下列事项应经行政会议议决：

一、提出于立法院之法律案、预算案。

二、提出于立法院之戒严案、大赦案。

三、提出于立法院之宣战案、媾和案、条约案、及其他关于重要国际事项之议案。

第六十四条 立法院有议决法律案、预算案、戒严案、大赦案、宣战案、媾和案、条约案、及其他关于重要国际事项之权。

第八十七条 监察院为中央政府行使监察权之最高机关，掌理弹劾惩戒审计，对国民大会负其责任。

第八十八条 监察院为行使监察权，得依法向各院各部各委员会提出质询。

第八十九条 监察院设院长副院长各一人，任期三年，连选得连任。

第九十条 监察委员由各省、蒙古、西藏、及侨居国外国民所选出之国民代表各预选二人，提请国民大会选举之，其人选不以国民代表为限。

第九十一条 监察委员任期三年，连选得连任。

第九十二条 监察院对于中央及地方公务员违法或失职时，经监察委员一人以上之提议，五人以上之审查决定，提出弹劾案，但对于总统副总统及行政立法司法考试监察各院院长副院长之弹劾案，须有监察委员十人以上之提议，全体监察委员二分一以上之审查决定，始得提出。

第九十三条 对于总统副总统行政立法司法考试监察各院院长副院长之弹劾案，依前条规定成立后，应向国民大会提出之，在国民大会开会期间，应请国民代表依法召集临时国民大会，为罢免与否之决议。

第九十四条 监察委员于院内之言论及表决对外不负责任。

第九十五条 监察委员除现行犯外，非经监察院许可，不得逮捕或拘禁。

第九十六条 监察委员不得兼任其他公职或执行业务。

第九十七条 监察委员之选举及监察院之组织，以法律定之。

### 8. 中华民国宪法（1947年）

（《中华民国宪法》[1]于1946年12月25日中华民国国民大会通过，1947年1月1日中华民国政府公布，1947年12月25日施行，其中3条内容与审计相关。）

#### 中华民国宪法

中华民国国民大会受全体国民之付托，依据孙中山先生创立中华民国之遗教，为巩固国权，保障民权，奠定社会安宁，增进人民福利，制定本宪法，颁行全国，永矢咸遵。

---

[1] 卞修权. 近代中国宪法文本的历史解读[M]. 北京：知识产权出版社，2006：216-235.

## 第一章 总纲

第一条 中华民国基于三民主义,为民有民治民享之民主共和国。

第二条 中华民国之主权属于国民全体。

第三条 具有中华民国国籍者为中华民国国民。

第四条 中华民国领土依其固有之疆域,非经国民大会之决议,不得变更之。

第五条 中华民国各族一律平等。

第六条 中华民国国旗为红地,左上角青天白日。

## 第二章 人民之权利义务

第七条 中华民国人民,无分男女、宗教、种族、阶级、党派,在法律上一律平等。

第八条 人民身体之自由应予保障。除现行犯之逮捕由法律另定外,非经司法或警察机关依法定程序,不得逮捕拘禁;非由法院依法定程序,不得审问处罚;非依法定程序之逮捕、拘禁、审问、处罚,得拒绝之。

人民因犯罪嫌疑被逮捕拘禁时,其逮捕拘禁机关应将逮捕拘禁原因,以书面告知本人及其本人指定之亲友。并至迟于二十四小时内移送该管法院审问。本人或他人亦得声请该管法院,于二十四小时内向逮捕之机关提审。法院对于前项声请,不得拒绝,并不得先令逮捕拘禁之机关查复。逮捕拘禁之机关,对于法院之提审,不得拒绝或迟延。

人民遭受任何机关非法逮捕拘禁时,其本人或他人得向法院声请追究,法院不得拒绝,并应于二十四小时内,向逮捕拘禁之机关追究,依法处理。

第九条 人民除现役军人外,不受军事审判。

第十条 人民有居住及迁徙之自由。

第十一条 人民有言论、讲学、著作及出版之自由。

第十二条 人民有秘密通讯之自由。

第十三条 人民有信仰宗教之自由。

第十四条 人民有集会及结社之自由。

第十五条 人民之生存权、工作权及财产权,应予保障。

第十六条 人民有请愿、诉愿及诉讼之权。

第十七条 人民有选举、罢免、创制及复决之权。

第十八条 人民有应考试、服公职之权。

第十九条 人民有依法律纳税之义务。

第二十条 人民有依法律服兵役之义务。

第二十一条 人民有受国民教育之权利与义务。

第二十二条 凡人民之其他自由及权利,不妨害社会秩序、公共利益者,均受宪法之保障。

第二十三条 以上各条列举之自由权利,除为防止妨碍他人自由,避免紧急危难,维持社会秩序,或增进公共利益所必要者外,不得以法律限制之。

第二十四条　凡公务员违法侵害人民之自由或权利者,除依法律受惩戒外,应负刑事及民事责任。被害人民就其所受损害,并得依法律向国家请求赔偿。

### 第三章　国民大会

第二十五条　国民大会依本宪法之规定,代表全国国民行使政权。

第二十六条　国民大会以下列代表组织之:

一、每县市及其同等区域各选出代表一人,但其人口逾五十万人者,每增加五十万人,增选代表一人。县市同等区域以法律定之。

二、蒙古选出代表,每盟四人,每特别旗一人。

三、西藏选出代表,其名额以法律定之。

四、各民族在边疆地区选出代表,其名额以法律定之。

五、侨居国外之国民选出代表,其名额以法律定之。

六、职业团体选出代表,其名额以法律定之。

七、妇女团体选出代表,其名额以法律定之。

第二十七条　国民大会之职权如下:

一、选举总统、副总统;

二、罢免总统、副总统;

三、修改宪法;

四、复决立法院所提之宪法修正案;

关于创制、复决两权,除前项第三、第四两款规定外,由全国有半数之县市曾经行使创制、复决两项政权时,由国民大会制定办法并行使之。

第二十八条　国民大会代表每六年改选一次。每届国民大会代表之任期,至次届国民大会开会之日为止。

现任官吏不得于其任所在地之选举区当选为国民大会代表。

第二十九条　国民大会于每届总统任满前九十日集会,由总统召集之。

第三十条　国民大会遇有下列情形之一时,召集临时会:

一、依本宪法第四十九条之规定,应补选总统、副总统时;

二、依监察院之决议,对于总统、副总统提出弹劾案时;

三、依立法院之决议,提出宪法修正案时;

四、国民大会代表五分之二以上请求召集时。

国民大会临时会,如依前项第一款或第二款应召集时,由立法院院长通告集会;依第三款或四款应召集时,由总统召集之。

第三十一条　国民大会之开会地点在中央政府所在地。

第三十二条　国民大会代表在会议时所为之言论及表决,对会外不负责任。

第三十三条　国民大会代表除现行犯外,在会期中,非经国民大会许可,不得逮捕或拘禁。

第三十四条　国民大会之组织,国民大会代表之选举、罢免,及国民大会行使职权之程序,以法律定之。

## 第四章　总统

第三十五条　总统为国家元首,对外代表中华民国。

第三十六条　总统统率全国陆海空军。

第三十七条　总统依法公布法律,发布命令,须经行政院院长之副署,或行政院院长及有关部会首长之副署。

第三十八条　总统依本宪法之规定,行使缔结条约及宣战、塘和之权

第三十九条　总统依法宣布戒严,但须经立法院之通过或追认。立法院认为必要时,得决议移请总统解严。

第四十条　总统依法行使大赦、特赦、减刑及复权之权。

第四十一条　总统依法任免文武官员。

第四十二条　总统依法授与荣典。

第四十三条　国家遇有天灾或灾害、房疫或国家财政经济上有重大变故,须为急速处分时,总统于立法院休会期间,得经行政院会议之决议,依紧急命令法,发布紧急命令,为必要之处置,但须于发布命令后一个月内提交立法院追认。如立法院不同意时,该紧急命令立即失效。

第四十四条　总统对于院与院间之争执,除本宪法有规定者外,得召集有关各院院长会商解决之。

第四十五条　中华民国国民年满四十岁者,得被选为总统、副总统。

第四十六条　总统、副总统之选举,以法律定之。

第四十七条　总统、副总统之任期为六年,连选得连任一次。

第四十八条　总统应于就职时宣誓,誓词如下:

"余谨以至诚,向全国人民宣誓,余必遵守宪法,尽忠职务,增进人民福利,保卫国家,无负国民付托。如违誓言,愿受国家严厉之制裁。谨誓。"

第四十九条　总统缺位时,由副总统继任,至总统任期届满为止。总统、副总统均缺位时,由行政院院长代行其职权,并依本宪法第三十条之规定,召集国民大会临时会,补选总统、副总统,其任期以补足原任总统未满之任期为止。

第五十条　总统于任满之日解职,如届期次任总统尚未选出,或选出后总统、副总统均未就职时,由行政院院长代行总统职权。

第五十一条　行政院院长代行总统职权时,其期限不得逾三个月。

第五十二条　总统除犯内乱或外患罪外,非经罢免或解职,不受刑事上之诉究。

## 第五章　行政

第五十三条　行政院为国家最高行政机关。

第五十四条　行政院设院长、副院长各一人，各部会首长若干人，及不管部会之政务委员若干人。

第五十五条　行政院院长由总统提名，经立法院同意任命之。

立法院休会期间，行政院院长辞职或出缺时，由行政院副院长代理其职务，但总统须于四十日内咨请立法院召集会议，提出行政院院长人选征求同意。行政院院长职务，在总统所提行政院院长人选未经立法院同意前，由行政院副院长暂行代理。

第五十六条　行政院副院长，各部会首长及不管部会之政务委员，由行政院院长提请总统任命之。

第五十七条　行政院依下列规定，对立法院负责：

一、行政院有向立法院提出施政方针及施政报告之责。立法委员在开会时，有向行政院院长及行政院各部会首长质询之权。

二、立法院对于行政院之重要政策不赞同时，得以决议移请行政院变更之。行政院对于立法院之决议，得经总统之核可，移请立法院覆议。覆议时，如经出席立法委员三分之二维持原决议，行政院院长应即接受该决议或辞职。

三、行政院对于立法院决议之法律案、预算案、条约案，如认为有窒碍难行时，得经总统之核可，于该决议案送达行政院十日内，移请立法院覆议。覆议时，如经出席立法委员三分之二维持原案，行政院院长应即接受该决议或辞职。

第五十八条　行政院设行政院会议，由行政院院长、副院长、各部会首长及不管部会之政务委员组织之，以院长为主席。

行政院院长、各部会首长，须将应行提出于立法院之法律案、预算案、戒严案、大赦案、宣战案、媾和案、条约案及其他重要事项，或涉及各部会共同关系之事项，提出于行政院会议议决之。

第五十九条　行政院于会计年度开始三个月前，应将下年度预算案提出于立法院。

第六十条　行政院于会计年度结束后四个月内，应提出决算于监察院。

第六十一条　行政院之组织，以法律定之。

## 第六章　立法

第六十二条　立法院为国家最高立法机关，由人民选举之立法委员组织之，代表人民行使立法权。

第六十三条　立法院有议决法律案、预算案、戒严案、大赦案、宣战案、媾和案、条约案及国家其他重要事项之权。

第六十四条　立法院立法委员依下列规定选出之：

一、各省、各直辖市选出者，其人口在三百万以下者五人，其人口超过三百万者，每满一百万人增选一人。

二、蒙古各盟旗选出者。

三、西藏选出者。

四、各民族在边疆地区选出者。

五、侨居国外之国民选出者。

六、职业团体选出者。

立法委员之选举及前项第二款至第六款立法委员名额之分配，以法律定之。妇女在第一项各款之名额，以法律定之。

第六十五条　立法委员之任期为三年，连选得连任，其选举于每届任满前三个月内完成之。

第六十六条　立法院设院长、副院长各一人，由立法委员互选之。

第六十七条　立法院得设各种委员会。

各种委员会得邀请政府人员及社会上有关系人员到会备询。

第六十八条　立法院会期，每年两次，自行集会，第一次自二月至五月底，第二次自九月至十二月底，必要时得延长之。

第六十九条　立法院遇有下列情事之一时，得开临时会：

一、总统之咨请。

二、立法委员四分之一以上之请求。

第七十条　立法院对于行政院所提预算案，不得为增加支出之提议。

第七十一条　立法院开会时，关系院院长及各部会首长得列席陈述意见。

第七十二条　立法院法律案通过后，移送总统及行政院，总统应于收到后十日内公布之，但总统得依照本宪法第五十七条之规定办理。

第七十三条　立法委员在院内所为之言论及表决，对院外不负责任。

第七十四条　立法委员，除现行犯外，非经立法院许可，不得逮捕或拘禁。

第七十五条立法委员不得兼任官吏。

第七十六条立法院之组织，以法律定之。

## 第七章　司法

第七十七条　司法院为国家最高司法机关，掌理民事、刑事、行政诉讼之审判，及公务员之惩戒。

第七十八条　司法院解释宪法，并有统一解释法律及命令之权。

第七十九条　司法院设院长、副院长各一人，由总统提名，经监察院同意任命之。

司法院设大法官若干人，掌理本宪法第七十八条规定事项，由总统提名，经监察院同意任命之。

第八十条　法官须超出党派以外，依据法律独立审判，不受任何干涉。

第八十一条　法官为终身职,非受刑事或惩戒处分,或禁治产之宣告,不得免职。非依法律,不得停职、转任或减俸。

第八十二条　司法院及各级法院之组织,以法律定之。

## 第八章　考试

第八十三条　考试院为国家最高考试机关,掌理考试、任用、铨叙、考绩、级俸、升迁、保障、褒奖、抚恤、退休、养老等事项。

第八十四条　考试院设院长、副院长各一人,考试委员若干人,由总统提名,经监察院同意任命之。

第八十五条　公务人员之选拔,应实行公开竞争之考试制度,并应按省区分别规定名额,分区举行考试。非经考试及格者,不得任用。

第八十六条　下列资格,应经考试院依法考选铨定之:

一、公务人员任用资格。

二、专门职业及技术人员执业资格。

第八十七条　考试院关于所掌事项,得向立法院提出法律案。

第八十八条　考试委员须超出党派以外,依据法律独立行使职权。

第八十九条　考试院之组织,以法律定之。

## 第九章　监察

第九十条　监察院为国家最高监察机关,行使同意、弹劾、纠举及审计权。

第九十一条　监察院设监察委员,由各省市议会、蒙古西藏地方议会,及华侨团体选举之。其名额分配依下列之规定:

一、每省五人。

二、每直辖市二人。

三、蒙古各盟旗共八人。

四、西藏八人。

五、侨居国外之国民八人。

第九十二条　监察院设院长、副院长各一人,由监察委员互选之。

第九十三条　监察委员之任期为六年,连选得连任。

第九十四条　监察院依本宪法行使同意权时,由出席委员过半数之议决行之。

第九十五条　调查权之行使:

监察院为行使监察权,得向行政院及其各部会调阅其所发布之命令及各种有关文件。

第九十六条　监察院得按行政院及其各部会之工作,分设若干委员会,调查一切设施,注意其是否违法或失职。

第九十七条　监察院经各该委员会之审查及决议,得提出纠正案,移送行政院及其有关部会,促其注意改善。

监察院对于中央及地方公务人员,认为有失职或违法情事,得提出纠举案或弹劾案,如涉及刑事,应移送法院办理。

第九十八条 监察院对于中央及地方公务人员之弹劾案,须经监察委员一人以上之提议,九人以上之审查及决定,始得提出。

第九十九条 监察院对于司法院或考试院人员失职或违法之弹劾,适用本宪法第九十五条、第九十七条及第九十八条之规定。

第一百条 监察院对于总统、副总统之弹劾案,须有全体监察委员四分之一以上之提议,全体监察委员过半数之审查及决议,向国民大会提出之。

第一百零一条 监察委员在院内所为之言论及表决,对院外不负责任。

第一百零二条 监察委员除现行犯外,非经监察院许可,不得逮捕或拘禁。

第一百零三条 监察委员不得兼任其他公职或执行业务。

第一百零四条 监察院设审计长,由总统提名,经立法院同意任命之。

第一百零五条 审计长应于行政院提出决算后三个月内,依法完成其审核,并提出审核报告于立法院。

第一百零六条 监察院之组织,以法律定之。

## 第十章 中央与地方之权限

第一百零七条 下列事项,由中央立法并执行之:

一、外交。

二、国防与国防军事。

三、国籍法及刑事、民事、商事之法律。

四、司法制度。

五、航空、国道、国有铁路、航政、邮政及电政。

六、中央财政与国税。

七、国税与省税、县税之划分。

八、国营经济事业。

九、币制及国家银行。

十、度量衡。

十一、国际贸易政策。

十二、涉外之财政、经济事项。

十三、其他依本宪法所定关于中央之事项。

第一百零八条 (中央立法事项)

下列事项,由中央立法并执行之,或交由省县执行之:

一、省县自治通则。

二、行政区划。

三、森林、工矿及商业。

四、教育制度。

五、银行及交易所制度。

六、航业及海洋渔业。

七、公用事业。

八、合作事业。

九、二省以上之水陆交通运输。

十、二省以上之水利、河道及农牧事业。

十一、中央及地方官吏之铨叙、任用、纠察及保障。

十二、土地法。

十三、劳动法及其他社会立法。

十四、公用征收。

十五、全国户口调查及统计。

十六、移民及垦殖。

十七、警察制度。

十八、公共卫生。

十九、赈济、抚恤及失业救济。

二十、有关文化之古籍、古物及古迹之保存。

前项各款,省于不抵触国家法律内,得制定单行法规。

第一百零九条　（省立法事项）

下列事项,由省立法并执行之,或交由县执行之:

一、省教育、卫生、实业及交通。

二、省财产之经营及处分。

三、省市政。

四、省公营事业。

五、省合作事业。

六、省农林、水利、渔牧及工程。

七、省财政及省税。

八、省债。

九、省银行。

十、省警政之实施。

十一、省慈善及公益事项。

十二、其他依国家法律赋予之事项。

前项各款,有涉及二省以上者,除法律别有规定外,得由有关各省共同办理。

各省办理第一项各款事务,其经费不足时,经立法院议决,由国库补助之。

第一百一十条 (县立法并执行事项)

下列事项,由县立法并执行之:

一、县教育、卫生、实业及交通。

二、县财产之经营及处分。

三、县公营事业。

四、县合作事业。

五、县农林、水利、渔牧及工程。

六、县财政及县税。

七、县债。

八、县银行。

九、县警卫之实施。

十、县慈善及公益事项。

十一、其他依国家法律及省自治法赋予之事项。

前项各款,有涉及二县以上者,除法律别有规定外,得由有关各县共同办理。

第一百一十一条 除第一百零七条、第一百零八条、第一百零九条及第一百一十条列举事项外,如有未列举事项发生时,其事务有全国一致之性质者属于中央,有全省一致之性质者属于省,有一县之性质者属于县。遇有争议时,由立法院解决之。

## 第十一章 地方制度

### 第一节 省

第一百一十二条 省得召集省民代表大会,依据省县自治通则,制定省自治法。但不得与宪法抵触。

省民代表大会之组织及选举,以法律定之。

第一百一十三条 省自治法应包含下列各款:

一、省设省议会。省议会议员由省民选举之。

二、省设省政府,置省长一人。省长由省民选举之。

三、省与县之关系。

属于省之立法权,由省议会行之。

第一百一十四条 (省自治法之司法审查)

省自治法制定后,须即送司法院。司法院如认为有违宪之处,应将违宪条文宣布无效。

第一百一十五条　省自治法施行中,如因其中某条发生重大障碍,经司法院召集有关方面陈述意见后,由行政院院长、立法院院长、司法院院长、考试院院长与监察院院长组织委员会,以司法院院长为主席,提出方案解决之。

第一百一十六条　省法规与国家法律抵触者无效。

第一百一十七条　省法规与国家法律有无抵触发生疑义时,由司法院解释之。

第一百一十八条　直辖市之自治,以法律定之。

第一百一十九条　蒙古各盟旗地方自治制度,以法律定之。

第一百二十条　西藏自治制度,应予以保障。

### 第二节　县

第一百二十一条　县实行县自治。

第一百二十二条　县得召集县民代表大会,依据省县自治通则,制定县自治法。但不得与宪法及省自治法抵触。

第一百二十三条　县民关于县自治事项,依法律行使创制复决之权,对于县长及其他县自治人员,依法律行使选举罢免之权。

第一百二十四条　县设县议会。县议会议员由县民选举之。

属于县之立法权,由县议会行之。

第一百二十五条　县单行规章,与国家法律或省法规抵触者无效。

第一百二十六条　县设县政府,置县长一人。县长由县民选举之。

第一百二十七条　县长办理县自治,并执行中央及省委办事项。

第一百二十八条　市准用县之规定。

### 第十二章　选举罢免创制复决

第一百二十九条　本宪法所规定之各种选举,除本宪法别有规定外,以普通、平等、直接及无记名投票之方法行之。

第一百三十条　中华民国国民年满二十岁者,有依法选举之权。除本宪法及法律别有规定者外,年满二十三岁者,有依法被选举之权。

第一百三十一条　本宪法所规定各种选举之候选人,一律公开竞选。

第一百三十二条　选举应严禁威胁利诱。选举诉讼,由法院审判之。

第一百三十三条　被选举人得由原选举区依法罢免之。

第一百三十四条　各种选举,应规定妇女当选名额,其办法以法律定之。

第一百三十五条　内地生活习惯特殊之国民代表名额及选举,其办法以法律定之。

第一百三十六条　创制复决两权之行使,以法律定之。

## 第十三章　基本国策

### 第一节　国防

第一百三十七条　中华民国之国防,以保卫国家安全,维护世界和平为目的。国防之组织,以法律定之。

第一百三十八条　全国陆海空军,须超出个人、地域及党派关系以外,效忠国家,爱护人民。

第一百三十九条　任何党派及个人不得以武装力量为政争之工具。

第一百四十条　现役军人不得兼任文官。

### 第二节　外交

第一百四十一条　中华民国之外交,应本独立自主之精神,平等互惠之原则,敦睦邦交,尊重条约及联合国宪章,以保护侨民权益,促进国际合作,提倡国际正义,确保世界和平。

### 第三节　国民经济

第一百四十二条　国民经济应以民生主义为基本原则,实施平均地权,节制资本,以谋国计民生之均足。

第一百四十三条　中华民国领土内之土地属于国民全体。人民依法取得之土地所有权,应受法律之保障与限制。私有土地应照价纳税,政府并得照价收买。

附着于土地之矿及经济上可供公众利用之天然力,属于国家所有,不因人民取得土地所有权而受影响。

土地价值非因施以劳力资本而增加者,应由国家征收土地增值税,归人民共享之。

国家对于土地之分配与整理,应以扶植自耕农及自行使用土地人为原则,并规定其适当经营之面积。

第一百四十四条　公用事业及其他有独占性之企业,以公营为原则,其经法律许可者,得由国民经营之。

第一百四十五条　国家对于私人财富及私营事业,认为有妨害国计民生之平衡发展者,应以法律限制之。

合作事业应受国家之奖励与扶助。

国民生产事业及对外贸易,应受国家之奖励、指导及保护。

第一百四十六条　国家应运用科学技术,以兴修水利,增进地力,改善农业环境,规划土地利用,开发农业资源,促成农业之工业化。

第一百四十七条　中央为谋省与省间之经济平衡发展,对于贫瘠之省,应酌予补助。

省为谋县与县间之经济平衡发展,对于贫瘠之县,应酌予补助。

第一百四十八条　中华民国领域内,一切货物应许自由流通。

第一百四十九条　金融机构,应依法受国家之管理。

第一百五十条　国家应普设平民金融机构,以救济失业。

第一百五十一条　国家对于侨居国外之国民,应扶助并保护其经济事业之发展。

### 第四节　社会安全

第一百五十二条　人民具有工作能力者,国家应予以适当之工作机会。

第一百五十三条　国家为改良劳工及农民之生活,增进其生产技能,应制定保护劳工及农民之法律,实施保护劳工及农民之政策。

妇女儿童从事劳动者,应按其年龄及身体状态,予以特别之保护。

第一百五十四条　劳资双方应本协调合作原则,发展生产事业。劳资纠纷之调解与仲裁,以法律定之。

第一百五十五条　国家为谋社会福利,应实施社会保险制度。人民之老弱残废,无力生活,及受非常灾害者,国家应予以适当之扶助与救济。

第一百五十六条　国家为奠定民族生存发展之基础,应保护母性,并实施妇女儿童福利政策。

第一百五十七条　国家为增进民族健康,应普遍推行卫生保健事业及公医制度。

### 第五节　教育文化

第一百五十八条　教育文化,应发展国民之民族精神、自治精神、国民道德、健全体格、科学及生活智能。

第一百五十九条　国民受教育之机会一律平等。

第一百六十条　六岁至十二岁之学龄儿童,一律受基本教育,免纳学费。其贫苦者,由政府供给书籍。

已逾学龄未受基本教育之国民,一律受补习教育,免纳学费,其书籍亦由政府供给。

第一百六十一条　各级政府应广设奖学金名额,以扶助学行俱优无力升学之学生。

第一百六十二条　全国公私立之教育文化机关,依法律受国家之监督。

第一百六十三条　国家应注重各地区教育之均衡发展,并推行社会教育,以提高一般国民之文化水准。边远及贫瘠地区之教育文化经费,由国库补助之。其重要之教育文化事业,得由中央办理或补助之。

第一百六十四条　教育、科学、文化之经费,在中央不得少于其预算总额百分之十五,在省不得少于其预算总额百分之二十五,在市县不得少于其预算总额百分之三十五。其依法设置之教育文化基金及产业,应予以保障。

第一百六十五条　国家应保障教育、科学、艺术工作者之生活,并依国民经济之进展,随时提高其待遇。

第一百六十六条　国家应奖励科学之发明与创造,并保护有关历史文化艺术之古迹古物。

第一百六十七条　国家对于下列事业或个人,予以奖励或补助:

一、国内私人经营之教育事业成绩优良者。

二、侨居国外国民之教育事业成绩优良者。

三、于学术或技术有发明者。

四、从事教育久于其职而成绩优良者。

### 第六节  边疆地区

第一百六十八条  国家对于边疆地区各民族之地位,应予以合法之保障,并于其地方自治事业,特别予以扶植。

第一百六十九条  国家对于边疆地区各民族之教育、文化、交通、水利、卫生,及其他经济、社会事业,应积极举办,并扶助其发展,对于土地使用,应依其气候、土壤性质,及人民生活习惯之所宜,予以保障及发展。

### 第十四章  宪法之施行及修改

第一百七十条  本宪法所称之法律,谓经立法院通过,总统公布之法律。

第一百七十一条  法律与宪法抵触者无效。法律与宪法有无抵触发生疑义时,由司法院解释之。

第一百七十二条  命令与宪法或法律抵触者无效。

第一百七十三条  宪法之解释,由司法院为之。

第一百七十四条  宪法之修改,应依下列程序之一为之:

一、由国民大会代表总额五分之一之提议,三分之二之出席,及出席代表四分之三之决议,得修改之。

二、由立法院立法委员四分之一之提议,四分之三之出席,及出席委员四分之三之决议,拟定宪法修正案,提请国民大会复决。此项宪法修正案应于国民大会开会前半年公告之。

第一百七十五条  本宪法规定事项,有另定实施程序之必要者,以法律定之。本宪法施行之准备程序,由制定宪法之国民大会议定之。

**其中与审计直接相关的法条如下:**

第九十条  监察院为国家最高监察机关,行使同意、弹劾、纠举及审计权。

第一百零四条  监察院设审计长,由总统提名,经立法院同意任命之。

第一百零五条  审计长应于行政院提出决算后三个月内,依法完成其审核,并提出审核报告于立法院。

## 二、审计及相关组织法

组织法,根据现在的解释是专门规定某类国家机关的组成和活动原则的法律。就审计工作而言,它是在政府的统一领导之下,设立相应的机构来组织实施的。民国时期,这种机构几经变迁,所以相关组织法也随之变化和发展。在此,我们将不同时间的政府组织法、监察院组织法、审计院(部)及地方组织法做了梳理,依次列举如下。

## (一)政府组织法

民国初期,南京临时政府和北洋政府没有制定政府组织法,此时,主要依据宪法性文件《中华民国临时约法》等确认审计在国家的地位,并且开始只设立了临时审计机构。但是,在《大本营条例》里已经确立了审计机构的位置。

### 1. 大本营条例(1923年)

(1923年1月6日,孙中山在广州组建政府机构,南方革命政府以陆海军大元帅令的形式公布《大本营条例》❶,共有15条内容,规定大本营设置审计局、法制局等机构,全文条文如下。)

大本营条例

第一条　陆海军大元帅于战时执行最高统帅事务,设置大本营。

第二条　陆军总长、海军总长、参谋总长、大本营文官长承大元帅之命,综理所主管各事宜。

第三条　大本营置下列各机关,其编制别定之:

幕僚处;

兵站处;

军事委员会;

军务处;

军法处;

参军处;

政务处;

建设处;

度支处;

宣传处。

第四条　幕僚处参赞作战军令事宜。

第五条　兵站处专任作战军后方勤务事宜。

第六条　军事委员会赞襄联合作战,并任大本营与各省各军之联结。

第七条　军务处掌管战地军备之补充,及关于战地之军衡各事宜。

第八条　军法处审理并监督关于军法一切事宜。

第九条　参军处掌管大本营之内务及警卫,并战地慰劳、战况督察事宜。

第十条　政务处掌管战地外交、民政诸事宜。

第十一条　建设处规画军事范围外各种新事业之建设。

第十二条　度支处掌管大本营金钱出纳、预算、决算及筹备军队(费)事宜。

---

❶ 黄彦.孙文选集:下册[M].广东:广东人民出版社,2006:11.

第十三条　宣传处秉承大元帅意旨,宣传三民主义及建国方略于军队、人民。

第十四条　各机关之服务规程别定之。

第十五条　本条例由公布日施行。

**2. 中华民国国民政府组织法(1932年)**

(国民政府时期,有关财政监督的机构比较多,根据资料记载:1927年9月22日,国民政府委员会决议设立,负责整理东南各省财政、审定中央及各省之政费与军需各预算报告,核定财政部支出。9月28日,国民政府特派伍朝枢、谭延闿、邹鲁、白崇禧、何应钦、程潜、孙科为委员。10月4日,《国民政府财政监理委员会组织条例》公布;1928年9月1日,国民政府预算委员会成立,该财政监理委员会成立。[1]但是,很快国民政府实行五权宪法,由专门的监察院监督包括财政在内的政府诸多权力的行使,于是有了专门的《中华民国国民政府组织法》。)

中华民国国民政府组织法[2]

二十一年三月十五日

第一章　总则

第一条　国民政府依据中华民国训政时期约法第七十七条之规定制定中华民国国民政府组织法。

第二章　国民政府

第二条　国民政府总揽中华民国之治权。

第三条　国民政府统率海陆空军。

第四条　国民政府行使宣战媾和及缔结条约之权。

第五条　国民政府公布法律发布命令。

第六条　国民政府行使大赦特赦及减刑复权。

第七条　国民政府授予荣典。

第八条　国民政府以下列五院独立行使行政立法司法考试监察五种治权。

一、行政院;

二、立法院;

三、司法院;

四、考试院;

五、监察院;

前项各院得依据法律发布命令。

第九条　国民政府于必要时,得设置各直属机关,直隶于国民政府,其组织以法律定之。

第十条　国民政府设主席一人、委员二十四人至三十六人、各院设院长、副院长各一人,由中

---

[1] 孔庆泰.国民党政府政治制度史[M].安徽:安徽教育出版社,1998:41.

[2] 蔡鸿源.民国法规集成:第33册[M].合肥:黄山书社,1999:359-360.

国国民党中央执行委员会选任之。

第一一条 国民政府主席为中华民国元首,对内对外代表国民政府,但不负实际政治责任。

第一二条 国民政府主席不得兼其他官职。

第一三条 国民政府主席任期二年得连任一次,但于宪法颁布时应依法改选之。

第一四条 国民政府所有命令处分以及关于军事动员之命令由国民政府主席署名行之但须经关系院院长部长副署始生效力。

第一五条 宪法未颁布以前行政立法司法监察考试各院各自对中国国民党中央执行委员会负责。

### 第三章 国民政府委员会

第一六条 国民政府委员会以国民政府主席及委员组织之。

第一七条 院与院间不能解决之事项,由国民政府委员会议决之。

第一八条 国民政府委员会会议规程另订之。

### 第四章 行政院

第一九条 行政院为国民政府最高行政机关。

第二十条 行政院设各部分掌行政之职权,关于特定之行政事宜得设委员会掌理之。

第二一条 行政院各部设部长一人、政务次长、常务次长各一人,各委员会设委员长、副委员长各一人、委员若干人。

行政院各部长、委员长之人选,由行政院院长提请国民政府主席依法任免之。

各部之政务次长、常务次长及各委员会之副委员长、委员,由行政院院长提请国民政府主席依法任免之。

第二二条 行政院院长,因事故不能执行职务时,由副院长代理之。

第二三条 行政院会议由行政院院长、副院长、各部部长、各委员会委员长组织之,会议时,以行政院院长为主席。

第二四条 下列事项应经行政院会议议决:

一、提出于立法院之法律案;

二、提出于立法院之预算案;

三、提出于立法院之大赦案;

四、提出于立法院之宣战媾和案;

五、荐任以上行政司法官吏之任免;

六、行政院各部及各委员会间不能解决之事项;

七、其他依法律或行政院院长认为应付行政院会议议决事项。

第二五条 行政院所有命令及处分,其关于一般行政者,须经全体部长之副署,其关于局部行政者,须经各关系部部长之副署,始生效力。

第二六条　行政院之组织以法律定之。

## 第五章　立法院

第二七条　立法院为国民政府最高立法机关。

立法院有议决法律案、预算案、大赦案、宣战案、媾和案及其他重要国际事项之职权。

第二八条　立法院院长因事故不能执行职务时,由副院长代理之。

第二九条　立法院会议时,各院院长及行政院各部会长,得列席说明。

第三十条　立法院设立法委员四十九人至九十九人由立法院院长提请国民政府主席依法任免之。

第三一条　立法院委员任期二年但得连任。

第三二条　立法院委员不得兼其他官职。

第三三条　立法院会议以立法院院长为主席。

第三四条　立法院之组织以法律定之。

## 第六章　司法院

第三五条　司法院为国民政府最高审判机关。

关于特赦减刑及复权事项由司法院院长依法提请国民政府主席署名行之。

第三六条　司法院设最高法院行政法院及公务员惩戒委员会。

第三七条　最高法院院长得由司法院院长兼任公务员惩戒委员会委员长得由司法院副院长兼任。

第三八条　司法院院长对于行政法院及公务员惩戒委员会之审判认为有必要时得出庭审理之。

第三九条　司法院院长因事故不能执行职务时由副院长代理之。

第四十条　司法院关于主管事项得提出议案于立法院。

第四一条　司法院之组织以法律定之。

## 第七章　考试院

第四二条　考试院为国民政府最高考试机关依法行使考试铨叙之职权。

第四三条　考试院院长因事故不能执行职务时由副院长代理之。

第四四条　考试院关于主管事项得提出议案于立法院。

第四五条　考试院之组织以法律定之。

## 第八章　监察院

第四六条　监察院为国民政府最高监察机关,依法行使弹劾、审计之职权。

第四七条　监察院院长因事故不能执行职务时,由副院长代理之。

第四八条　监察院设监察委员二十九人至四十九人,由监察院院长提请国民政府主席依法任免之。

第四九条　监察委员之保障,以法律定之。

第五十条　监察院会议,以监察委员组织之,监察院院长为监察院会议之主席。

第五一条　监察委员不能兼任其他官职。

第五二条　监察院关于主管事项得提出议案于立法院。

第五三条　监察院之组织以法律定之。

### 第九章　附则

第五四条　本法自公布日施行。

### 3. 中华民国国民政府组织法(1945年)

#### 中华民国国民政府组织法[1]

#### 民国三十四年十一月五日国民政府修订公布

(原公布及修正日期)十七年十月八日国民政府公布,十九年十一月二十四日、二十年六月十五日、二十年十二月三十日、二十一年三月十五日、二十一年十二月二十六日、二十三年十月十七日、三十一年十二月十二日、三十二年五月三十日、三十二年九月十五日以后经国民政府修正。

### 第一章　总则

第一条　国民政府依据中华民国训政时期约法第七十七条之规定制定中华民国国民政府组织法。

### 第二章　国民政府

第二条　国民政府总揽中华民国之治权。

第三条　国民政府统率海陆空军。

第四条　国民政府行使宣战媾和及缔结条约之权。

第五条　国民政府公布法律发布命令。

第六条　国民政府行使大赦特赦及减刑复权。

第七条　国民政府授予荣典。

第八条　国民政府以下列五院分别行使行政立法司法考试监察五种治权。

一、行政院;

二、立法院;

三、司法院;

四、考试院;

五、监察院;

前项各院得依据法律发布命令。

第九条　国民政府于必要时得设置各直属机关,直隶于国民政府,其组织以法律定之。

第十条　国民政府设主席一人委员二十四人至三十六人各院设院长副院长各一人由中国国

---

❶ 蔡鸿源.民国法规集成:第33册[M].合肥:黄山书社,1999:361-365.

民党中央执行委员会选任之。

第十一条　国民政府主席为中华民国元首对内对外代表中华民国。

第十二条　国民政府主席为陆海空军大元帅。

第十三条　国民政府主席任期三年连选得连任,但于宪法实施后依法当选之总统就任时即行解职。

国民政府委员任期同。

国民政府主席因故不能视事时由行政院院长代理之。

第十四条　国民政府公布法律发布命令由国民政府主席依法署名行之。

前项公布之法律发布之命令由关系院院长副署之。

第十五条　国民政府五院院长副院长由国民政府主席于国民政府委员中提请中国国民党中央执行委员会选任之。

国民政府主席对中国国民党中央执行委员会负责五院院长对国民政府主席负责。

### 第三章　国民政府委员会

第十六条　国民政府委员会以国民政府主席及委员组织之。

第十七条　院与院间不能解决之事项由国民政府委员会议决之。

第十八条　国民政府委员会会议规程另订之。

### 第四章　行政院

第十九条　行政院为国民政府最高行政机关。

第二十条　行政院设各部分掌行政之职权关于特定之行政事宜得设委员会掌理之。

第二十一条　行政院各部设部长一人政务次长常务次长各一人各委员会设委员长副委员长各一人委员若干人。

行政院各部长委员长之人选由行政院院长提请国民政府主席依法任免之。

各部之政务次长常务次长及各委员会之副委员长委员由行政院院长提请国民政府主席依法任免之。

第二十二条　行政院院长因事故不能执行职务时由副院长代理之。

第二十三条　行政院会议由行政院院长副院长各部部长各委员会委员长组织之会议时以行政院院长为主席。

第二十四条　下列事项应经行政院会议议决。

一、提出于立法院之法律案。

二、提出于立法院之预算案。

三、提出于立法院之大赦案。

四、提出于立法院之宣战媾和案。

五、简任以上行政司法官吏之任免。

六、行政院各部及各委员会间不能解决之事项。

七、其他依法律或行政院院长认为应付行政院会议议决事项。

第二十五条　行政院所有命令及处分其关于一般行政者须经全体部长之副署其关于局部行政者须经各关系部部长之副署始生效力。

第二十六条　行政院之组织以法律定之。

### 第五章　立法院

第二十七条　立法院为国民政府最高立法机关。

立法院有议决法律案预算案大赦案宣战案媾和案及其他重要国际事项之职权。

第二十八条　立法院院长因事故不能执行职务时由副院长代理之。

第二十九条　立法院会议时各院院长及行政院各部会长得列席说明。

第三十条　立法院设立法委员四十九人至九十九人由立法院院长提请国民政府主席依法任免之。

第三十一条　立法院委员任期二年但得连任。

第三十二条　立法院委员不得兼其他官职。

第三十三条　立法院会议以立法院院长为主席。

第三十四条　立法院之组织以法律定之。

### 第六章　司法院

第三十五条　司法院为国民政府最高司法机关。

关于特赦减刑及复权事项由司法院院长依法提请国民政府主席署名行之。

第三十六条　司法院设最高法院行政法院及公务员惩戒委员会。

第三十七条　最高法院院长得由司法院院长兼任公务员惩戒委员会委员长得由司法院副院长兼任。

第三十八条　司法院院长对于行政法院及公务员惩戒委员会之审判认为有必要时得出庭审理之。

第三十九条　司法院院长因事故不能执行职务时由副院长代理之。

第四十条　司法院关于主管事项得提出议案于立法院。

第四十一条　司法院之组织以法律定之。

### 第七章　考试院

第四十二条　考试院为国民政府最高考试机关依法行使考试铨叙之职权。

第四十三条　考试院院长因事故不能执行职务时由副院长代理之。

第四十四条　考试院关于主管事项得提出议案于立法院。

第四十五条　考试院之组织以法律定之。

### 第八章 监察院

第四十六条 监察院为国民政府最高监察机关依法行使弹劾审计之职权。

第四十七条 监察院院长因事故不能执行职务时由副院长代理之。

第四十八条 监察院设监察委员二十九人至四十九人由监察院院长提请国民政府主席依法任免之。

第四十九条 监察院委员之保障以法律定之。

第五十条 监察院会议以监察委员组织之监察院院长为监察院会议之主席。

第五十一条 监察院委员不能兼任其他官职。

第五十二条 监察院关于主管事项得提出议案于立法院。

第五十三条 监察院之组织以法律定之。

### 第九章 附 则

第五十四条 本法自公布日施行。

（需要说明的是，这里的第十三条第二款"国民政府主席因故不能视事时由行政院院长代理之"是1944年5月29日专门通过并公布的。）

修正中华民国国民政府组织法第十三条第二项。❶

三十三年五月二十九日国府渝文字三八五号公布。

国民政府主席因故不能视事时由行政院院长代理之。

### 4. 国民政府组织法（1947年）

### 国民政府组织法

三十六年四月十七日修正公布。

同年四月二十一日中央常务委员会第六十六次例会修正通过。

### 第一章 总 则

第一条 国民政府依据中华民国训政时期约法第七十七条之规定，为由训政达到宪政之过渡期间，特制订中华民国国民政府组织法。

### 第二章 国民政府

第二条 国民政府总揽中华民国之政权。

第三条 国民政府统帅陆海空军。

第四条 国民政府行使宣战媾和，及缔结条约之权。

第五条 国民政府公布法律发布命令。

第六条 国民政府行使大赦特赦，及减刑复权。

第七条 国民政府授与荣典。

第八条 国民政府以下列五院分别行使行政、立法、司法、考试、监察五种治权。

---

❶ 国民政府审计院. 民国审计院（部）公报：第29册［M］. 北京：国家图书馆出版社，2014：6.

一、行政院；

二、立法院；

三、司法院；

四、考试院；

五、监察院；

前项各院得依据法律发布命令。

第九条　国民政府于必要时，得设置各直属机关，直隶于国民政府，其组织以法律定之。

第一〇条　国民政府设主席一人，副主席一人，由中国国民党中央执行委员会选任之。

国民政府设委员以四十人为限，由国民政府主席就中国国民党内外人士选任之，内五院院长为当然委员。

第一一条　国民政府主席为中华民国元首，对外代表中华民国。

第一二条　国民政府主席为陆海空军大元帅。

第一三条　国民政府主席副主席任期三年，连选得连任，但于宪法实施后，依宪法当选之总统就任时，均应即行解职，国民政府委员任期同，担任五院院长之当然委员，如院长因故解职时，其当然委员亦随同解任。

国民政府主席因事故不能视事时，由副主席代理之，主席副主席均因事故不能视事时，由行政院院长代理之。

第一四条　国民政府公布法律，发布命令，由国民政府主席依法署名行之。

前项公布之法律，发布之命令，由关系院院长副署之。

第一五条　国民政府五院院长及副院长，由国民政府主席选任之。

### 第三章　国民政府委员会

第一六条　国民政府委员会，为国民政府之最高国务机关，以国民政府主席及委员组织之。

第一七条　国民政府委员会讨论及决议之事项如下：

（甲）立法原则。

（乙）施政方针。

（丙）军政大计。

（丁）财政计划及预算。

（戊）各部会长官及不管部会政务委员之任免，暨立法委员监察委员之任用事项。

（己）院与院间不能解。

（庚）主席交易事项。

（辛）委员三人以上连署提出之建议事项。

第一八条　国民政府主席对于国民政府委员会之决议，如认为执行有困难时，得提交复议，复议时如有五分之三以上委员，仍主张维持原案，该案应予执行。

第一九条　国民政府委员会之一般议案,以出席委员之过半数通过之。

国民政府委员会所研讨之议案,其性质涉及施政纲领之变更者,须有出席委员三分之二之赞成,始得议决。

某一议案如其内容是否涉及施政纲领之变更发生疑义时,由出席委员之过半数解释之。

第二〇条　国民政府委员会会议规程另订之。

## 第四章　行政院

第二一条　行政院为国民政府最高行政机关。

第二二条　行政院设各部,分掌行政之职权,关于特定之行政事宜,得设委员会掌理之。

第二三条　行政院设政务委员,分任各部部长,各委员会委员长,必要时并得设不管部会之政务委员五人至七人,各政务委员由行政院院长提请国民政府主席提出国民政府委员会议决后,依法任免之,行政院各部设部长一人,政务次长常务次长各一人,各委员会设委员长副委员长各一人,委员若干人。

各部之政务次长常务次长及各委员会之副委员长委员,由行政院院长提请国民政府主席依法任免之。

第二四条　行政院院长因事故不能执行职务时,由副院长代理之。

第二五条　行政院会议由行政院院长副院长及政务委员组织之,以行政院院长为主席。

第二六条　下列事项应经行政院会议议决:

一、提出于立法院之法律案。

二、提出于立法院之预算案。

三、提出于立法院之大赦案。

四、提出于立法院之宣战媾和案。

五、简任行政司法官吏,及县市长之任免。

六、行政院各部及各委员会间,不能解决之事项。

七、其他依法律或行政院院长认为应付行政院会议议决事项。

第二七条　行政院所有命令及处分,其有关各部行政者,须经各关系部部长之副署。

第二八条　行政院之组织以法律定之。

## 第五章　立法院

第二九条　立法院为国民政府最高立法机关。

立法院有议决法律案、预算案、大赦案、宣战案、媾和案及其他重要国际事项之职权。

第三〇条　立法院院长因事故不能执行职务时,由副院长代理之。

第三一条　立法院会议时,各院院长及行政院各部会长得列席说明。

第三二条　立法院设立法委会九十九人至一百四十九人,由立法院院长提请国民政府主席提出国民政府委员会议决后,依法任用之。

第三三条　立法委员任期两年,得连任,但依宪法产生之立法委员集会时,原任立法委员即行解职。

第三四条　立法委员不得兼任其他官职。

第三五条　立法院会议以立法院院长为主席。

第三六条　立法院之组织以法律定之。

### 第六章　司法院

第三七条　司法院为国民政府最高司法机关。

关于特赦减刑及复权事项,由司法院院长依法提请国民政府主席署名行之。

第三八条　司法院设最高法院行政法院及公务员惩戒委员会。

第三九条　最高法院院长得由司法院院长兼任,公务员惩戒委员会委员长得由司法院副院长兼任。

第四〇条　司法院院长对于行政法院及公务员惩戒委员会之审判,认为有必要时,得出庭审理之。

第四一条　司法院院长因事故不能执行职务时,由副院长代理之。

第四二条　司法院关于主管事项,得提出议案于立法院。

第四三条　司法院之组织以法律定之。

### 第七章　考试院

第四四条　考试院为国民政府最高考试机关,依法行使考试铨叙之职权。

第四五条　考试院院长因事故不能执行职务时,由副院长代理之。

第四六条　考试院关于主管事项,得提出议案于立法院。

第四七条　考试院之组织以法律定之。

### 第八章　监察院

第四八条　监察院为国民政府最高监察机关,依法行使弹劾审计之职权。

第四九条　监察院院长因事故不能执行职务时,由副院长代理之。

第五〇条　监察院设立监察委员五十四人至七十四人,由监察院院长提请国民政府主席提出国民政府委员会议决后,依法任用之。

第五一条　监察委员之保障,以法律定之。

第五二条　监察院会议,以监察委员组织之,监察院院长为监察院会议之主席。

第五三条　监察委员不得兼任其他公职。

第五四条　监察院关于主管事项,得提出议案于立法院。

第五五条　监察院之组织以法律定之。

### 第九章　附则

第五六条　本法自公布日施行。

## （二）监察院组织法

（民国时期伴随着政权的更迭，监察审计机构及其制度发生了相应变迁，特别是自1928年10月施行五权宪法开始，审计部成为监察院的直属单位，相关的监察组织法对审计制度也做了规范。最早的监察院设立于1925年6月，第二年10月中央执行委员会政治会议通过了《国民政府监察院组织法》，全文共14条。此后又经过若干修改，直到1931年比较成熟的监察院组织法才出台。）

### 1. 国民政府监察院组织法（1925—1930年）（节选）

#### 国民政府监察院组织法

民国十四年六月，国民党中央执行委员会政治委员会决议设立监察院，推鲍罗廷起草组织法，提经会议通过，交国民政府修改。十五年十月，中央政治会议再次修正，交国民政府施行。此法规定监察院的六项职权：

（1）发觉官吏犯罪；

（2）惩戒官吏；

（3）审判行政诉讼；

（4）考查各种行政；

（5）稽核财政收支；

（6）统一官厅簿记及表册方式。

并且，此时的监察院不设院长，配置监察委员5人，审判委员3人；另设置秘书处，分4科，置秘书长、科长、科员、监察员各职员。需要说明的是，1926年的《国民政府监察院组织法》没有明确审计职权，但是，国民政府在广东时，关于审计事项，由监察院办理。

直到十六年七月（1927年7月），国民党中央政治会议第109次会议决议将审计职权并入监察院，并要求中央法制委员会从速起草监察院条例，但遇时局变化，未及通过。同年11月5日，国民政府公布了新的《监察院组织法》13条。此法内容，与1926年10月之《国民政府监察院组织法》，大致相同，但是删去了监察院的职权中关于"审判行政诉讼"事项。

（1928年10月，五院组织法起草委员蒋介石等提出《监察院组织法草案》，经中央政治会议第158次会议决议修正通过，送由国民政府于1928年10月20日公布，全文共23条内容，其中第12、13条，规定审计部设部长、副部长各1人，掌理。）

（1）国民政府及各省市政府岁出、岁入之决算；

（2）国民政府所属机关每月之收支计算；

（3）特别会计之收支计算。

民国十八年八月（1929年8月），中央政治会议第192次会议决议通过《国民政府监察

院组织法》第 13 条修正案。❶

## 2. 国民政府监察院组织法（1931 年）

### 国民政府监察院组织法❷

第一条　监察院以监察委员行使弹劾职权。

第二条　监察院关于审计事项，设审计部掌理之。

第三条　监察院院长得提请国民政府，特派监察使，分赴各监察局，行使弹劾职权。监察使得由监察委员兼任。监察局由监察院定之。

第四条　监察院的随时派员分赴各公署、及其他公立机关，调查档案、册籍，遇有疑问，该主管人员应负责为详实之答覆。

第五条　监察委员得单独提出弹劾案。

第六条　弹劾案提出时，由院长另指定监察委员三人审查，经多数认为应付惩戒时，监察院应即将被弹劾移付惩戒。前项弹劾案，经官吏惩戒委员会认决，不应受处分时，原弹劾人不负责任。

第七条　前条弹劾案，经审查认为不应交付惩戒，而提案人仍复提出时，监察院应即将被弹劾人移付惩戒。前项弹劾案，经官吏惩戒委员会认决，不应受处分时，原弹劾人应受监察委员保障法规定之处分。

第八条　弹劾案提出后，原弹劾人不得撤回。

第九条　官吏惩戒法另定之。

第十条　监察委员对于其他监察委员得弹劾之。前项弹劾案，准用第五条至第八条之规定。

第十一条　监察委员不尽职时，立法院得向监察院提出质问。

第十二条　审计部设部长一人，副部长一人，由院长提请国民政府分别任命之。

第十三条　审计部掌理下列事项：

一、审计政府所属全国各机关之决算及计算。

二、监察政府所属全国各机关预算之执行。

三、核定政府所属全国各机关收入命令，及支付命令。

四、稽查政府所属全国各机关之冒滥，及其关系财政之不法或不忠于机务之行为。

第十四条　审计部之组织，以法律定之。

第十五条　审计法另定之。

第十六条　监察院内置下列各处：

一、秘书处。

二、参事处。

第十七条　秘书处置下列各机员：

---

❶ 谢振民 . 中华民国立法史：上册 [M]. 北京：中国政法大学出版社，2000：356-357.

❷《监察院公报》1931 年第 1 期，第 6-10 页。

一、秘书长一人—简任。

二、秘书六人至十人—其中四人简任,余荐任。

三、科员十人至二十人—委任。

第十八条　秘书处掌下列事项:

一、关于文书收发,编制,及保管事项。

二、关于文书分配事项。

三、关于文件之撰拟,及翻译事项。

四、关于典守印信事项。

五、关于会计庶务事项。

六、关于其他不属于参事处主管事项。

第十九条　参事处处置参事四人至六人—简任。

第二十条　参事处掌撰拟、审核,关于监察之法律命令事项。

第二十一条　监察院院长总理全院院务。

第二十二条　监察院会议规则,及处务规程另定之。

第二十三条　本法自公布日施行。

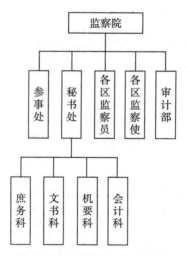

国民政府监察院组织系统图

**附:弹劾法(中华民国十八年五月二十九号公布)❶**

第一条　监察院弹劾权之行使,除国民政府组织法,及监察院组织法规定者外,依本法之规定。

第二条　监察委员对于公务员违法或失职之行为,应提出弹劾案于监察院。

---

❶《国民政府监察院公报》第1期第31—32页。

第三条　弹劾案之提出,应以书面为之,并应详叙事实,附举证据。

第四条　弹劾案提出后,监察院院长应即依照监察院组织法第六条之规定,另指定监察委员三人审查之。

审查委员与弹劾案有关系者,经监察院院长认定后,应行回避。

审查规则,由监察院另定之,但须呈报国民政府备案。

第五条　监察院院长除依法行使职权外,不得指使或干涉弹劾事项。

第六条　监察院人员对于任何弹劾案,在未经依法移付惩戒机关以前,不得对外宣泄其内容。

第七条　公务员违法行为,关系人民生命财产情节严重者,经监察委员会提出弹劾案,并经审查,认为应付惩戒时,监察院院长除将弹劾案移付惩戒机关外,并得同时呈请国民政府,或通知该主管长官为急速救济之处分。

前项主管长官,接到监察院通知,如不急速救济处分于被弹劾人,经惩戒机关宣告应受惩戒后,应负责任。

第八条　弹劾案如有涉及刑事案件,惩戒机关应将刑事部分移交该管法院审理。

第九条　惩戒机关于移付惩戒之案件,有延压者时,原弹劾人得呈由监察院提出质问。

第十条　监察院得受人民举发公务员违法行为之书状,但不得批答。

第十一条　本法自公布之日起执行。

**3.　国民政府监察院组织法(1933年)**

(1931年监察院组织法经过修改,压缩了许多条款,但是增加了领导力量,将审计部原设部长与副部长各1人,改为审计部设部长1人,政务次长、常务次长各1人,于1933年4月24日公布。)

**国民政府监察院组织法**[1]

第一条　监察院以监察委员行使弹劾职权。

弹劾法另定之。

第二条　监察院设审计部行使审计职权。

审计部组织法及审计法另定之。

第三条　监察院为行使职权向各官署及其他公立机关查询或调查档案册籍遇有疑问时该主管人员应负责为详实之答复。

第四条　审计部设部长一人,政务次长、常务次长各一人,由院长提请国民政府分别任命之。

第五条　审计部掌理下列事项。

一、监督政府所属全国各机关预算之执行。

二、审核政府所属全国各机关之计算及决算。

三、核定政府所属全国各机关之收入命令及支付命令。

---

❶ 蔡鸿源.民国法规集成:第33册[M].合肥:黄山书社,1999:376.

四、稽查政府所属全国各机关财政上之不法或不忠于职务之行为。

第六条　监察院院长得提请国民政府特派监察使分赴各监察区巡回监察行使弹劾职权。

监察使得由监察委员兼任。

监察区及监察巡回监察规程由监察院定之。

第七条　监察院内置下列各处。

一、秘书处。

二、参事处。

第八条　秘书处掌下列事项。

一、关于文书收发编制及保管事项。

二、关于文书分配事项。

三、关于文件之攌拟及编译事项。

四、关于典守印信事项。

五、关于庶务会计事项。

六、其他不属于参事处之事项。

第九条　参事处掌下列事项。

一、攌拟审核关于监察之法案命令事项。

二、院长交办事项。

第十条　监察院院长综理院务。

第一一条　监察院置秘书长一人参事四人至六人简任秘书六人至十人其中四人简任余荐任科员二十人委任但其中十人得为荐任。

第一二条　监察院得酌用雇员。

第一三条　监察院会议规则及处务规程由监察院定之。

第一四条　本法自公布日施行。

### 4．监察院组织法（1936年）

（1933年的《监察院组织法》经过三年运行，又对一些条款作了修改，主要是第六条和第十二条两条。）

#### 监察院组织法[1]

第一条　监察院以监察委员行使弹劾职权。

弹劾法另定之。

第二条　监察院设审计部行使审计职权。

审计部组织法及审计法另定之。

第三条　监察院为行使职权向各官署及其他公立机关查询或调查档案册籍遇有疑问时该主

---

[1] 蔡鸿源．民国法规集成：第33册[M]．合肥：黄山书社，1999：377．

管人员应负责为详实之答复。

第四条 审计部设部长一人政务次长常务次长各一人由院长提请国民政府分别任命之。

第五条 审计部掌理下列事项。

一、监督政府所属全国各机关预算之执行。

二、审核政府所属全国各机关之计算及决算。

三、核定政府所属全国各机关之收入命令及支付命令。

四、稽查政府所属全国各机关财政上之不法或不忠于职务之行为。

第六条 监察院院长得提请国民政府特派监察使分赴各监察区巡回监察行使弹劾职权。

监察使得由监察委员兼任。

监察院于必要时得于监察区域内设监察使署其组织条例另定之。

监察使任期二年但在任期内得由监察院调往他区巡回监察。

监察区及监察使巡回监察规程由监察院定之。

第七条 监察院内置下列各处。

一、秘书处。

二、参事处。

第八条 秘书处掌下列事项。

一、关于文书收发编制及保管事项。

二、关于文书分配事项。

三、关于文件之攥拟及编译事项。

四、关于典守印信事项。

五、关于庶务事项。

六、其他不属于参事处之事项。

第九条 参事处掌下列事项。

一、攥拟审核关于监察之法案命令事项。

二、院长交办事项。

第十条 监察院院长综理院务。

第一一条 监察院置秘书长一人参事四人至六人简任秘书六人至十人其中四人简任余荐任科员十人至二十人委任。

监察院设会计主任一人统计主任一人办理岁计会计统计事项受监察院院长之指挥监督并依国民政府主计处组织法之规定直接对主计处负责。

会计室及统计室需用佐理人员名额由监察院及主计处就本法所定委员人员及雇员名额中会同决定之。

监察院于必要时得置调查专员四人至六人荐任。

第一二条　监察院得酌用雇员。

第一三条　监察院会议规则及处务规程由监察院定之。

第一四条　本法自公布日施行。

**5. 监察院组织法（1946年）**

（遵循十年一大改、五年一小改的修法原则,《监察院组织法》于1946年再次修改,于1946年11月25日由国民政府修正公布。）

监察院组织法●

第一条　监察院以监察委员行使弹劾之权。

弹劾法另定之。

第二条　监察院设审计部,行使审计职权。

审计部组织法及审计法另定之。

第三条　监察院为行使职权向各官署及其他公立机关查询或调查档案册籍遇有疑问时,该主管人员应负责为详实之答复。

第四条　审计部设部长一人,政务次长常务次长各一人,由院长提请国民政府分别任命之。

第五条　审计部掌理下列事项:

一、监督政府所属各机关预算之执行。

二、审核政府所属全国各机关之计算,及决算。

三、审核政府所属全国各机关之收入命令,及支付命令。

四、稽查政府所属全国各机关财政上之不法或不忠于职务之行为。

第六条　监察院院长得提请国民政府特派监察使,分赴各监察区巡回监察行使弹劾权。

监察使得由监察委员兼任。

监察使于必要时,得于监察区内设监察使署,其组织条例另定之。

监察使期二年,但在任期得由监察院调往他区巡回监察,监察区及监察使巡回监察规程,由监察院定之。

第七条　监察院内置下列各处:

一、秘书处。

二、参事处。

第八条　秘书处掌下列事项:

一、关于文书收发编制,及保管事项。

二、关于文书分配事项。

三、关于文件之撰拟,及翻绎事项。

四、关于典守印信事项。

---

● 审计部. 审计法令汇编[M]. 北京:商务印书馆,1948:12-13.

五、关于庶务会计事项。

六、其他不属于参事处之事项。

第九条　参事处掌下列事项：

一、撰拟审核关于监察之法案命令事项。

二、院长交办事项。

第一〇条　监察院院长综理院务。

第一一条　监察院置秘书长一人，特任，参事四人至六人，简任，秘书六人至十人，其中四人简任，余荐任，科长四人至六人，荐任，调查专员六人至十人，荐任，但其中二人至四人得为简任，科员四十人至五十人，委任，但其中十二人得为荐任，书计官二十人至四十人，办事员二十人至四十人，均委任。监察院得聘用编纂四人至六人，并配用雇员四十人至六十人。

第一二条　监察院设会计室，置会计主任一人，荐任，统计室置统计主任一人，荐任，依国民政府主计处组织法之规定，办理岁计会计统计事务。

监察院设人事处，置主任一人，荐任，依人事管理管理条例之规定，办规人事管理事务。

会计室统计室佐理人员，人事室助理人员，其名额由监察院分别会同主计处铨叙部，就本法所定员额中决定之。

说明：这里的第11条是单独修改而成的。

**附：修正监察院组织法第十一条**[1]

三十五年十一月二十五日府令公布

第十一条　监察院置秘书长一人，特任；参事四人至六人，简任；秘书六人至十人，其中四人简任，余荐任；科长四人至六人，荐任；调查专员六人至十人，荐任，但其中二人至四人得为简任；科员四十人至五十人，委任，但其中十二人得为荐任；书记二十人至四十人，办事员二十人至四十人，均委任。

监察院得聘用编纂四人至六人，并酌用雇员四十人至六十人。

**6. 监察使署组织条例（1946年）**

（1933年2月22日，国民党中央政治会议决议将全国划分为14个监察区，各区设监察使署，由监察院派监察使行使地方监察，监察使由监察委员兼任。为了更好发挥监察使署的功能，特别制定了《监察使署组织条例》。）

**监察使署组织条例**[2]

**国民政府于三十五年六月二十日一号令公布**

第一条　本条例依监察院组织法第六条第三项之规定制定之。

第二条　监察使承监察院之命，综理全署事务。

---

[1] 国民政府审计院. 民国审计院（部）公报：第29册[M]. 北京：国家图书馆出版社，2014：573.

[2] 国民政府审计院. 民国审计院（部）公报：第29册[M]. 北京：国家图书馆出版社，2014：487-488.

第三条　监察使署设秘书室、总务科、调查科。

第四条　秘书室职掌如下：

一、关于机要文件之处理事项。

二、关于文稿之分配及审核事项。

三、关于书状之签拟事项。

四、监察使交办事项。

第五条　总务科职掌如下：

一、关于典守印信事项。

二、关于文书之撰拟收发及保管事项。

三、关于本署刊物及规章之编纂事项。

四、关于款项之出纳及保管事项。

五、关于物品之购置修缮保管事项。

六、其他庶务事项。

第六条　调查科职掌如下：

一、关于专案之调查事项。

二、关于地方行政社会情况之调查事项。

三、关于调查报告之整理事项。

四、关于调查表册之编制整理事项。

五、其他临时调查事项。

第七条　监察使署置秘书二人或三人其中一人简任余荐任。

第八条　监察使署置科长二人,荐任,科员四人至六人,调查员四人至八人,助理员六人至十人,均委任,但调查员二人得为荐任。

第九条　监察使署置会计员一人,统计员一人,佐理员二人或三人,均委任,依国民政府主计处组织法之规定,办理岁计会计统计事务。

第十条　监察使署置人事管理员一人,助理员一人,均委任,依人事管理条例之规定,办理人事管理事务。

第十一条　监察使署得酌用雇员六人至十人。

第十二条　监察使署办事细则由监察使署拟订,呈经监察院核定之。

第十三条　本条例自公布日施行。

(三)审计组织法

顾名思义,审计组织法是专门规定审计机关的组成和活动原则的法律。按照历史发展的脉络,民国时期的审计组织法源于清末变法的成果——1906年9月通过的《审计院官制草案》,该草案对审计院的职权和组织系统作了明确的规定,是我国近代第一个关于审计监督的法规,随后民国时期制定了多部审计组织法。

审计组织法相关文件

| 序号 | 组织法名称 | 制定时间 | 备注 |
|---|---|---|---|
| 1 | 审计院官制草案 | 1906 年 9 月 | |
| 2 | 审计院编制法 | 1914 年 6 月 | |
| 3 | 审计院组织法 | 1928 年 7 月 | |
| 4 | 国民政府监察院审计部组织条例 | 1929 年 | 属法规 |
| 5 | 审计部组织法 | 1929 年 | |
| 6 | 修正审计部组织法 | 1933 年 4 月 | |
| 7 | 修正审计部组织法 | 1939 年 3 月 | |
| 8 | 审计部组织法 | 1940 年 11 月 | |
| 9 | 审计部组织法 | 1945 年 12 月 | |
| 10 | 审计委员会组织条例 | 不详 | 属法规 |
| 11 | 审计处组织法 | 1932 年 | |
| 12 | 县各级组织纲要 | 1939 年 | |

### 1. 审计院官制草案（1906年）

审计院官制草案❶
光绪三十二年九月

第一条　审计院掌检查京外各衙门出入款项之报销,核定虚实。

第二条　审计院置正使一人、副使一人、掌金事六人、金事三十六人,别置一、二、三等书记官、录事各若干人属焉。

第三条　审计院正使总理本院事务,为全院之长官。遇有本院重要事件,可随时会同副使具奏,并得自请入对。

第四条　审计院副使赞助正使整理院务,监督本院各员。

第五条　审计院正使遇有事故,以本院副使代之。

第六条　审计院于本院与京外各衙门有关涉事件,故分别咨行轧办理。

第七条　审计院分设六司如下:

第一司、第二司、第三司、第四司、第五司、第六司

第八条　第一司掌拟办奏咨稿件、各项章程表式,并收发文电,经理收支等事项。

第九条　第二司掌检查陆海军部所管用款报销。

---

❶ 大清新法令:第1卷[M].北京:商务印书馆,2010:699-701.

第十条　第三司掌检查民政部、学部、农工商部所管用款报销。

第十一条　第四司掌检查财政部、法部、吏部所管用款报销。

第十二条　第五司掌检查外务部、交通部、理藩部所管用款报销。

第十三条　第六司掌检查内阁及各院用款报销。

第十四条　审计院掌佥事掌理本司检查事务。

第十五条　审计院佥事分任各司检查事务。

第十六条　审计院应行检查事务如下：

一、奉特旨查之报销。

二、财政部汇送之内阁各部、院所管报销。

三、官民呈控不实之报销。

第十七条　审计院于各项报销之准驳，以会议定之。

第十八条　审计院会议分为二种，曰院会议、曰司会议。院会议以正使为议长，副使为副议长。司会议以本司掌佥事为议长，凡议事可否以多数决之。如可否人数相同，则由议长决定。

第十九条　下列各项须以院会议决之：

一、本院具奏、复奏事件。

二、厘定检查章程，颁行报销款式及咨查事件。

三、此外由审计院正使发院会议之事件。

第二十条　审计院应将本年检查之成绩，于年终汇奏一次。

第二十一条　审计院于各项报销查无不合格者，应具核准执照，发给各该衙门收支官收执。

第二十二条　审计院于各项报销查有遗漏、重复、谬误及其余可疑情节者，应酌定期限，咨行各该衙门转收支官分别查明更正，并将奏派本院佥事彻底检查。

第二十三条　审计院于各该衙门收支官所查复更正各节仍见有不实、不尽之处或于彻底检查后得有诈伪确据者，应将各该收支官分别轻重，奏咨惩处。

第二十四条　审计院佥事以上各官均不得兼任他项官职，亦不得为资政院参议员。

第二十五条　审计院掌佥事、佥事以在任十年为俸满，方准迁除他衙门官职。在任期内卓著成绩者，由正使出具考语，奏请加衔、加俸，以资鼓励。

第二十六条　审计院佥事以上各官，非犯刑法及处分则例者，不得罢黜。其处分则例另定之。

按：审计各官职司查核款项，易招嫌怨。本条所拟，系在久于其任不至任意调动，俾得尽心职守，无所顾忌。

第二十七条　审计院一、二、三等书记官承正使、副使之命，料理本院庶务，兼助理第一司事务。

第二十八条　审计院录事分隶各司，承上官之命，缮写文件，料理庶务。

第二十九条　审计院办事章程由院使酌拟后奏请钦定。

审计院官制应俟钦间，本院正使会同财务部、尚书、侍郎筹议，画一币制，设立国家银行并会同修律大臣妥订会计法，咨送阁议，奉旨裁定后，由该正使奏请钦定施行日期。

审计院职官表。

正使，从一品，特简。

副使，正三品，特简。

掌金事，正四品，请简。

金事，正五品，请简。

一等书记官，从五品，奏补。

二等书记官，从六品，奏补。

三等书记官，从七品，奏补。

录事，八、九品，委用。

### 2.　审计院编制法（1914 年）

（1914 年 6 月 16 日公布，袁世凯公布《审计院编制法》15 条，规定审计院依审计法审定国家岁出岁入之决算，设院长、副院长各 1 人，审计官 15 人，协审官 27 人，并置书记官长、书记官、核算官各职员。❶1915 年 2 月 15 日，审计院呈准改审计官为简任。）

#### 审计院编制法❷

第一条　审计院直隶于大总统，依审计法审定国家岁出岁入之决算，审计法另定之。

第二条　审计院于每会计年度之终须以审计成绩呈报于大总统。

第三条　审计院对于各官署职官于出纳事项有违背法令或不正当之情事者，须呈报于大总统。

第四条　审计院对于预算及财政事项得依其审计之经验陈述意见于大总统。

第五条　审计院置院长一人，由大总统特任总理全院事务，指挥监督所属职员。

第六条　审计院置副院长一人，由大总统简任佐理院长之职务。

第七条　审计院置审计官十五人、协审官二十七人，由院长呈请大总统任命承长官之指挥分掌审计事务。

第八条　审计院设三厅，每厅以审计官三人以上、协审官四人以上组织之。

第九条　审计院每厅置厅长一人，由大总统于审计官中简任之。

第十条　审计院之审计官、协审官须年满三十岁以上，具有下列资格之一者充之：

一、任荐任以上行政职满三年以上，著有成就者

二、在专门以上学校习政治、经济之学三年以上毕业，并任行政职满一年以上者。

---

❶ 谢振民. 中华民国立法史[M]. 北京：中国政法大学出版社，2000：377.

❷ 源自国家图书馆民国法规数据库。

第十一条　审计官、协审官非受刑法之宣告或惩戒之处分,不得令其退职或减俸。

前项之惩戒,以法律定之。

第十二条　审计院对于各地方关于审计事项,认为有派员之必要时得派遣审计官或协审官为实地审查。

派遣各地方之审计官或协审官认该地方各官署职官于出纳事项有违背法令或不正当之情事者,须详报于院长。

第十三条　审计院置书记官长一人,由院长呈请大总统任命书记官五人,由院长委任承长官之指挥掌理文牍会计庶务。

第十四条　审计院置核算官,由院长委任承长官之指挥掌理核算事务,其员额由大总统以教令定之。

第十五条　本法自公布日施行。

### 3．审计院组织法(1928年)

(1927年4月,国民政府定都南京,7月中央政治会议于第146次会议通过了《审计院组织法》,一共17条,7月12日由国民政府公布。)

#### 审计院组织法❶
#### 民国十七年七月

第一条　国民政府审计院设于国民政府所在地行使下列职权。

一、监督预算值执行。

二、审核国家岁出入之决算。

关于前两项职权之行使另以审计法定之。

第二条　国民政府于必要时得酌设审计分院。

审计分院之管辖区域及组织另定之。

第三条　审计院置院长一人,由国民政府特任之综理全院事务指挥监督本院职员。

第四条　审计院置副院长一人,由国民政府简任之辅助院长处理院务。

第五条　审计院设立下列各处厅。

(一)秘书处。

(二)总务处。

(三)第一厅。

(四)第二厅。

第六条　秘书处置秘书长一人、秘书二人至四人,办理院长交办事务;设书记官三人至五人,佐理本处事务。

第七条　总务处掌理本院文书统计会计庶务等事项。

---

❶ 源自国家图书馆民国法规数据库。

总务处置处长一人为简任职。

第八条　第一厅掌理关于监督预算执行事项。

第九条　第二厅掌理关于审核决算事项。

第十条　审计院置审计八人至十二人、协审十二人至十六人、核算员若干人审计为简任职、协审为荐任职核算员由院长委任。

第十一条　厅各置厅长一人,于审计中简任之。

第十二条　审计协审以在国内外大学或专门学校修习政治经济之学三年以上毕业,并对于财政学或会计学有深湛之研究者充任之。

第十三条　审计院院长、副院长、审计、协审非经法院掠夺公权或依惩戒法受惩戒之处分,不得令其退职。

第十四条　审计院副院长、审计、协审在职中不得为下列事宜。

(一)兼任他官职。

(二)为律师或会计师。

(三)兼任商店、公司或国有企业机关之董事、经理或其他重要职务。

本条第二、第三两款之规定于院长适用之。

第十五条　审计院于必要时得设各种委员会。

第十六条　审计院各处厅得分科办事,其办事细则由审计院另定之。

第十七条　本法自公布日施行。

### 4. 国民政府监察院审计部组织条例(1929年)

#### 国民政府监察院审计部组织条例[1]

第一条　审计部直属国民政府监察院,依监察院组织法第十三条及审计法之规定行使职权。

第二条　审计部长特任秉承监察院长,总理全部事务。

第三条　审计部副部长简任辅助部长处理部务。

第四条　审计部设下列各厅处,(一)第一厅,(二)第二厅,(三)第三厅,(四)秘书处,各厅处分掌事务规程另定之。

第五条　审计部置审计八人至十二人,简任,协审十六人至二十四人,荐任,承长官之指挥,分掌审计事务。

第六条　审计部各厅置厅长一人,承部长及副部长之指挥,总理各该厅事务,各厅厅长于审计中简任之。

第七条　各厅分组办事每组置主任一人由协审兼任之。

第八条　审计协审须具有下列资格者充之,(一)在国内外专门以上学校习政治经济法律会计之学三年以上毕业者,(二)在财政机关任职五年以上,具有会计之特别经验者。

---

[1]《会计学报》1929年第2期。

第九条　审计协审在职中不得为下列事宜,(一)兼任他官职;(二)为律师或会计师;(三)兼任商店公司或国有企业机关之董事经理或其他重要职务。

第十条　审计部置核算员若干人,委任,承长官之指挥,办理核算事。

第十一条　秘书处设秘书长一人,简任,秘书二人至四人,荐任,承长官之指挥,掌理本部文书统计档案会计庶务及其他不属于各厅之事务。

第十二条　总秘书处分科办事,每科置科长一人,荐任,科员若干人委任,各科科长由秘书兼任之。

第十三条　审计部因缮写文件及其他各事务得酌用雇员。

第十四条　审计部于必要时得呈由监察院长提请国府于各监察区酌设审计处。

第十五条　审计部于必要时得设各种委员会,(如设计委员会复审委员会编译委员会等)。

第十六条　审计协审之保障法另定之。

第十七条　本法自公布日施行。

## 5. 审计部组织法(1929年)

### 审计部组织法[1]

第一条　审计部直属国民政府监察院,依监察院组织法第十三条及审计法之规定行使职权。

第二条　审计部部长特任秉承监察院院长,综理全部事宜。

第三条　审计部副部长简任辅助部长处理部务。

第四条　审计部关于处理审计稽察重要事务及调度审计协审稽查人员,以审计会议之决议行之,审计会议以部长副部长审计组织之,其决议以出席人员过半数之同意行之,可否同数时,取决于主席。

审计会议开会时,部长主席,部长有事故时,由副部长代理。

第五条　审计部设下列各厅处:

一、第一厅掌理监察院组织法第十三条第三款及第二款事务。

二、第二厅掌理监察院组织法第十三条第一款及第二款事务。

三、第二厅掌理监察院组织法第十三条第四款及第二款事务。

四、秘书处掌理文书统计会计庶务等事务。

第六条　各厅设厅长一人,由部长指定,审计兼任之。

各厅分科办事,每科设科长一人,分别以协审稽察兼任科员,三人至六人委任。

第七条　秘书处设秘书长一人,简任,秘书二人至四人,荐任。

秘书处分科办事,每科设科长一人,由秘书兼任,科员二人之四人,委任。

第八条　审计部设审计九人至十二人,简任,协审十二人至十六人,稽察八人至十人,均荐任,分别执行审计稽察职务。

_____

[1]《立法院公报》1929年第12期。

第九条　审计须以具有下列资格之一者充之：

一、曾任国民政府简任以上官职，并具有第十条或第十一条之资格者。

二、现任最高级协审稽察一年以上成绩优良者。

第十条　协审在未有考试及格之相当人员以前，须以具有下列资格之一者充之：

一、曾在国内外专门以上学校习经济法律会计之学三年以上毕业，并有相当经验者。

二、曾任会计师或关于审计之职务三年以上成绩优良者。

第十一条　稽察在未有考试及格之相当人员以前，须以具有下列资格之一者充之：

一、于其稽察事务所需学科曾在国内外专门以上学校修习三年以上毕业并有相当经验者。

二、于其稽察事务曾任技师或职官三年以上成绩优良者。

第十二条　审计协审稽察在职中不得兼任下列职务：

一、其他官职。

二、律师会计师或技师。

三、公司企业机关之任何职务。

第十三条　审计部因缮写文件及其他事务得酌用雇员。

第十四条　审计部遇必要时，得聘用专门人员。

第十五条　审计部于各省设审计处，掌理各该省内中央及地方各机关之审计稽察事务。审计处组织条例另定之。

第十六条　审计协审稽察非经法院褫夺公权或受官吏惩戒委员会依法惩戒者，不得免职或停职。

第十七条　本法自公布日施行。

### 6. 修正审计部组织法（1933年）

**修正审计部组织法❶**

**二十二年四月十四日立法院第十三次会议议决通过**

第一条　审计部直属国民政府监察院，依监察院组织法第五条及审计法之规定行使职权。

第二条　审计部部长特任，秉承检察院院长综理全部事宜。

第三条　审计部政务次长、常务次长、简任，辅助部长处理部务。

第四条　审计部关于处理审计稽察重要事务，及调度审计、协审、稽查人员，以审计会议之决议行之。

审计会议以部长、政务次长、常务次长及审计组织之，其决议以出席人员过半数之同意行之，可否同数时，取决于主席。审计会议开会时，部长有事故时，由次长代理。

第五条　审计部设三厅，依监察院组织法第五条之规定，分掌下列事务：

一、第一厅掌理政府所属全国各机关之事前审计事务。

---

❶《立法院公报》1933年第48期。

二、第二厅掌理政府所属全国各机关之事后审计事务。

三、第三厅掌理政府所属全国各机关之稽察事务。

第六条　审计部设总务处,掌理文书庶务等事务。

第七条　审计部设厅长三人,由部长指定审计兼任之。

每厅设三科,每科设科长一人,由部长分别指定协审稽察兼任,科员四人至八人委任。

第八条　审计部总务处,设处长一人,由部长指定简任、秘书兼任之。总务处设科长四人,荐任,每科科员二人至四人,委任。

第九条　审计部设秘书二人至四人,内二人简任,余荐任,分掌会议及交办事务。

第十条　审计部设审计九人至十二人,简任,协审十二人至十六人,稽察八人至十八人,均荐任,分别执行审计稽察职务。

在京各机关之审计稽察职务,由部内不兼厅长科长之审计协审稽察兼理。

前项审计协审稽察,以审计会议之决议调赴各机关分别执行职务。

审计部因执行前项职务,得设佐理员四十人至六十人,委任。

审计部设驻外审计协审稽察,分别执行各审计处及审计办事处之职务。

第十一条　审计须以具有下列资格之一者充之:

一、具有第十二条或第十三条之资格,并曾任简任以上官职者。

二、现任最高级协审稽察一年以上,成绩优良者。

前项第一款规定,于常务次长准用之。

第十二条　协审在未有考试合格之人员以前,须以具有下列资格之一者充之。

一、曾在国内外专门以上学校,习经济、法律、会计之学三年以上毕业,并有相当经验者。

二、曾任会计师或关于审计之职务三年以上,成绩优良者。

第十三条　稽察在未有考试合格之人员以前,须以具有下列资格之一者充之。

一、于稽察事务所,需学科曾在国内外专门以上学校修习三年以上毕业,并有相当经验者。

二、于稽察事务曾任技师或职官三年以上,成绩优良者。

第十四条　审计、协审、稽察,在职中不得兼任下列职务:

一、其他官职。

二、律师、会计师或技师。

三、公私企业、机关之任何职务。

第十五条　审计部因缮写文件及其他事务得酌用雇员。

第十六条　审计部遇必要时得聘用专门人员。

第十七条　审计部于各省及直隶行政院之市设审计处,掌理各该省市内中央及地方各机关之审计、稽查事务,其他不能依行政区域划分之机关,经国民政府核准,得由审计部设审计办事处

区域划分之机关经国民政府核准,得由审计部设审计办事处。

前项审计处及审计办事处之组织,另以法律定之。

第十八条　审计、协审、稽查,非受刑之宣告,或惩戒处分者,不得免职或停职。

第十九条　本法自公布日施行。

## 7. 修正审计部组织法(1939年)

### 修正审计部组织法[1]

### 二十八年三月四日国府修正公布

第一条　审计部直属国民政府监察院,依监察院组织法第五条及审计法之规定行使职权。

第二条　审计部部长特任,秉承监察院院长综理全部事宜。

第三条　审计部政务次长、常务次长、简任,辅助部长处理部务。

第四条　审计部关于处理审计稽查重要事务,以审计会议之决议行之。

审计会议以部长、政务次长、常务次长及审计组织之,其决议以出席人员过半数之同意行之,可否同数时取决于主席。

审计会议开会时,部长主席,部长有事故时,由次长代理。

第五条　审计部设三厅,依监察院组织法第五条之规定,分掌下列事务。

一、第一厅掌理政府所属全国各机关之事前审计事务。

二、第二厅掌理政府所属全国各机关之事后审计事务。

三、第三厅掌理政府所属全国各机关之稽查事务。

第六条　审计部设总务处,掌理文书庶务等事务。

第七条　审计部设厅长三人,由部长指定审计兼任之。

每厅设三科,每科设科长一人,由部长分别指定协审、稽查兼任,科员四人至八人,委任。

第八条　审计部总务处设处长一人,由部长指定简任秘书兼任之。总务处设科长四人,荐任;每科科员二人至四人,委任。

第九条　审计部秘书二人至四人,内二人简任,余荐任,分掌会议及长官交办事务。

第十条　审计部设审计九人至十二人,简任,协审十二人至十六人,稽查八人至十人,均荐任,分别执行审计稽查职务。在京各机关之审计稽查职务,由部内不兼厅长科长之审计、协审、稽查兼理。

审计部因执行前项职务,得设佐理员四十人至六十人委任。

审计部设驻外审计、协审、稽查,分别执行各审计处及审计办事处之职务。

第十一条　审计须以具有下列资格之一者充之。

一、具有第十二条或第十三条之资格,并曾任简任以上官职者。

二、现任最高级协审、稽查一年以上,成绩优良者。

前项第一款规定,于常务次长准用之。

---

[1]《银行周报》1939年第23卷第40期。

第十二条　协审在未有考试合格之人员以前须以具有下列资格之一者充之。

一、曾在国内外专门以上学校习经济法会计之学三年以上毕业，并有相当经验者。

二、曾任会计师或关于审计之职务三年以上，成绩优良者。

第十三条　稽查在未有考试合格之人员以前，须以具有下列资格之一者充之。

一、于稽查事务所需学科，曾在国内外专门以上学校修习三年以上毕业，并有相当经验者。

二、于稽查事务，曾任技师或职官三年以上，成绩优良者。

第十四条　审计、协审、稽查非有下列情形之一，不得命其转职。

一、在年度开始，因职务从新分配，有转职之必要者。

二、审计机关有舔设或裁并者。

三、因法定原因有缺额者。

四、因法定回避原因，有转职之必要者。

第十五条　审计、协审或稽查与被审计机关之长官或主管会计出纳人员为配偶或有七亲等内之血亲或五亲等内之姻亲关系时，对该被审计机关之审计事务，应行回避，不得行使职权。因其他利害关系显有瞻徇之虞者亦同。

审计、协审或稽查与被审计之案件有利害关系时，对该案件应行回避，不得行使职权。

第十六条　审计、协审、稽查，非受刑之宣告或惩戒处分者，不得免职或停职。

第十七条　审计、协审、稽查，在职中不得兼任下列职务。

一、其他官职。

二、律师、会计师或技师。

三、公私企业机关之任何职务。

第十八条　审计部因缮写文件及其他事务，得酌用雇员。

第十九条　审计部设会计主任一人，统计主任一人，办理岁计、会计、统计事项，受审计部部长之指挥监督，并依国民政府主计处组织法之规定，直接对主计处负责。会计室及统计室需用佐理人员名额由佐审部及主计处就本法所定委任人员及雇员名额中会同决定之。

第二十条　审计部于各省及直隶行政院之市设审计处，掌理各该省市内中央及各地方各机关之审计稽查事务，其他不能依行政区域划分之机关，经国民政府核准，得由审计部设审计办事处。

前项审计处及审计办事处之组织，另以法律定之。

第二十一条　本法自公布日施行。

---

❶《司法院公报》1941年第15期。

8. 审计部组织法（1940年）

## 审计部组织法[1]
### 二十九年十一月二十六日修正公布

第一条 审计部直属国民政府监察院，依监察院组织法第五条及审计法之规定行使职权。

第二条 审计部部长秉承监察院院长，综理全部事宜，监督所属各职员及各机关。

第三条 审计部设政务次长、常务次长各一人，辅助部长处理部务。

第四条 审计部关于处理审计、稽查重要事务，及调度审计、协审、稽查人员，以审计会议之决议行之，审计会议以部长、政务次长、常务次长及审计组织之，其决议以出席人员过半数之同意行之，可否同数时取决于主席。

审计会议开会时，部长主席、部长有事故时，由次长代理。

第五条 审计部设三厅依监察院组织法第五条之规定分掌下列事务：

一、第一厅掌理政府所属全国各机关之事前审计事务。

二、第二厅掌理政府所属全国各机关之事后审计事务。

三、第三厅掌理政府所属全国各机关之稽查事务。

第六条 审计部设总务处掌理文书、人事、出纳、庶务等事务。

第七条 审计部设厅长三人，由部长指定审计三人兼任之。

每厅设三科，但因事务之繁简得增减之。每科设科长一人，由部长分别指定协审、稽查兼任，科员四人至八人。

第八条 审计部总务处设处长一人，由部长指定简任、秘书兼任之，科长四人，每科科员四人至六人。

第九条 审计部设秘书四人至六人，分掌会议记录及长官交办事务。

第十条 审计部设审计九人至十二人，协审十二人至十六人，稽查八人至十人，分别执行审计、稽查职务。

在京各机关之审计、稽查职务，由部内不兼厅长、科长之审计、协审、稽查兼理。

前项审计、协审、稽查以审计会议之决议调赴各机关，分别执行职务。

审计部因执行前项职务，得设佐理员四十人至六十人。

审计部设驻外审计、协审、稽查分别执行各审计处及审计办事处之职务。

第十一条 审计以具有下列资格之一者充之：

一、具有第十二条或第十三条之资格并曾任简任以上官职者。

二、现任最高级协审、稽查一年以上，成绩优良者。

前项第一款规定于常务次长准用之。

第十二条 协审在未有考试合格之人员以前以具有下列资格之一者充之。

---

[1]《司法院公报》1941年第15期。

一、曾在国内外专门以上学校习经济法律会计学科三年以上毕业并有相当经验者。

二、曾任会计师或关于审计职务三年以上成绩优良者。

第十三条 稽查在未有考试合格之人员以前以具有下列资格之一者充之。

一、于稽查事务所需学科曾在国内外专门以上学校修习三年以上毕业并有相当经验者。

二、于稽查事务曾任技师或职官三年以上成绩优良者。

第十四条 审计、协审、稽查在职中不得兼任下列职务:

一、其他官职。

二、律师会计师会技师。

三、公私企业机关之任何职务。

第十五条 审计部部长、特任次长、审计及秘书二人,简任;其余秘书、科长及协审、稽查、荐任、科员,委任或荐任;佐理员、书记官,委任。

第十六条 审计部因事务以上必要得委任书记官及酌用雇员。

第十七条 审计部于必要时,得聘用专门人员。

第十八条 审计部设会计主任一人、统计主任一人,办理岁计、会计、统计事项,受审计部部长之指挥,监督并依国民政府主计处组织法之规定,直接对主计处负责。

会计室及统计室需用佐理人员,名额由佐审部及主计处就本法所定委任人员及雇员名额中,会同决定之。

第十九条 审计部于各省、及行政院、直辖市设审计处,掌理各该省市内中央及各地方各机关之审计、稽查事务。其他不能依行政区域划分之机关,经国民政府核准,得由审计部设审计办事处。

前项审计处及审计办事处之组织以法律定之。

第二十条 审计、协审、稽查非受刑之宣告或惩戒处分者,不得免职或停职。

第二十一条 审计部分掌事务规程以部令定之。

第二十二条 本法自公布日施行。

### 9. 审计部组织法(1945年)

**审计部组织法**❶

**三十四年十二月三十一日修正公布**

第一条 审计部直属国民政府监察院,依监察院组织法第五条及审计法之规定行使职权。

第二条 审计部部长特任,秉承检察院院长综理全部事宜。

第三条 审计部政务次长、常务次长、简任,辅助部长处理部务。

第四条 审计部关于处理审计稽察重要事务,以审计会议之决议行之。

审计会议以部长、政务次长、常务次长及审计组织之,其决议以出席人员过半数之同意行之,

---

❶ 源自国家图书馆民国法规数据库。

可否同数时,取决于主席。审计会议开会时,部长有事故时,由次长代理。

第五条　审计部设三厅,依监察院组织法第五条之规定,分掌下列事务:

一、第一厅掌理政府所属全国各机关之事前审计事务。

二、第二厅掌理政府所属全国各机关之事后审计事务。

三、第三厅掌理政府所属全国各机关之稽察事务。

第六条　审计部设总务处,掌理文书庶务等事务。

第七条　审计部设厅长三人,由部长指定审计兼任之。

每厅设三科,每科设科长一人,由部长分别指定协审稽察兼任,科员六人至十人委任。

第八条　审计部总务处,设处长一人,由部长指定简任、秘书兼任之。总务处设科长四人,荐任,每科科员四人至六人,委任。

第九条　审计部设秘书二人至四人,内二人简任,余荐任,分掌会议及交办事务。

第一〇条　审计部设审计九人至十二人,简任,协审二十一人至二十四人,稽察十八人至二十二人,均荐任,分别执行审计稽察职务,在京各机关之审计稽察职务,由部内不兼厅长科长之审计协审稽察兼理。

审计部因执行前项职务,得设佐理员五十人至七十人,委任。

审计部设驻外审计协审稽察,分别执行各审计处及审计办事处之职务。

第一一条　审计须以具有下列资格之一者充之:

一、具有第十二条或第十三条之资格,并曾任简任以上官职者。

二、现任最高级协审稽察一年以上,成绩优良者。

前项第一款规定,于常务次长准用之。

第一二条　协审在未有考试合格之人员以前,须以具有下列资格之一者充之。

一、曾在国内外专门以上学校,习经济、法律、会计之学三年以上毕业,并有相当经验者。

二、曾任会计师或关于审计之职务三年以上,成绩优良者。

第一三条　稽察在未有考试合格之人员以前,须以具有下列资格之一者充之。

一、于稽察事务所,需学科曾在国内外专门以上学校修习三年以上毕业,并有相当经验者。

二、于稽察事务曾任技师或职官三年以上,成绩优良者。

第一四条　审计协审稽察,非有下列情形之一,不得令其转职。

一、在年度开始,因职务从新分配,有转职之必要者。

二、审计机关有添设或裁并者。

三、因法定原因有缺额者。

四、因法定回避原因,有转职之必要者。

第一五条　审计协审或稽察,与被审计机关之长官或主管会计出纳人员为配偶,或有七亲等内之血亲,或五亲等内之姻亲关系时,对该被审计机关之审计事务,应行回避,不得行使职权,因其他利害关系显有瞻徇之虞者,亦同。

审计协审或稽察与被审计之案件有利害关系时,对该案件,应行回避,不得行使职权。

第一六条 审计协审稽察非受刑之宣告或惩戒处分者,不得免职或停职。

第一七条 审计协审稽察在职中,不得兼任下列职务:

一、其他官职。

二、律师会计师或技师。

三、公私企业机关之任何职务。

第一八条 审计部为办理专门业务,得派专员八人至十二人。

审计部为缮写文件及其他事务,得酌用雇员八十人至一百二十人。

第一九条 审计部设会计主任统计主任各一人,办理岁计会计统计事项,受审计部部长之指挥监督,并依国民政府主计处组织法之规定,直接对主计处负责。

会计室置佐理员三人至六人,雇员二人至四人,统计室置佐理员一人或二人,雇员一人或二人。

审计部设人事处,置主任一人,依人事管理条例之规定,办理人事管理事业。

人事室置助理员四人至八人,雇员二人至三人。

第二○条 审计部于各省及直隶行政院之市,设审计处,掌理各该省市内中央及地方各机关之审计稽察事务,其他不能依行政区域划分之机关,经国民政府核准,得由审计部设审计办事处。

前项审计处及审计办事处之组织,另以法律定之。

第二一条 本法自公布日施行。

**10. 审计委员会组织条例**

### 审计委员会组织条例❶

第一条 审计委员会直隶于行政院,依审计条例之规定行使职权。

第二条 审计委员会置委员长一人特任、审计委员简任四人、荐任八人、协审四人至十二人、稽察四人至八人荐任或委任。

第三条 审计委员会处理审计稽察重要职务及调度审计委员协审稽察以审计会议之议决行之。

第四条 审计会议以委员长及审计委员组织之其议决,以出席人员过半数之同意行之,可否同数取决于主席。

审计会议非有审计委员总额半数以上出席不得开议。

第五条 审计会议以委员长为主席,委员长有事故时,由委员长指定兼任组长之审计委员一人代理之。

第六条 审计会议有必要时得通知各机关主办会计人员列席陈述意见。

---

❶ 源自国家图书馆民国法规数据库。

第七条　审计委员会设三组,依审计条例之规定分掌下列事务。

一、第一组掌理政府所属中央各机关之审计事务。

二、第二组掌理政府所属地方各机关之审计事务。

三、第三组掌理政府所属各机关之稽察事务。

第八条　审计委员会设总务组掌理会议记录文书、统计会议庶务、统一审计、应用书表单簿及其他不属于第一组、第二组、第三组各组之事务。

第九条　审计委员会设组长四人分掌第七条、第八条规定之各组由委员长指定简任审计委员或秘书兼任之,每组各得以其事务之推进分股支配其职务,其股长由委员长指定荐任审计委员协审或稽察兼任之。

第十条　审计委员会设简任秘书一人、荐任秘书二人掌理委员长交办事务或由委员长指定支配于总务组掌理会议及文书等事务。

第十一条　中央及地方各机关之审计稽察职务由不兼组长股长之审计委员协审稽察兼理。

前项审计委员协审稽察以审计会议之议决调赴各机关分别执行职务。

审计委员会因执行前项职务得设佐理员若干人委任。

审计委员会于必要时,得设驻外审计委员协审稽察,分别执行各省市地方各机关暨其他不能依行政区域划分之各机关协审稽察事务,并得酌设审计处及审计办事处于各省市地方,其名额及组织另以法律定之。

第十二条　简任荐任各审计委员须以具有下列资格之一者充之:

一、具有第十三条或第十四条之资格并曾任荐任以上官职者。

二、曾任最高级协审稽察成绩优良者。

第十三条　协审须以具有下列资格之一者充之:

一、在国内外专门以上学校修习经济、法律、会计之学三年以上毕业,并有相当经验者。

二、曾任会计师或关于审计之职务成绩优良者。

第十四条　稽察须以具有下列资格之一者充之:

一、于稽察事务所需学科在国内外专门以上学校修习三年以上毕业,并有相当经验者。

二、于稽察事务曾任技师或职官成绩优良者。

第十五条　审计委员会委员长、审计委员协审稽察不得兼任其他官职或律师、会计师、技师或公私企业机关任何职务。

第十六条　审计委员会委员长、审计委员协审稽察非受刑之宣告或惩戒处分者不得免职或停职,但总务组各职员不在此例。

第十七条　审计委员会于必要时,得聘用专门委员。

第十八条　审计委员为缮写文件及其他事务,得酌用办事员、雇员及译员。

第十九条　本条例自公布日施行。

## 11．审计处组织法（1932年）

（民国时期，省级以下大都设立了审计机构，为贯彻依法审计原则，相应制定了地方审计组织法，如《审计处组织法》《湖北省审计委员会条例》。）

### 审计处组织法[1]
### 二十一年六月十七日

第一条　审计部于各省省政府所在地，或直隶于行政院之市市政府所在地设审计处。

中央及各省公务机关，公有营业机关，其组织非由行政区域划分者，经国民政府之核准，得由审计部设审计办事处。

第二条　审计处设审计一人，简任，协审二人，稽察一人，秘书一人，均荐任，佐理员委任，其名额由审计部按事务之繁简，分别拟定，呈请监察院核定之。

第三条　审计处设处长一人，由审计兼任，承审计部之命，综理处务。

第四条　审计处分下列四组：

一、第一组掌理本省或本市内中央及地方各机关之事前审计事务。

二、第二组掌理本省或本市内中央及地方各机关之事后审计事务。

三、第三组掌理本省或本市内中央及地方各机关之稽察事务。

四、总务组掌理本处文书统计会计庶务，及其他各组交办事务。

第五条　前条第一组第二组之主任，以协审兼任，第三组之主任，以稽察兼任，均由审计部派充之，总务组主任，以秘书兼任。

第六条　审计办事处，按事务之繁简，分下列二种：

一、甲种办事处之组织，准用第二条至第五条之规定。

二、乙种办事处，设协审一人，兼任处主任，并设佐理员，分股办事，其名额准用第二条之规定。

第七条　审计办事处，办理事前审计事后审计或稽察事务之人员，于事务简单之机关，各得兼管数机关之同种事务。

第八条　审计处及审计办事处，因缮写或其他事务，得酌用雇员。

第九条　审计部组织法第九条至第十二条及第十六条之规定，于驻外审计协审稽察准用之。

第一〇条　审计部组织法第十条至第十二条之规定，于办理审计稽察事务之佐理员准用之。

第一一条　本法自公布日施行。

【附注】本法第九条所载审计部组织法第九条至第十二条及第十六条，即修正审计部组织法第十一条至第十四条及第十八条，本法第十条所载审计部组织法第十条至第十二条，即修正审计部组织法第十二条至第十四条。

---

[1]《会计杂志》1934年第4卷第6期。

### 12. 县各级组织纲要（1939 年）

**县各级组织纲要**❶

**二十八年九月十九日公布**

**甲　总则**

一、县为地方自治单位，其区域依其现有之区域，县之废置及区域之变更，应经国民政府之核准。

二、县按面积人口经济文化交通等状况，分为三等至六等，由各省政府划分，报内政部核定之。

三、地方自治之实施办法，以命令定之。

四、县以下为乡（镇），乡（镇）内之编制为保甲，县之面积过大或有特殊情形者，得分区设署，凡教育警察卫生合作征收等区域，应与前项区域合一。

五、县为法人，乡（镇）为法人。

六、中华民国人民，无论男女，在县区域内居住六个月以上，或有住所达一年以上，年满二十岁者，为县公民，有依法行使选举罢免创制复决之权，有下列情形之一者，不得有公民资格，（一）褫夺公权者，（二）亏欠公款者，（三）曾因赃私处罚有案者，（四）禁治产者，（五）吸食鸦片或其代用品者。

**乙　县政府**

七、县设县政府，置县长一人，其职权如下：

（一）受省政府之监督，办理全县自治事宜。

（二）受省政府之智慧，执行中央及省委办事项。

前项执行中央及省委办事项，应于公文纸上注明之。

八、县政府设民政财政教育建设军事地政社会各科，设科之多寡，及其职掌之分配，由各省政府依县之等次，及实际需要拟订，报内政部备案。

九、县政府置秘书科长指导员督学警佐科员技士技佐事务员巡官，其名额官等俸给及编制，由省政府依县之等次，及实际需要拟订，报内政部核定之。

一〇、县长县行政人员之考试甄审训练任用考核罢免，依法律之规定。

一一、县政府设县政会议，每两星期开会一次，议决下列事项：

（一）提出于县参议会之案件。

（二）其他有关县政之重大事项。

县政会议规则，由内政部定之。

一二、县行政会议，在县参议会未成立前，仍得举行。

一三、县政府组织规程，由各省省政府订定，报内政部转呈行政院核定。

---

❶ 审计部. 审计法令汇编［M］. 北京：商务印书馆，1948：28-32.

县政府组织规程所无之机关,不得设置。

一四、县政府办事规则,由各省省政府定之,报内政部备案。

### 丙　县参议会

一五、县设县参议会,由乡(镇)民代表会选举县参议员组织之,每乡(镇)选举一人,并得酌加依法成立之职业团体代表为县参议员,但不得超过总额十分之三。

一六、县参议会暂不选举县长,县参议会之议长,以由县参议会自选为原则。

一七、县参议会之组织职权及选举方法,另定之。

### 丁　县财政

一八、下列各款为县收入:

(一)土地税之一部(在土地法未实施之县,各种属于县有之田赋附加全额)。

(二)土地陈报后,正附溢额田赋之全部。

(三)中央划拨补助县地方之印花税三成。

(四)土地改良物税(在土地法未实施之县为房捐)。

(五)营业税之一部(在未依营业税法改定税率以前,为屠宰税全额,及其他营业税百分之二十以上)。

(六)县公产收入。

(七)县公营业收入。

(八)其他依法许可之税捐。

一九、所有国家事务及省事务之经费,应由国库及省库支给,不得责令县政府就地筹款开支。

凡经费足以自给之县,其行政费及事业费,由县库支给,收入不敷之县,由省库酌量补助,人口稀少土地尚未开辟之县,其所需开发经费,除省库拨付外,不足之数,由国库补助。

二〇、县政府应建设上之需要,经县参议会之决议,及省政府之核准,得依法募集县公债。

二一、县之财政,均由县政府统收统支。

二二、在县参议会未成立时,县预算及决算,应先经县行政会议审定,再由县长呈送省政府核准。

在县参议会成立后,县预算及决算,应先送交县参议会议决,再由县长呈送省政府核定之,但有必要时,得由县长先呈送省政府核准施行,再送县参议会。

二三、县金库之设置,及会议稽核,依法令之规定办理之。

### 戊　区

二四、区之划分,以十五乡(镇)至三十乡(镇)为原则。

二五、区署为县政府补助机关,代表县政府督导各乡(镇)办理各项行政及自治事务。

在未设区署之区,由县政府派员指导。

二六、区署设区长一人,指导员二人至五人,分掌民政财政建设教育军事等事项,均为有给职,非甄选训练合格人员,不得委用。

二七、区署所在地,得设警察所,受区长之指挥,执行地方警察任务。

二八、区得设建设委员会,聘请区内声誉素著之人士担任委员,为区内乡村建设之研究设计协助建议之机关,由区长担任主席。

### 己　乡镇

二九、乡(镇)之划分,以十保为原则,不得少于六保,多于十五保。

三○、乡(镇)之划分,及保甲之编制,由县政府拟定,呈请省政府核准施行,汇报内政部备案。

三一、乡(镇)设乡(镇)公所,置乡(镇)长一人,副乡(镇)长一人至二人,由乡(镇)民代表会就公民中具有下列资格之一者选举之:

(一)经自治训练合格者。

(二)普通考试及格者。

(三)曾任委任职以上者。

(四)师范学校或初中以上学校毕业者。

(五)曾办地方公益事务著有成绩者。

乡(镇)长选举实施日期,另以命令定之。

三二、乡(镇)公所设民政警卫经济文化四股,各股设主任一人,干事若干人,须有一人专办户籍,由副乡(镇)长及乡(镇)中心学校教员分别担任,并应酌设专任之事务员。

经费不充裕地方,各股得酌量合并或仅设干事。

三三、乡(镇)长或副乡(镇)长之任期为二年,连选得连任。

三四、乡(镇)长乡(镇)中心学校校长及乡(镇)壮丁队队长,暂以一人兼任之。

在经济教育发达之区域乡(镇)中心学校校长,以专任为原则。

三五、乡(镇)自行举办之事项,应经乡(镇)务会议议决,方得施行。

三六、乡(镇)务会议,由乡(镇)长主席,各股主任干事均应出席,与所议事项有关之保长得列席。

三七、乡(镇)长副乡(镇)长及乡(镇)公所职员之训练办法,另定之。

### 庚　乡(镇)民代表会

三八、乡(镇)民代表会之代表,由保民大会选举之,每保代表二人。

三九、乡(镇)民代表会之主席,如乡(镇)长由乡(镇)民代表会选出者,得由乡(镇)长兼任之。

四○、乡(镇)民代表会之组织职权及代表之选举方法,另定之。

### 辛　乡(镇)财政

四一、乡(镇)财政收入如下:

(一)依法赋予之收入。

（二）乡（镇）公有财产之收入。

（三）乡（镇）公营事业之收入。

（四）补助金。

（五）经乡（镇）民代表会决议征收之临时收入，但须经县政府之核准。

四二、乡（镇）应与办造产事业，其办法另定之。

四三、乡（镇）设乡（镇）财产保管委员会，其章程另定之。

四四、乡（镇）财政之收支，由乡（镇）公所编制概算，呈由县政府审核，编入县概算。

## 壬 保甲

四五、保之编制以十甲为原则，不得少于六甲，多于十五甲。

四六、在人口稠密地方，如一村或一街为自然单位，不可分离时，得就二保或三保，联合设立国民学校合作社及仓储等机关，推举保长一人，为首席保长，以总其成，但壮丁队仍须分保编队训练。

四七、保设保办公处，置保长一人，副保长一人，由保民大会就公民中具有下列资格之一者选举，由乡（镇）公所报告县政府备案。

（一）师范学校或初级中学毕业或有同等之学力者。

（二）曾任公务人员或在教育文化机关服务一年以上著有成绩者。

（三）曾经训练及格者。

（四）曾办地方公益事务者。

在未办理选举以前，保长副保长由乡镇公所推定，呈请县政府委任。

四八、保长副保长任期二年，连选得连任。

四九、保长保国民学校校长保壮丁队长，暂以一人兼任之。

在经济教育发达之区域，国民学校校长以专任为原则。

乡（镇）中心小学保国民学校之名称，得沿用现行法令之规定。

五○、保办公处设干事二人至四人，分掌民政警卫经济文化各事务，由副保长及国民学校教员分别担任之。

在经费不充裕区域，得仅设干事一人。

五一、保长副保长及保办公处职员之训练办法，另定之。

五二、保民大会每户出席一人，其组织及职权另定之。

五三、甲之编制以十户为原则，不得少于六户，多于十五户。

五四、甲置甲长一人，由户长会议选举，由保办公处报告乡镇公所备案。

甲长之训练办法另定之。

五五、甲设户长会议，必要时并得举行甲居民会议。

五六、保之编制，原有名称为村街墟场等者，得仍其旧，但应逐渐改称为保，以规划一。

五七、关于保甲之各种章则,另定之。

五八、保甲户口之编查另定之。

### 癸　附则

五九、本纲要自公布之日施行。

六〇、本纲要施行后,各项法令与本纲要抵触之部分,暂行停止适用。

## (四)主计处组织法

主计处是民国中后期设置的办理会计、岁计和统计事务的机构,它与审计密切相关。"民国开创,至国民政府成立,均未设立主计机关。民国十八年(1929年),立法院院长胡汉民向中央政治会议提出设置主计总监部案,分述设置之理由及机关之组织甚详。其列举办理会计、岁计、统计事务之总机关。"[1]国民党中央政治会议于182次会议,将胡氏提案,提出讨论,再交立法院拟具具体方案,呈候核夺。1929年9月21日,立法院于第50次会议,将中央政治会议交议之主计总监部案提出讨论,当议决付财政委员会起草具体方案。1930年8月16日,立法院于第105次会议议决,将中央政治会议通过之《主计处组织方案》,交付财政委员会依据起草,该会遵即拟具《主计处组织法草案》,并开棣39次常会提出逐条讨论,修正通过。[2]

### 1. 国民政府主计处组织法(1931年)

#### 国民政府主计处组织法[3]
#### 二十年六月二十九日

第一条　国民政府设主计处掌管全国岁计会计统计事务。

第二条　主计处设主计长一人特任、主计官六人简任。

第三条　主计长承国民政府之命,综理处务,指挥监督所属人员依法律之规定分别执行职务。

第四条　主计处置下列(原下列)各局:

一、岁计局。

二、会计局。

三、统计局。

第五条　前条各局均置局长一人综管本局所掌事务副局长一人于局长因事故不能执行职务时代理局长均由主计长呈请国民政府于主计官中派充科长三人至五人荐任每科科员十人至二十人其中三人至五人荐任余委任。

第六条　岁计局办理下列(原下列)事务:

---

❶ 谢振民.中华民国立法史:上册[M].北京:中国政法大学出版社,2000:380.

❷ 谢振民.中华民国立法史:上册[M].北京:中国政法大学出版社,2000:381-382.

❸ 蔡鸿源.民国法规集成:第33册[M].合肥:黄山书社,1999:381-382.

一、关于筹划预算所需事实之调查事项。

二、关于各机关概算预算及决算表册等格式之制定颁行事项。

三、关于各机关岁入岁出概算书之核算及总概算书之编造事项。

四、关于依照核定总概算书编造拟定总预算书事项。

五、关于拟定总预算书经核定后之整理事项。

六、关于预算内款项依法流用之登记事项。

七、关于各机关各种计算书之汇编及其报告事项。

八、关于各机关岁入岁出决算书之核算及总决算书之编造事项。

九、关于各机关财务上增进效能与减少不经济支出之研究及其报告事项。

十、关于各机关间财务上应合办或统筹事务之建议事项。

一一、关于各机关办理岁计事务人员之指挥监督事项。

一二、其他有关岁计事项。

前项第三款至第八款之规定于追加预算及非常预算准用之。

第七条　会计局办理下列事务。

一、关于各机关会计人员之任免迁调训练及考绩事项。

二、关于各机关会计表册书据等格式之制定颁行事项。

三、关于各机关会计事务之指导监督事项。

四、关于各机关会计报告之综核记载及总报告之汇编事项。

五、其他有关会计事项。

第八条　统计局办理下列（原下列）事务：

一、关于各机关统计人员任免迁调训练及考绩事项。

二、关于各机关统计图表格式之制定颁行及一切编制统计办法之统一事项。

三、关于各机关编制统计范围之划定及统计工作之分配事项。

四、关于各机关统计事务之指导监督事项。

五、关于调查编制不能属于任何机关范围之统计及各机关未及编制之统计事项。

六、关于全国统计总报告之编纂事项。

七、其他有关统计事项。

第九条　主计处置秘书二人至四人其中一人简任余荐任科员六人至十二人其中一人至三人荐任余委任办理文书及不属于各局之事务。

第十条　主计处于必要时得聘用专门人员。

第一一条　主计处得酌用雇员。

第一二条　全国各机关主办岁计会计统计之人员分为下列三等。

一、会计长统计长均简任。

二、会计主任统计主任均荐任。

三、会计员统计员均委任。

前项主办人员之佐理人员均由主计处按其事务之需要设置。

凡公营事业主办岁计会计统计人员及佐理人员不适用第一项规定之名称等级者，得由主计处依所在机关之需要定之。

各机关之岁计事务由会计人员兼办其统计事务之简单者亦同。

第一三条　前条办理岁计会计统计之人员直接对于主计处负责，并依法受所在机关长官之指挥。

第一四条　主计长得随时调遣各机关办理岁计会计统计之人员。

第一五条　主计处设主计会议由主计长及主计官组织之以主计长为主席主计长缺席时由岁计局长代理专门人员及科长得列席主计会议各机关主办岁计会计统计之人员对于有关其职掌之提案亦得列席。

第一六条　主计会议之职权如下。

一、关于各机关主办岁计会计统计人员之任免事项。

二、关于岁计会计统计制度之拟订及修订事项。

三、关于本处及各机关办理岁计会计统计之办事规则制定及修正事项。

四、关于两局以上之关联事项。

五、各局长或主计官提议事项。

六、主计长交议事项。

第一七条　主计处得召集全国主计会议以下列人员组织之。

一、主计处之主计长主计官及专门人员。

二、各主要机关主办岁计会计统计之人员。

三、各主要机关之代表或其长官。

前项会议以主计长为主席。

第一八条　本法施行规则及施行日期以命令定之。

**2. 国民政府主计处组织法**（1944 年）

**国民政府主计处组织法**❶

**三十三年一月十五日修正公布**

第一条　国民政府设主计处掌管全国岁计会计统计事务。

第二条　主计处设主计长一人特任主计官六人简任。

第三条　主计长承国民政府之命综理处务指挥监督所属人员依法律之规定分别执行职务。

第四条　主计处设下列（原下列）各局：

---

❶ 国民政府审计院. 民国审计院（部）公报：第29册［M］. 北京：国家图书馆出版社，2014：122-125.

一、岁计局。

二、会计局。

三、统计局。

第五条　前条各局应置局长一人,综管本局所掌事务;副局长一人,于局长因事故不能执行职务时代理局长,均由主计长呈请国民政府,于主计官派充科长三人至五人荐任,每科科员十人至二十人,其中三人至五人荐任,余委任。

第六条　岁计局办理下列事项。

一、关于筹划预算所需事实之调查事项。

二、关于各机关概算预算及决算表册等格式之制定颁行事项。

三、关于各机关岁入岁出概算书之核算及总概算书之编造事项。

四、关于依照核定总概算书编造拟定总预算书事项。

五、关于拟定总预算书经核定后之整理事项。

六、关于预算内款项依法流用之登记事项。

七、关于各机关各种计算书之汇编及报告事项。

八、关于各机关岁入岁出决算书之核算及总决算书之编造事项。

九、关于各机关财务上增进效能与减少不经济支出之研究及其报告事项。

十、关于各机关间财务上应合办或统筹事务之建议事项。

十一、关于各机关办理岁计事务人员之指挥监督事项。

十二、其他有关岁计事项。

前项第三款至第八款之规定于追加预算及非常预算准用之。

第七条　会计局办理下列事项。

一、关于各机关会计人员之任免迁调训练及考绩事项。

二、关于各机关会计表册书据等格式之制定颁行事项。

三、关于各机关会计事务的指挥监督事项。

四、关于各机关会计报告之综核记载及总报告之汇编事项。

五、其他有关会计事项。

第八条　统计局办理下列事项。

一、关于各机关统计人员之任免迁调训练及攷绩事项。

二、关于各机关统计图表格式之制定颁行及一切编造统计办法之统一事项。

三、关于各机关编制统计范围之划定及统计工作之分配事项。

四、关于各机关统计事务之指导监督事项。

五、关于调查编制不能属于任何机关之范围之统计及各机关未及编制之统计事项。

六、关于全国统计总报告之编纂事项。

七、其他有关统计事项。

第九条　主计处设视察六人至九人其中三人简任余荐任。

第十条　主计处置秘书二人至四人其中一人简任余荐任科员六人至十二人其中一人至三人荐任余委任办理文书及不属于各局之事务。

第十一条　主计处于必要时的聘用专门人员三人至六人。

第十二条　主计处得酌用雇员。

第十三条　主计处设人事室置主任一人荐任依人事管理条例之规定掌理本处人事管理事务。

人事室需用人员名额由主计处就本法规定人员中与铨叙部会同决定之。

第十四条　主计处设会计主任一人、荐任，科员二人至四人、委任，办理本处岁计会计事务。

第十五条　全国各机关主办岁计会计统计之人员分为下列等次。

一、会计长统计长均简任。

二、会计处长统计处长兼任或荐任。

三、会计主任统计主任荐任或委任。

四、会计员统计员均委任。

前项主办人员及其佐理人员均由主计处按其事务之需要分别设置。

凡公营事业主办岁计会计统计人员及佐理人员不适用第一项规定之名称等级者得由主计处依所在机关之需要定之。

各机关之岁计事务由会计人员兼办其统计事务之简单者亦同。

第十六条　前条办理岁计会计统计之人员直接对于主计处负责并依法受所在机关长官之指挥。

前项人员之编制员额及服务规则由主计处定之其经费列入所在机关之预算。

第十七条　主计长得随时调遣各机关办理岁计会计统计之人员。

第十八条　主计处设主计会议由主计长及主计官组织之以主计长为主席主计长缺席时由岁计局长代理专门人员及科长得列席主计会议各机关主办岁计会计统计之人员对于有关其职掌之提案亦得列席。

第十九条　主计会议之职权如下：

一、关于各机关主办岁计会计统计人员之任免事项。

二、关于岁计会计统计制度之拟订及修正事项。

三、关于本处及各机关办理岁计会计统计之办事规则制定及修正事项。

四、关于两局以上之关系事项。

五、各局长或主计管提议事项。

六、主计长交办事项。

第二十条　主计处得召集全国主计会议以下列人员组织之。

一、主计处之主计长主计官及专门人员。

二、各主要机关主办岁计会计统计之人员。

三、各主要机关之代表或其长官。

前项会议以主计长为主席。

第二十一条　国民政府主计处办事细则由主计处拟定呈请国民政府备案。

第二十二条　本法自公布日施行。

# 三、审计法及施行细则

民国时期颁布了多部审计法及施行细则,史载1912年9月起,北京政府设立审计处(后改为院),并开始了制定相应审计法的历史,从1914年3月的《北洋政府审计处(分处)审计条例》到1938年审计法及其施行细则。

**民国时期审计法及施行细则概览**

| 序号 | 法规名称 | 颁布时间 |
|---|---|---|
| 1 | 北洋政府审计处(分处)审计条例 | 1914年3月12日 |
| 2 | 审计法 | 1914年10月2日 |
| 3 | 审计法施行细则 | 1914年12月7日 |
| 4 | 审计院解释审计法施行规则之送达期限并核准程序 | 1925年11月28日 |
| 5 | 审计法 | 1925年11月28日 |
| 6 | 审计法施行规则 | 1928年4月19日 |
| 7 | 审计法实施细则 | 1928年11月3日 |
| 8 | 审计法 | 1938年5月3日 |
| 9 | 审计法施行细则 | 1938年7月23日 |
| 10 | 审计法施行细则第十二条之实施办法 | |

(一)审计条例及施行细则

## 1. 北洋政府审计处(分处)审计条例(1914年)[1]

**北洋政府审计处(分处)审计条例**

**教令第三十七号三年三月十二日公布**

**第一章　总则**

第一条　审计处及审计分处审查国家岁入岁出除政府机密费外均依本条例办理。

第二条　审计处对于各会计年度之总决算审查确定后,须提出审查报告书,经由国务总理呈报大总统,由大总统提交国会。

---

[1] 源自中国第二历史档案馆 全宗号1066,第587卷。

第三条　审计处须将每会计年度之审计成绩报告书经由国务总理呈报大总统,本于此项成绩认为编造上月收入计算书送审计处或审计分处查核,所免之事实证明于审计处得有解除责任之证明法令上或行政上有应行改正事项得并陈其意见。

## 第二章　审查收入支出

第四条　各官署须于议决预算定额之范围内编造每月支付预算书,经主管长官核定后送由财政总长转送审计处备案;各地方官署之每月支付预算书,经主管长官核定后送由民政长转送审计分处备案。

第五条　各官署每月按照支付预算数目填写请款凭单,送由财政总长查核后,填给发款通知书,一面将请款凭单审计处备案。

各地方官署之请款凭单送由民政长查核后,填给发款通知书,一面将请款凭单审计分处备案。

第六条　各官署接到财政部发款通知书时应具四联式总收据,由该管长官签名派员赴库提款,除一联存根外,以一联留库备查,以一联由库转送财政部存案,以一联由库转送审计处备案。

各地方官署之总收据除以除以一联存根外,以一联留库备查,其余二联由库分送民政长及审计分处备核。

第七条　各官署每月支付预算书之项目中,有以国债筹备者应依关于审计国债用途诸规则处理之。

第四、五、六条及本条第一项之规定于营业性质之机关有特别情事者,请不遵用之。

第八条　经管征税或他项收入之各官署每月经过后,应编造上月收入计算书送审计处或审计分处查核,有收入证据,应由该官署保存。

前项各官署之证据,审计处或审计分处得随时抽查之。

第九条　各官署每月经过后,应编造上月支出计算书,连同证凭单据送审计处或审计分处查核,但营业性质之机关有特别情事者,其证凭单据得由各机关保存。

第十条　审计处或审计分处审查每月计算书如有疑义,得质问各主管官署,要求其答复。

## 第三章　检查国库

第十一条　国库每月经过后,须将上月内收支款项开列清表报告审计处或审计分处。

第十二条　审计处或审计分处每月经过后,得派员检查国库现存款项及账簿,但认为必要时得随时派员检查。

国库未统一以前,经财政官长核定管理现金出纳之机关适用前条及本条第一项之规定。

## 第四章　检查国债

第十三条　各主管官署应将新借国债之数及偿还国债之数随时审计处或审计分处备查,遇有收到借款或收回债券亦应分别报告以备查核。

第十四条　各主管官署不论商借外债募集内债,应将条件及指定之用途报告审计处或审计分处。

第十五条　偿还内债之时,如用抽签方法,须由审计处或审计分处派员监视。

### 第五章　检查工程及买卖贷借

第十六条　政府之工程及财产物品之买卖贷借,依会计条例应公告招人投标者,须由审计处或审计分处派员监视。

### 第六章　检查簿记

第十七条　各官署所用簿记,均应依照国务院颁定程式办理。

第十八条　国库及特别会计所用簿记之程式均应送审计处或审计分处备案。

第十九条　审计处或审计分处认为必要时,得随时检查各官署簿记。

第二十条　各官署所用簿记,审计处或审计分处认为与审计事项相抵触者,得提议修正。

### 第七章　处分

第二十一条　各官署应将出纳官吏姓名、履历送审计处或审计分处备查。

第二十二条　审计处议决出纳官吏有不当行为应行处分时,须通知主管长官执行之。

关于审计事项,审计处认为各官署长官有违背法令之情事者,得呈由国务总理转呈大总统交文官惩戒委员会议处。

审计分处遇有前项情事应由审计分处呈明审计处。

### 第八章　附则

第二十三条　审计处或审计分处得派员赴各官署实地调查。

第二十四条　审计处得制定关于审计上之一切规程及证明书式。

第二十五条　各官署制定会计章程均应通知审计处或审计分处备查。

前项会计章程与审计条例相抵触者,审计处或或审计分处得提议修正。

第二十六条　审计处或审计分处对于审查完竣事项,自决定之日起五年内发现有错误遗漏重复等情均得再审;若发现诈伪证据虽过五年后亦得再审。

第二十七条　审计处对于各官署之一部分计算审查得委托该管官署行之,但受托之官署须报告其成绩于审计处或审计分处。

第二十八条　关于审查决算及审计成绩之报告事项并第二十二条规定事项及其他重要事项须经审计官吏会议决定,审计官吏会议规则另定之。

第二十九条　本条例自公布之日施行。

2.《审计条例》的施行细则

（暂没有找到《审计条例》的施行细则,或许没有制定,由于1912年11月16日公布暂行审计规则,三年三月十三日公布审计条例,三年十月三日改法,中间相隔半年时间,可能未及颁布施行细则。）

（二）1914年审计法及施行细则

### 1. 审计法（1914年）

审计法（1914年12月7日）[1]

第一条　审计院除法令规定之大总统、副总统岁费和政府机密费外,应行审定者如下:

一、总决算。

二、各官署每月之收支计算。

三、特别会计之收支计算。

四、官有物之收支计算。

五、由政府发给补助费或特与保证之收支计算。

六、法令特定为应经审计院审定之收支计算。

第二条　审计院依法令审定各种决算,应就下列事项编制审计报告书呈报大总统。

一、总决算及各主管官署决算报告书之金额与金库出纳之计算金额是否相符。

二、岁入之征收、岁出之支用、官有物之买卖让与及利用,是否与法令之规定及预算相符。

三、有无超过预算及预算外支出。

第三条　审计院应将每会计年度审计之成绩呈报大总统,其认为法令上或行政上有应行改正事项,得并呈其意见於大总统。

第四条　经管征税或他项收入之各官署每月经过后,应编造上月收入计算书送审计院审查,所有收入证据应由各该官署保存。

前项各官署保存之证据,审计院得随时检查之。

第五条　各官署每月经过后,应编造上月支出计算书连同证凭单据送审计院审查。但因国家营业之便利及其他有特别情事者,其证凭单据得由各该官署保存。

前项各官署保存之证据审计院得随时检查之。

第六条　审计院审查各官署每月计算书,如有疑义得行文查询。

各官署遇有前项之查询,须於一定之期限内答复,其期限由审计院酌定。

第七条　审计院因审计上之必要,得向各官署调阅证据或该主管长官之证明书。

第八条　审计院之审查以总会议或厅会议决定之。

审计院会议规则另定之。

第九条　审计院审查各官署之支出计算书及证明单据,议决为正当者,应发给核准状,解除出纳官吏之责任;议决为不正当者,应通知该主管长官执行处分,但出纳官吏得提出辩明书请求审计院再议。

第十条　审计院议决为应负赔偿之责者,应通知该主管长官限期追缴,除大总统特免外,该

———————————
[1] 蔡鸿源.民国法规集成:第32册[M].合肥:黄山书社,1999:48-50.

主管长官不得为之减免。

前项赔偿事件之重大者应由审计院呈报大总统行之。

第十一条 审计院得编定关于审计上之各种证明规则及书式。

第十二条 各官署故意违背审计院所定计算书之送达期限及查询书之答复期限时,得通知该主管长官执行处分,其故意违背审计院所定各种证明之规则及书式者亦同。

第十三条 各官署现行会计章程应送审计院备案,其会计章程有与审计法规抵触者,应通知各官署修正之。

第十四条 各官署现用簿记,审计院得派员检查,其有认为不合者,应通知各官署更正之。

第十五条 审计院对于审查完竣事项,自议决之日起五年内发现其中错误、遗漏、重复等情事者,得为再审查;若发现诈伪之证据,虽经过五年后,亦得为再审查。

第十六条 审计院对于审查事项认为必要时,得行委托审查,受委托之官署须报告其审查情形於审计院。

第十七条 关于国债用途之审计程序依特别规则行之。

第十八条 本法施行规则以教令定之。

第十九条 本法自公布日施行。

### 2. 审计法施行规则(1914年)

#### 审计法施行规则❶

#### 十二月七日大总统申令公布实施

第一条 各官署应于五日以前,依议决预算定额之范围编造次月支付预算书,送由财政部查核发款后,转送审计院备查。

其在各地方之官署,应依前项规定,将次月支付预算书送由财政厅查核发款后,详由财政部,转送审计院备查。

第二条 各官署应于每月经过后十五日以内,编成上月收入计算书、支出计算书,送审计院审查。

其中该管上级官署者,应于每月经过后十五日以内,编成上月收入计算书、支出计算书,送由该管上级官署核阅,加具按语,转送审计院审查。

一官署所管事务有涉及数部主管者,其收入支出应按照性质,分别编送计算书。

第三条 营业机关及其他有特别性质之收支计算,得依审计院指定特别限期,编成收支计算书,送由主管官署核阅,加具按语,转送审计院审查。

第四条 金库应于每月经过后十五日以内,编成金库收支月计表,连同证据,送由财政部或财政厅核定后,转送审计院审查。

财政厅为前项之核定,详送审计院时,应即详报财政部。

---

❶ 源自《时事汇报》1915年第8期。

第五条　财政部应于年度经过后八个月以内,编造全年度国库出纳计算书,送审计院审查。

第六条　中央各官署应于年度经过后三个月以内,编成岁入岁出决算报告书,送主管部查核。

国外各官署同。

第七条　各省各特别区域及蒙藏等处各官署,应于年度经过后三个月以内,编成岁入岁出决算报告书,送财政厅或财政分厅汇核,于年度经过后六个月以内,编成全省或全区域岁入岁出决算报告书,送财政部全分,并分送主管部查核。

其未设财政厅或财政分厅之处,由行政长官查核编送。

第八条　各部应于年度经过后八个月以内,编成所管岁入决算报告书,主管岁出决算报告书及特别会计决算报告书,送财政部查核。但关于云贵甘新川桂六省之决算,得展限一个月,蒙藏等处之决算,得依特定期限,另案编送。

第九条　财政部应于年度经过后十个月以内,汇合各部及本部决算报告书并国债计算书,编成总决算,连同附属书类送审计院审查,但关于蒙藏等处之决算,得另案编送。

第十条　经管物品官吏应于年度经过后二个月以内,编成全年度物品出纳计算书,送由主管长官核定后,转送审计院审查。

第十一条　审计院审查各官署书据,认为必要时,得派员实地调查。

第十二条　审计院审定各官署支出计算书,应就核准之金额填发核准状。

第十三条　审计院议决出纳官吏所管事项,有不当行为时,应随时通知该管长官执行处分。

前项处分情形,应由该管长官随时报告审计院。

第十四条　审计院议决各官署长官有违背法令情事时,应呈请大总统核办。

第十五条　各官署应将出纳官吏姓名履历及保证金额,录送审计院备查,遇有交代时亦同。

第十六条　出纳官吏交代时,应将经营款项及物品详列交代清册,点交接管人员,由该管长官报明交代情形于审计院。

前项交代清册,审计院得随时调查之。

第十七条　审计院审查国债支出程序,除别有规定外,仍依暂行审计国债用途规则办理。

第十八条　本规则自公布日施行。

**3.　审计院解释审计法施行规则之送达期限并核转程序(1915年)**

**审计院解释审计法施行规则之送达期限并核转程序**❶

**四年二月十九日**

一、第一条　各官署应于每月五日以前编造次月支付预算书系规定编造期限不包含送达期限在内第五条之编造期限亦同。

二、第二条　各官署应于每月经过后十五日以内编成上月收入计算书支出计算书第四条金

---

❶ 蔡鸿源.民国法规集成:第32册[M].合肥:黄山书社,1999:51.

库应于每月警告后十五日以内编成金库收支月计表第六条中央各官署应于年度经过三个月以内编成岁入岁出决算报告书均系规定编成期限不包括送达期限在内,此外第七、第八、第九、第十各条规定之期限亦同。

三、查政府公报条例定有公报到达各省即办事长官驻在地期限,京外官署达送书据,自可援例办理至各地方距离省垣或办事长官驻在地远近不同,其达送书据之到达期限,应由各该长官酌情咨报本院备查。

国外各官署达送书据期限,应由外交部酌情咨报本院备查。

四、第二条 之该官上级官署,系指编造计算书各机关之直接上级官署而言,至于编造计算书应以何种程度之机关为单位,亟应分别规定,例如编造关于内务之计算书应归并于其所隶属之独立机关编造。又如编造关于财政之计算书,应以独立之征收局所为单位。其附属之各分局卡应归并于其所隶属之独立机关,编造其余各项计算书编造机关之单位可依此类推,惟独立机关之性质,可概分为二种:一为无附属机关之独立机关,一为有附属机关之独立机关。其在无附属机关之独立机关,其收支计算书当然按照第二条规定于每月经过后十五日以内,编成其在有附属机关之独立机关必须各附属机关之计算书据送齐后,始能汇编而所管附属机关之书据往往程途辽远,送达需时,此项往返送达期限自应在编成期限之外。

五、各项计算书之核转程序条文中系用概括规定,兹经详加解释如下:

甲、凡中央官署之每月计算书除立法机关及规定直隶于大总统之各机关得迳送审计院外,其余均应送由主管部传送审计院。

乙、各地方官署之每月计算书除直隶中央机关及划归中央直接收入并由中央直接发款之各机关,须经由主管部核传外其余各地方之每月计算均应由该管上级官署核阅后详由巡按使传送审计院其在各特别地方行政区域则由该管上级官署核阅后详由区域内最高级官署传送审计院。

丙、京外军政收支计算书应各经由直辖长官汇送陆军部核阅传送审计院。

六、第二条第三项一官署所管事务有涉及数部总管者,其收入支出应按照性质分别编送计算书,例如各县知事署所管收支事务有内务财政司法教育实业等类关监督兼交涉员公署所管收支事务,有财政外交等各类应按照性质分造计算书送由各该管上级官署核阅以清权限,余类推。

七、独立机关之有附属机关者其编造支出计算书方法应将本机关经费列为第一项将所管同性质之各附属机关依此各列一项该各项所属之奉薪办公杂支等类均列作目仍至节为止以归简易。

中华民国四年二月十三日

### (三)1925年审计法及施行细则

#### 1. 审计法(1925年)

**审计法**[1]

**1925年11月28日颁布实施**

第一条　监察院关于审计事项应行审定者如下：

一、国民政府总决算。

二、国民政府所属各机关每月之收支计算。

三、特别会计之收支计算。

四、官有物之收支计算。

五、由政府发给补助费或特与保证之收支计算。

第二条　监察院审定各种决算,应就下列事项编制审计报告书,呈报国民政府。

一、总决算及主管机关决算报告书之金额与财政部金库出纳之计算金额是否相符。

二、岁入之征收、岁出之支用、公有物之买卖让与及利用,是否与预算相符。

三、有无超过预算及预算外的支出。

第三条　监察院应将会计年度审计之成绩,呈报国民政府,其认为法令上或行政上有应行改正事项,得并呈其意见。

第四条　各行政机关应将经常预算送财政部或财政厅审查,呈民政府或省政府核定后,由部或厅送监察院备案。

第五条　经管征税或他项收入之各机关每月经过后,应编造上月收入计算书送监察院审查。

第六条　各机关每月经过后,应编上月支出计算书,连同凭证单据送监察院审查,但因国家营利之便利,其他有特别情事者,其凭证单据,得由各该机关保存而监察院得随时检查之。

第七条　监察院审查各机关计算书,如有疑义,得行文查询,限期答复。

第八条　监察院随时派员亲赴各机关审查账项,如遇怀疑及质问,无论任何高级官吏,应即予完满之答复。

第九条　监察院审查各机关之支出计算书及证明单据,认为正当者,应呈报国民政府准予核销,认为不正当者,应由监察院通知各该主管长官执行处分,但出纳官吏,得提出辩明书,请求监察院再议。

第十条　监察院认为应负赔偿之责者,应通知该主管长官不得为之减免,此项赔偿事件之重大者,应由监察院起诉于惩吏院惩办之。

第十一条　监察院得编定关于审计上之各种证明规则。

第十二条　各机关故意违背监察院所定之送达期限及答复期限,应即通知该主管长官或上

---

[1] 李金华.中国审计史:第二卷[M].北京:中国时代经济出版社,2005:75-77.

级机关进行处分,其故意违背监察院各种证明规则者亦同。

第十三条　各机关现行各种会计章程,应送监察院备案,其会计章程有与审计法规抵触者,应通知各官署修正之。

第十四条　各机关所用簿记,监察院得派员检查,其认为不遵守监察院所定之方式者,应通知各机关修正之。

第十五条　监察院对于审查完竣事项,从议决之日起,五年内发现其中错误、遗漏、重复等情事者,得为再审查;若发现诈伪之证据,虽经过五年后,亦得为再审查。

第十六条　关于国债用途之审计程序,依特别规则行之。

第十七条　本法自公布日施行。

### 2. 审计法施行规则(1925年)

#### 审计法施行规则[1]

#### 1925年11月28日颁布实施

第一条　各机关应于每月一日以前,依议决预算定额之范围,编造本月支付预算书,送监察院审核。

第二条　各机关如有新委职员,须随时报明其姓名、俸给于监察院,以便稽核。

第三条　凡代理省库、国库出纳之机关,应将每日收支实数造成日计表,送监察院审核,不得并日呈报。

第四条　经管征税集他项收入之各机关,应每月编造上月收入计算书送监察院审查。

第五条　各机关应每月编造上月支出计算书连同凭证单据送监察院审查。其有该管上级机关者,应每月编成上月收入计算书、支出计算书送由该管上级机关核阅,加具按语送监察院审查。

第六条　机关所管事务有涉及数部主管者,其收入支出按照性质分别编造计算书。

第七条　财政部除依前三条外,应于年度经过后三个月以内,编造全年度国库出纳计算书送监察院审查。

第八条　凡关于公有财产之变卖,其办理手续须报告监察院审核,如有单据合同应一并送监察院审查。

第九条　凡关于国债事项,如偿还方法及抵押物品等,如单据契约均须送监察院审查,遇有收到偿款或收回债券,均应报告监察院以备查核。

第十条　监察院审核各机关报销卷册收支数目有未适合时,应即发还原报销机关,限期缮送不得逾送。

第十一条　监察院审查各机关之计算书,如有疑义时,得行文查询,限文到后七日内答覆。

第十二条　监察院因审计上之必要,得向各机关调阅证据或该管主管长官之证明书。

第十三条　各机关储藏簿记内所载收支数目与现存之款项及其单据,监察院得随时派员检

---

[1] 蔡鸿源.民国法规集成:第4册[M].合肥:黄山书社,1999:284-285.

查是否相符。

第十四条　各机关应将出纳官吏姓名履历及如有保证金者,注明保证金额送监察院备查,遇有交代时亦同。

第十五条　出纳官吏交代时,应将经管款项及物品详列交代清册点交,接管人员由该管长官报明交代情形于监察院此项交代清册,监察院得随时调查之。

第十六条　经管物品家私等之官吏,应每年两次造具家私物品出纳及存毁等表送由该管主管长官署名负责转送监察院审查。

第十七条　倘经监察院查出舞弊情事,应即起诉于惩吏院,依法办理之。

第十八条　本规则自公布日施行。

### (四)1928年审计法及施行细则

#### 1.审计法(1928年)

**审计法❶**

**十七年四月十九日国民政府颁布实施**

第一条　凡主管财政机关支付命令须先经审计院核准,支付命令与预算案或支出法案不符时,审计院应拒绝之。

第二条　审计院对于支付命令之应否核准,应从速决定,除有不得已之事由外,自收受之日起,不得逾三日。

第三条　凡未经审计院核准之支付命令,国库不得付款,违背本条规定者,应自负其责任。

第四条　下列预算及收支计算应由审计院审查。

一、国民政府岁出入之总决算。

二、国民政府所属各机关每月之收支计算。

三、特别会计之收支计算。

四、官有物之收支计算。

五、由国民政府发给补助费或特与保证各事业之收支计算。

六、其他经法令明定应由审计院审核之收支计算。

第五条　审计院为前条审核时,应就下列各事项编制审计报告书,呈报国民政府。

一、总决算及各主管机关决算报告书之金额与国库之出纳全额是否相符。

二、岁入之征收、岁出之支用、官有物之买卖、让与及利用是否与法令之规定及预算相符。

三、有无逾越预算外之支出。

第六条　审计院应将每会计年度审计之结果呈报国民政府,并得就法令上或行政上应行改正之事项附陈其意见。

---

❶ 李金华.国审计史:第二卷[M].北京:中国时代经济出版社,2005:124-127.

第七条　经管征税或他项收入之各机关应于每月经过后,编造上月收入支出计算书,送审计院审查。

第八条　各机关应于每月经过后,编造上月收入支出计算书、贷借对照表、财产目录、连同凭证单据送审计院审查,但因国家营利之便利及其他有特别情事者,其凭证单据由各机关保存。

前项各机关保存之凭证单据,审计院得随时检查。

第九条　审计院审查各机关收支计算书如有疑义,得行文查询、限期答复,或派员查询。

第十条　审计院因审计上之必要,得向各机关调阅证据、或该主管长官证明书。

第十一条　审计院对于第五条所列决算及计算之审查,以院会议或厅会议决定之。

第十二条　审计院审查各项决算及计算时,对于不经济之支出,虽与预算案或支出法案相符,亦得驳复之。

第十三条　审计院审查各机关之收入支出计算书及证明单据,认为正当者,应发给核准状,解除出纳官吏之责任;认为不正当者,应通知各该主管长官执行处分之或呈请国民政府处分之,但出纳官吏得提出辩明书,请求审计院再议。

第十四条　审计院认为应负赔偿之责任者,应通知该主管长官限期追缴。

前项赔偿事件之重大者,应由审计院呈报国民政府。

第十五条　审计院得编定关于审计上之各种证明规则及书式。

各机关现用簿记,审计院得派员检查,其认为不合格者,应通知该机关更正之。

第十六条　各机关故意违背计算书或决算报告书之送达期限及审计院所定查询书之答复期限者,得由审计院通知该主管长官执行处分或呈现国民政府处分之,其故意违背审计院所定之各种规则及书式者,亦同。

第十七条　各机关现行会计章程,应送审计院备案,其会计章程有与审计法规抵触者,应通知各该机关停止执行,并依法定程序修正之。

第十八条　审计院对于审查完竣事项,自决定之日五年内,发现其中有错误、遗漏、重复等情事者,得为再审查;若发现诈伪之证据者,虽经过五年后,仍得为再审查。

第十九条　审计院对于审查事项,认为必要时,得行委托审查,受委托之人或机关,须报告其审查结果于审计院。

第二十条　本法于党部决算计算之审查,不适用之。

第二十一条　在审计分院未成立前,本法所定审计程序于地方政府之地方收入及支出,暂不适用。

第二十二条　本法施行细则由审计院另定之,但须呈报国民政府备案。

第二十三条　本法自公布日施行。

### 2. 审计法实施细则（1928年）

**审计法实施细则**❶

第一条 凡主管财政机关之支付命令,应先送审计院经院长或其他代理人核准签印后,由国库照付其在较辽之地方,得预期将支付命令送审计院核准签印。

前项代理人以副院长及审计为限。

第二条 各机关应于每月十五日以前,依预算案之范围编造次月份支付预算书,送由财政部查核后转送审计院备查。

其在各地方之中央直辖机关,依照前项规定,编造次月份支付预算书,送由各该主管机关查核后移送财政部转审计院备查。

第三条 各机关应于每月经过后十五日以内,编成上月收入计算书、支出计算书、收支对照表、贷借对照表、财产目录连同收支凭证单据,及其他表册,送审计院审查。

各机关之有上级机关者,应依照前项规定,编成上月收入计算书、支出计算书、收支对照表、贷借对照表、财产目录连同收支证单据,及其他表册送,由该管上级机关查阅加具按语转送审计院审查。

同一机关所管事务,有涉及数上级机关者,其收入支出等报告,应按照性质,分别编送,同时并抄送其他有关系之上级机关各一份。

第四条 营业机关或其他特别性质机关之收入计算书、支出计算书、损益表、贷借对照表、财产目录收入凭证单据,及其他表册,得依审计院规定特别期限,编送上级机关,各阅加具按语,转送审计院审查。

第五条 国库或代理国库应于每月经过后十五日以内,编成国库收支月计表、及岁入金岁出金分类明细表、连同单据送由财政部转送审计院审查。

第六条 财政部应于年度经过后六个月以内,编造国库全年度出纳计算书,送审计院审查。

第七条 各机关之有上级机关者,应于年度经过后二个月以内,编成岁入岁出决算报告书送主管部查核。

第八条 各部院会等机关应于年度经过后六个月以内,编成所管岁入决算报告书、主管岁出决算报告书,及特别会计决算报告书送财政部查核。

第九条 财政部应于年度经过后八个月以内,汇核各部院会等机关及本部决算报告并国债计算书,编成总决算,连同附属书类送审计院审查。

第十条 经管物品官吏应于每月经过后十五日以内,年度经过后二个月以内,编成物品出纳计算书,送由主管长官核定后转送审计院审查。

第十一条 凡应送审计院审查之支付预算、收入计算、支出计算、及其他书册报告,在未经过审计院审核以前,各主管机关不得准许核销备案,以解除其责任。

---

❶《审计汇刊》1931年4月,15—17页。

第十二条 审计院审查各机关表册书式凭证,认为必要时,得派遣或委托人员实地调查。

第十三条 审计院审查各机关支出计算书,应就核准之金额,填发核准状。

第十四条 审计院认为某机关出纳人员有不正当行为时,得随时通知,该机关长官执行处分。

该机关长官为前项处分事,应将处分情形,随时报告审计院。

第十五条 审计院认定为某机关长官有违法命情事,除拒绝核准支付命令外,并呈请国民政府核办。

第十六条 各机关应将出纳人员姓名、履历及保证金额录送审计院备查,遇有交代时亦同。

第十七条 各机关长官或经管出纳人员交代时,应将经管项及物品详列交代清册移交接管人员,由该机关长官呈报上级机关转送审计院备查。

第十八条 党务费之支付预算财政部应送审计院备查。

第十九条 党务费之支付命令亦须经审计院签印。

第二十条 本细则自公布日施行。

## (五)1938年审计法及其施行细则

### 1. 审计法(1938年)

#### 审计法[1]

#### 1938年5月3日修正公布

#### 第一章 通则

第一条 中华民国各级政府及其所属机关财务之审计,依本法之规定。

第二条 审计职权如下:

一、监督预算之执行。

二、核定收支命令。

三、审核计算决算。

四、稽察财政上之不法或不忠于职务的行为。

第三条 审计职权由监察院审计部行使之。

第四条 中央各机关及其所属机关财务之审计,由审计部办理,其在各省市地方者,由审计处或审计办事处办理之。

第五条 各省政府及直隶于行政院之市政府及其所属机关财务之审计,由审计部就各该组织范围所设之审计办事处办理之。

第六条 各特种公务机关、公有营业机关、公有事业机关财务之审计,由审计部就各该组织范围所设之审计办事处办理之。

---

❶李金华.中国审计史:第二卷[M].北京:中国时代经济出版社,2005:166-172.

第七条　未依前二条规定设有审计处或审计办事处者,其财务之审计由审计部办理,或指定就近审计处或审计办事处兼理之。

第八条　审计机关对于审计事务,为办理之便利,得委托其他审计机关办理,其结果仍应通知委托之审计机关。

第九条　审计人员独立行使其审计职权,不受干涉。

第十条　审计机关处理重要审计案件及调度主要审计人员,在部以审计会议、在处以审核会议决议行之。

前项审计会议及审核会议之会议规则,由审计部定之。

第十一条　审计机关应派员赴各机关执行审计职务,但对于县或有特殊情形之机关,得由审计机关通知其送审,仍应每年派员就地为抽查之审计。

第十二条　审计人员为行使职权,向各机关查阅簿籍凭证或其他文件,或检查现金财务时,各该主管人员不得隐匿或拒绝,遇有疑问并应为详实之答复。

遇有违背前项规定时,审计人员应将其事实报告该管审计机关通知各该机关长官,予以处分或呈请监察院核办。

第十三条　审计机关为行使职权,得派员持审计部稽察证,向有关之公私团体和个人查询或调阅簿籍凭证或其他文件,各该负责人不得隐匿或拒绝,遇有疑问并应为详实之答复。

行驶前项职权遇必要时。得知照司法或警察机关协助。

第十四条　审计机关和审计人员行使前二条之职权,遇必要时得临时封锁各项有关簿籍凭证或其他文件,并得提取其全部或一部。

第十五条　审计人员发觉个机关人员有财务上之不法或不忠于职务之行为,应报告该管审计机关通知各该机关长官处分之。并得由审计部呈请监察院依法移付惩戒。

第十六条　审计人员对于前条情事认为有紧急处分之必要者,应立即报告该管审计机关通知该机关长官从速执行之。

该机关长官接到前项通知不为紧急处分时,应连带负责。

第十七条　遇有应负赔偿之责者,审计机关应当通知该机关长官限期追缴。

第十八条　第十二条第二项及第十五条至第十七条所举情事,其负责者为机关长官时,审计机关应通知其上级机关执行处分之。

第十九条　对于审计机关通知处分之案件,各机关有延压或处分不当情事,审计机关应查催或质询之,各该机关应为负责之答复。

审计机关对于前项答复仍认为不当时,得由审计部呈请监察院核办。

第二十条　各机关违背本法之规定,其情节重大者,审计机关除依法办理外,并得拒绝核签该机关经费支付书。

第二十一条　审计机关或审计人员对于各机关显然不当之支出,虽未超越预算,亦得事前拒签或事后驳复之。

第二十二条　各机关接得审计机关之审核通知,应依限声复。其逾限者,审计机关得迳行决定。

第二十三条　各机关对于审计机关之决定不服时,得自接到通知之日起三十日内声请复议,但以一次为限。

第二十四条　审计机关对于审查完竣案件,自决定之日起五年内,发现其中有错误、遗漏、重复等情事,得为再审查。若发现诈伪之证据,经过五年后仍得为再审查。

第二十五条　各机关人员对了财务上行为应负之责任,非经审计机关审查决定不得解除。

第二十六条　审计机关如因被审核机关之负责人员行踪不明致案件无法清结时,除通知其主管机关负责查追外,得摘要公告,并将负责人员姓名通知铨叙机关,在未经清结前停止叙用。

第二十七条　关于审计之各种章则及书表格式,由审计部定之。

第二十八条　审计部应将每会计年度审计之结果编制审计报告书,并得就应行改正之事项附具意见,呈由监察院呈报国民政府。

## 第二章　事前审计

第二十九条　各机关应于预算开始执行前,将核定之分配预算送审计机关,其与法定预算不符者,审计机关应纠正之。

前项分配预算如有变更应另造送。

第三十条　财政机关发放各项经费之支付书,应送审计机关核签,非经核签公库不得付款或转账。

第三十一条　各机关收支凭证应连同其他证件送驻公库或驻各机关之审计人员核签,非经核签不得收付款项,但未驻有审计人员者不在此限。

第三十二条　审计机关或审计人员核签支付书、收支凭证,发现与预算或其他有关审计法令不符时,应拒绝之。

第三十三条　审计机关或审计人员对于支付书或收支凭证核签与否,应从速决定,除有不已之事由外,自收受之日起不得逾三日。

第三十四条　驻有审计人员之机关应将记账凭证送该审计人员核签。

## 第三章　事后审计

第三十五条　驻有审计人员之机关应将各项日报逐日送该审计人员查核,该审计人员对其各项簿籍得随时检查,并与一切凭证及现金财物等核对。

第三十六条　各机关于每月终了后,应依法分别编制各项会计报告,送该管审计机关或驻该机关之审计人员查核。

第三十七条　未驻有审计人员之机关,其收支凭证,因特殊情形准予免送者,审计机关除就报告查核外,得派员赴各机关审核其有关之簿籍凭证及案卷。

第三十八条　驻在或派赴各机关之审计人员应将审核结果向该管审计机关报告,经决定后分别发给核准通知或审核通知于各该机关。

第三十九条　经审计机关通知送审之机关于造送各项会计报告时,应将有关之原始凭证及其他附属表册一并送审。

前项审核结果,应由审计机关分别发给核准通知或审核通知。

第四十条　各机关编制之年度决算,应送审计机关审核。审计机关认为符合者应发给核准书。

第四十一条　审计机关依本法第二十四条为再审查之结果,如变更原决定者,其已发之核准书失其效力,并应限期缴销。

第四十二条　主管公库机关及代理公库之银行,应将每日库款收支详具报告,逐日送该管审计机关或驻公库之审核人员查核。

第四十三条　主管公库机关应按月编造库款收支月报,并于年度终了时编造库款收支年报,分别依限送该管审计机关查核。

第四十四条　经理公债财务或特种基金之机关,应按月编造动态月报并于年度终了时编造年报,分别依限送该管审计机关查核。

第四十五条　各级政府编制之年度总决算,应送审计机关审定。审计机关审定后应加具审查报告,由审计部核呈由监察院转呈国民政府。

## 第四章　稽察

第四十六条　审计机关对于各机关之一切收支,得随时稽察之。

第四十七条　审计机关对于各机关之现金、票据、证券得随时检查之。

第四十八条　审计机关对于各机关之财物,得随时盘查。遇有遗失、损毁等情事,非经审计机关证明其对于良善管理人应有之注意并无怠忽者,经管人应负其责任。

如进水火盗难或其他意外事故,各机关所管之现金、票据、证券与会计档案及其他重要公有财物,应分别解缴公库或移地保管。倘因怠忽致有遗失、损毁者,该机关长官及主管人员应负赔偿之责。

第四十九条　各机关营缮工程及购置变卖各种财物之开标、决标、验收,应通知审计机关派员监视。其不合法定手续或与契约章则不符者,监视员应纠正之。

第五十条　经管债券机关于债券抽签偿还及销售收回债券时,应通知审计机关派员监视。

第五十一条　各机有关财物之组织由审计机关派员参加者,其决议事项审计机关不受拘束,但以审计机关参加人对该决议曾表示反对者为限。

第五十二条　审计机关对于各机关有关财务之行政事项,得调查之,认为有不当者,得随时提出意见于各该机关。

第五十三条　审计机关对于审计上监视、鉴定等事项,得委托其他机关团体成个人办理之。

### 第五章 附则

第五十四条 审计机关对于受公款补助之私人或团体应行审计事务,得依本法之规定执行之。

第五十五条 本法施行细则由审计部拟订,呈请监察院核定之。

第五十六条 本法自公布日施行。

**2. 审计法施行细则(1938年)**

#### 审计法施行细则❶

二十七年七月二十三日奉国民政府渝字第九四七号指令[准予备案]旋修正

奉国民政府二十八年七月二十五日渝字第一三五八号指令[准予备案]

第一条 本细则依审计法第五十五条订定之。

第二条 依审计法第十一条前段之规定,审计部得酌量情形,逐渐推行就地审计,但在审计机关未派员赴各机关就地审计前,各机关仍应送审。

第三条 审计法第十一条但书规定得送审之机关,其送审内容,审计机关得斟酌情形,依审计法第三十七条规定办理。

第四条 审计机关派员对各机关之现金票据证券帐簿等施行检查时,得迳以审计机关派员文件或稽察证,交检查机关阅视后为之。

第五条 审计人员在外执行职务,应制作报告,呈报主管审计机关,遇有查询事件,应制作笔录,交受查询人阅览后,令其署名盖章。

第六条 审计人员因执行职务,有使用稽察证之必要时,由该管审计机关长官核发稽察证,须记明事由地点时日及持用人职别姓名。

稽察证使用规则另定之。

第七条 审计人员依审计法第十四条规定,执行封锁时,应制作笔录,记明封锁物之种类件数,加封于封面,署名盖章,并令物之所有人或其关系人,于笔录及封面署名盖章,前项封锁物,应令物之所有人或其关系人负责保管,不得擅自拆封。

第八条 审计人员依审计法第十四条规定执行提取时,应制作笔录,记明提取物之种类件数,并作成收据,交物之所有人或其关系人收执。

第九条 审计机关依审计法规定发出之通知书,应附记明送达日期之回条,或以双挂号邮件送达。

同一案件受通知之机关有数个时,应分别送达。

第一〇条 审计机关通知书定有限期者,受通知之机关,应依限声复,其不能依限声复者,应于限内叙明事由声请展期。

第一一条 受通知执行处分之机关,接受通知后,应依通知书内容执行处分,并将处分结果,

---

❶ 审计部.审计法令汇编[M].北京:商务印书馆,1948:35-38.

声复审计机关。

第一二条　审计机关就审核案件,为剔除缴还或赔偿之决定者,于本案确定后,应通知受审核机关及主管公库机关,于必要时,并通知受审核机关之主管上级机关。

第一三条　各机关声请复议,已逾审计法第二十三条所定期限,而未于期限内声请展期者,审计机关不予覆核。

第一四条　各机关声请复议,原决定审计机关认为有理由者,应变更原决定,认为无理由或理由不充分,经驳复后,受审核机关仍坚持前项声请者,应附具意见,检同关系文件,呈送上机审计机关复核。

第一五条　派驻各机关审计人员之决定,视为该管审计机关之决定,但声请复议之案件,应由该管审计机关依前条规定办理。

第一六条　审计机关委托其他审计机关办理审计案件时,受委托之审计机关,应将办理结果,通知原委托之审计机关决定之。

第一七条　审计机关依审计法第二十六条所为之公告,于各级政府公告及审计部公报为之。

第一八条　各机关对分配预算为一部或全部之变更,有不合程序或与预算法不符时,审计机关应纠正之。

第一九条　财政机关因预算法第六十八条所列各款情事,得以暂付款支付书送请审计机关核签,在非常预算未成立前,其责任由财政机关负之。

第二〇条　各机关因重大灾变或紧急工程,得以暂付款支付凭证送请驻在审计人员核签,在支付法案未成立前,其责任由该机关负之。

第二一条　各机关得以暂收款收入凭证,送请审计机关核签,在收入法案未成立前,其责任由各该机关负之。

第二二条　审计机关依审计法之规定,拒绝核签支付书时,应发拒签事由之通知书,分别送达签发机关及领款机关或领款人,派驻各机关之审计人员,为拒签收支凭证之决定时,除依前段规定办理外,并应即时向该管审计机关报告。

第二三条　审计机关或审计人员,对支付书或收支凭证,因不得已事故不能于审计法第三十三条所定期限内核签者,应于限内通知不能核签之事由。

第二四条　各机关之会计报告,应直接送达于各该管审计机关,审计机关之审核通知或核准通知,应直接送达于受审机关。

第二五条　各机关应送审计机关之报告,应依下列期限。

一、日报于次日内送出。

二、月报于期间经过后十五日内送出。

三、年报于期间经过后三个月内送出。

第二六条　各机关应送之会计报告,不依前条所定期限送审者,审计机关应予催告,经催告后仍不送审者,得依审计法第十五条规定办理。

第二七条　各机关送审各项会计报告时,应附送原始凭证及其他附属表册。

表册之种类格式,由审计部另定之。

第二八条　主管公库机关及代理公库之银行,每日应送报表,报表之种类、格式,由审计部另定之。

第二九条　主管公库机关每月及年终应送报表。

报表之种类格式,由审计部另定之。

第三〇条　经理公债财物或特种基金之机关,每月及年终应送报表。

报表之种类格式,由审计部另定之。

第三一条　审计机关发给各机关之核准书,应送由各该机关之主管上级机关转发。

第三二条　审计处或审计办事处,办理在各省市中央各机关及其所属机关之审计案件,认为应发核准书者,应将审核结果,呈由审计部核发。

第三三条　前条规定,于审计办事处办理各特种公务机关,公有营业机关,公有事业机关之审计案件准用之。

第三四条　各级政府编制之年度总决算,审计机关审定时,应注意下列事项。

一、各级政府岁入岁出,是否与预算相符。

二、各级政府岁入岁出,是否平衡。

三、各级政府岁入岁出与预算不符时,其不符时之原因。

四、各级政府岁入岁出不平衡时,其不平衡之原因。

五、对各级政府岁入岁出,应行改正之意见。

第三五条　审计机关对各机关之现金票据证券执行检查,遇必要时,应通知该机关长官或主管上级机关派员莅视。

检查结束,应制作笔录,由保管人莅视人署名盖章。

第三六条　各机关对于财物有遗失损毁等情事,应随时记明其原因,其重大者,应提出其证明方法。

各机关遇有审计法第四十八条第二项所列情事,应即报告于该管审计机关,并提出其证据,审计机关亦得依职权调查之。

第三七条　各机关购置物料或营缮工程,依规定应公告招标,或采用比价办法者,应通知该管审计机关派员监视,其招标或比价各项规则图样说明书预估底价标单式样,以及契约底稿等,应于事前送审计机关备查,签订契约时,应由监视人署名盖章。

第三八条　各机关购置物料或营缮工程,如有中途变更或增减价额情事,应随时通知该管审计机关查核,其变更重大或增减价额在一成以上者,应于协议时,通知该管审计机关派员参加。

第三九条　各机关购置物料或营缮工程,经审计机关派员监视开标决标或比价者,于货到或工竣验收时,应通知审计机关派员监视。

前项监验人员,应于验收证明书类署名盖章。

第四〇条　各机关营缮工程及购置变卖各种财物之开标决标验收事项,其金额较小或有特殊情形者,审计机关得斟酌情形决定派员与否。

第四一条　各机关购置物料营缮工程之验收,凡与原定图说契约章则不符者,监视人得拒绝署名盖章,其因不得已事由,准予减价收受者,应先得审计机关之同意。

第四二条　凡发行债券或借款,应由主管机关将发行条例或借款契约等,送该管审计机关备查,如有变更,应随时通知审计机关。

第四三条　各机关处分公有财物时,准用第三十八条至四十二条之规定。

第四四条　审计机关行使稽察职权,有须各机关团体协助者,各机关团体应负协助之责。

第四五条　审计机关委托其他机关团体或个人办理监视鉴定等事项,其结果应由原委托之审计机关依职权决定之。

第四六条　本细则如有未尽事宜,得由审计部呈请监察院修改之。

第四七条　本细则由监察院核定施行。

兹依审计法施行细则第二十八条至三十一条之规定,订定各机关送审报表详细表于下:

**普通股股东的权利的具体**

| 机关种类 | 应送报表种类 | 送审时期 | 备考 |
|---|---|---|---|
| 机关 | (一)岁入类现金出纳表<br>(二)经费类现金出纳表<br>(三)岁入类平衡表<br>(四)经费类平衡表<br>(五)岁入累计表<br>(六)收入凭证簿<br>(七)经费累计表<br>(八)支出凭证簿<br>(九)财产增减表<br>(十)以前年度岁入应收款余额表<br>(十一)以前年度岁出应付款余额表<br>(十二)全年度岁入类现金出纳表<br>(十三)全年度经费类现金出纳表<br>(十四)结账后岁入类平衡表<br>(十五)结账后经费类平衡表<br>(十六)财产目录 | 第一至第十一种报表应每月送审第十二至第十六种报表应于年终送审 | 无岁入预算之机关每月免送以前年度岁入应收款余额表岁入累计表及收入凭证簿但于年终加送岁入累计表及收入凭证簿 |

续表

| 机关种类 | 应送报表种类 | 送审时期 | 备考 |
|---|---|---|---|
| 主管公库机关及代表公库银行 | （一）现金出纳表<br>（二）票据出纳表<br>（三）证券出纳表<br>（四）资产负债平衡表 | 第一至第三种报表应于每日每月及年终送审第四种表应于每月及年终送审 | 代理公库银行每日送第一至第三种报表其余免送 |
| 主管公债机关 | （一）关于债券之发行，抵押、收回、清债，销毁等事实编制报表<br>（二）资力负债平衡表<br>（三）公债现额表 | 第一种报表应于每月送审第二第三种报表应于年终送审 | |
| 经理财物机关 | （一）关于所经理不动产物品及其他财产之增减保管移转等事实编制报表<br>（二）财物目录 | 第一种报表应于每月及年终送审第二种报表应于年终送审 | |
| 经理特种基金机关 | （一）基金收支累计表<br>（二）现金出纳表<br>（三）票据出纳表<br>（四）证券出纳表<br>（五）财物增减表<br>（六）固定负债增减表<br>（七）资力负债资产负债综合平衡表<br>（八）财产目录<br>（九）固定负债目录 | 第一至第七种报表应于每月及年终送审第八第九两种报表应于年终送审 | |
| 附记 | （一）特种公务机关经费类应送报表适用普通各机关之规定<br>（二）公有营业机关公有事业机关所送报表及送审时期除准用经理特种基金机关第二至第九种报表外并于每月加送收入累计表支出累计表每年加送成本计算表损益计算表盈亏拨补表<br>（三）各种报表格式悉依会计法规之规定<br>（四）各机关对本表规定应送报表因特殊情形经主计机关核准变通造报者得以性质相同之报表代之<br>（五）审计机关因审核上之必要除本表规定应送报表外得通知各机关增送其他表册 | | |

---

❶ 审计部.审计法令汇编[M].北京:商务印书馆,1948:39.

3．审计法施行细则第十二条之实施办法

**审计法施行细则第十二条之实施办法❶**

**第三六二次审计会议通过**

一、审计机关审核案件，为剔除缴还或赔偿之决定者，对于受审核机关发审核通知，但先经主管机关决定剔除缴还赔偿后送审之案件，认为同意者，得依其决定，迳发核准通知结案。

二、受审核机关接到审核通知，除依限声复或声请复议外，逾期不复，审计机关应依审计法第二十二条之规定，迳行决定，将剔除数于原报计算数内扣除，迳发核准通知结案。

三、审计机关应按月就已发核准通知结束之案件内，各机关剔除赔偿及缴还数之应行解库者，列表送主管财政机关，转公库追缴或扣还，其有特殊情形者，得变通办理之。

**审计部年月份剔除赔偿及缴还数一览表**

| 机关名称 | 年度月份 | 费别 | 剔除数 | 赔偿数 | 其他缴还数 | 备考 |
|---|---|---|---|---|---|---|
|  |  |  |  |  |  |  |
|  |  |  |  |  |  |  |

附注：第三六二次审计会议通过者原为审计法施行细则第十三条嗣该细则第九条奉准废止应改为第十二条。

## （六）1940年审计法

（在上海图书馆收藏的民国期刊《市政公报》里，我们发现了1940年9月公布的审计法，与1938年审计法相比，条文数量相同，但是少了"附则"一章，其他条文有细微区别。）

**审计法❷**

**二十九年九月六日公布**

**第一章　通则**

第一条　中华民国各级政府及所属机关财务之审计依本法之规定。

第二条　审计职权如下：

一、监督预算之执行。

二、核定收支命令。

三、审核计算决算。

四、稽查财务上之不法或不忠于职务之行为。

---

❶ 审计部．审计法令汇编［M］．北京：商务印书馆，1948：39．

❷《市政公报》第103期《法规》，第5页。

第三条　审计职权由监察院审计部行使之。

第四条　中央各机关及其所属机关财务之审计,由审计部办理,其在各省市地方者,由审计处或审计办事处办理之。

第五条　各省政府及直隶于行政院之市政府并其所属机关财务之审计,由审计部就各该省市所设之审计处办理之。

第六条　各特种公务机关公有营业机关公有事业机关财务之审计,由审计部就各该组织范围所设之审计办事处办理之。

第七条　未依前二条规定设有审计处或审计办事处者,其财务之审计,由审计部办理或指定就近审计处或审计办事处兼理之。

第八条　审计机关对于审计事务,为办理之便利,得委托其他审计机关办理,其结果仍应通知委托之审计机关。

第九条　审计人员独立行使其审计职权不受干涉。

第十条　审计机关处理重要审计案件及调度主要审计人员,在部以审计会议在处以审核会议决议行之。

前项审计会议及审核会议之会议规则由审计部定之。

第十一条　审计机关应派员赴各机关执行审计职务,但对于县或有特殊情形之机关,得由审计机关通知其送审,仍应每年派员就地为抽查之审计。

第十二条　审计人员为行使职权向各机关调阅簿籍凭证或其他文件或检查现金财物时,各该主管人员不得隐匿或拒绝,遇有疑问并应为详实之答复。

如有违背前项规定时,审计人员应将其事实报告该管审计机关,通知各该机关长官予以处分或呈请监察院核办。

第十三条　审计机关为行使职权,得派员持审计部稽察证内有关之公司团体或个人查询或调阅簿籍凭证或其他文件,各该负责人不得隐匿或拒绝,遇有疑问并应为详实之答复,行使前项职权遇必要时,得知照司法或警察机关协助。

第十四条　审计机关或人员行使前二条之职权遇必要时,得临时封锁各项有关簿籍凭证或其他文件,并得提取其全部或一部。

第十五条　审计人员发觉各机关人员有财务上之不法或不忠于职权之行为,应报告该管审计机关,通知各该机关长官处分之,并得由审计部呈请监察院依法移付惩戒。

第十六条　审计人员对于前条情事,认为有紧急处分之必要者,应立即报告该管审计机关,通知该机关长官从速执行之。

第十七条　遇有应负赔偿之责任者,审计机关应通知该机关长官限期追缴。

第十八条　第十二条第二项及第十五条至第十七条所举情事,其负责者为机关长官时,审计机关应通知其上级机关执行处分。

第十九条　各机关对于审计机关通知处分之案件,有延压或处分不当情事,审计机关应查催或质询之,各该机关应为负责之答复。

审计机关对于前项答复仍认为不当时,得由审计部呈请监察院核办。

第二十条　各机关违背本法之规定,其情节重大者,审计机关除依法办理外,并得拒绝核签该机关经费支付书。

第二十一条　审计机关或审计人员对于各机关显然不当之支出,虽未超越预算亦得事前拒签或事后驳复之。

第二十二条　各机关接得审计机关之审核通知,应依限声复,其逾限者,审计机关得迳行决定。

第二十三条　各机关对于审计机关之决定不服时,得自接到通知之日起三十日内声请复议,但以一次为限。

第二十四条　审计机关对于审查完竣案件,自决定之日起五年内,发现其中有错误遗漏重复等情事,得为再审查,若发现诈伪之证据,经过五年后仍得为再审查。

第二十五条　各机关人员对于财务上行为应负之责任,非经审计机关审查决定,不得解除。

第二十六条　审计机关如因被审核机关之负责人员行踪不明,致案件无法清结时,除通知其主管机关负责查追外,得摘要公告并将负责人员姓名通知铨叙机关,在未经清结前,停止叙用。

第二十七条　关于审计之各种章则及书表格式,由审计部定之。

第二十八条　审计部应将每会计年度审计之结果编制审计报告书,并得就应行改正之事项附具意见,呈由监察院呈报国民政府。

## 第二章　事前审计

第二十九条　各机关应于预算开始执行前,将核定之分配预算送审计机关,其与法定预算不符者,审计机关应纠正之。

前项分配预算如有变更,应另造送。

第三十条　财政机关发放各项经费之支付书,应送审计机关核签,非经核签,公库不得付款或转账。

第三十一条　各机关收支凭证应连同其他证件送驻公库或驻各机关之审计人员核签,非经核签,不得收付款项,但未驻有审计人员者,不在此限。

第三十二条　审计机关或审计人员核签支付书收支凭证,发现与预算或其他有关审计法令不符时,应拒绝之。

第三十三条　审计机关或审计人员对于支付书或收支凭证核签与否,应从速决定,除有不得已之事由外,自收受之日起,不得逾三日。

第三十四条　驻有审计人员之机关,应将记账凭证送该审计人员核签。

### 第三章 事后审计

第三十五条 驻有审计人员之机关,应将各项日报逐日送该审计人员查核,该审计人员对其各项簿籍得随时检查,并与一切凭证及现金财物等核对。

第三十六条 各机关于每月终了后,应依法编制各项会计报告,送该管审计机关或驻该机关之审计人员查核。

第三十七条 未驻有审计人员之机关,其收支凭证因特殊情形准予免送者,审计机关除就报告查核外,得派员赴各机关审核其有关之簿籍凭证及案卷。

第三十八条 驻在或派赴各机关之审计人员应将审核结果向该管审计机关报告,经决定后,分别发给核准通知或审核通知于各该机关。

第三十九条 经审计机关通知送审之机关于造送各项会计报告时,应将有关之原始凭证及其他附属表册一并送审。

前项审核结果应由审计机关分别发给核准通知或审核通知。

第四十条 各机关编制之年度决算,应送审计机关审核,审计机关认为符合者,应发给核准书。

第四十一条 审计机关依本法第二十四条为再审查之结果,如变更原决定者,其已发之核准书失其效力,并应限期缴销。

第四十二条 主管公库机关及代理公库之银行,应将每日库款收支详具报告逐日送该管审计机关或驻公库之审计人员查核。

第四十三条 主管公库机关应按月编造库款收支月报表,并于年度终了时编造库款收支年报,分别依限送该管审计机关查核。

第四十四条 经理公债财物或特种基金之机关,应按月编造动态月报,并于年度终了时编造年报,分别依限送该管审计机关查核。

第四十五条 各级政府编制之年度总决算,应送审计机关审定,审计机关审定后,应加注审查报告,由审计部汇核,呈由监察院转呈国民政府。

### 第四章 稽察

第四十六条 审计机关对于各机关之一切收支,得随时稽察之。

第四十七条 审计机关对于各机关之现金票据证券,得随时检查之。

第四十八条 审计机关对于各机关之财物,得随时盘查,遇有遗失损毁等情事,非经审计机关证明其对于良善管理人应有之注意并无怠忽者,经管人应负其责任。

如遇水火盗难或其他意外事故,各机关所管之现金票据证券与会计档案及其重要公有财物,应分别解缴公库或移地保管,倘有怠忽致有遗失损毁者,该机关长官及主管人员应负赔偿之责。

第四十九条 各机关营缮工程及购置变卖各种财物之开标决标验收,应通知审计机关派员监视,其不合法定手续或与契约章则不符者,监视员应纠正之。

第五十条　经管债款机关于债券抽签偿还及销毁收回之债券时,应通知审计机关派员监视。

第五十一条　各机关有关财务之组织由审计机关派员参加者,其决议事项,审计机关不受拘束,但以审计机关参加人对于该决议曾表示反对者为限。

第五十二条　审计机关对于各机关有关财务之行政事项得调查之,认为有不当者,得随时提出意见于各该机关。

第五十三条　审计机关对于审计上监视鉴定等事项,得委托其他机关团体或个人代理之。

第五十四条　审计机关对于受公款补助之私人或团体应行审计事务,得依本法之规定执行之。

第五十五条　本法施行细则由审计部拟订,呈请监察院核定之。

第五十六条　本法自公布日施行。

# 中篇 审计的管理法规及操作规范

## 一、审计机构管理法规

### （一）北洋政府审计机构管理法规

北洋政府在审计管理法制建设方面迈出了坚定的步伐，审计立法卓有成效，除了上文所列的宪法性文件规定、审计相关组织法、审计法及施行细则之外，出台了一大批审计管理法规。其中，1914年6月16日北洋政府审计院成立，随后出台了系列审计院管理法规，仅1914年一年就颁布了15部。

北洋政府审计机构管理法规概览

| 序号 | 法规名称 | 颁布时间 |
|---|---|---|
| 1 | 审计院分掌事务规程 | 1914年8月10日 |
| 2 | 审计院办事细则 | 1914年8月21日 |
| 3 | 审计院各厅执掌纲要 | 1914年8月21日 |
| 4 | 审计院各厅办事细则 | 1914年8月23日 |
| 5 | 审计院书记室执掌纲要 | 1914年8月24日 |
| 6 | 审计院书记室机要科办事细则 | 1914年8月24日 |
| 7 | 审计院书记室机要科收发处办事细则 | 1914年8月24日 |
| 8 | 审计院书记室会计科办事细则 | 1914年8月25日 |
| 9 | 审计院书记室庶务科办事细则 | 1914年8月25日 |
| 10 | 审计院书记室编译科编纂处办事细则 | 1914年8月25日 |
| 11 | 审计院书记室编译科翻译处办事细则 | 1914年8月25日 |
| 12 | 审计院审查决算委员会规则 | 1914年 |
| 13 | 审计院审查决算委员会办事细则 | |
| 14 | 审计院文官普通甄别委员会执行规则 | 1915年6月17日 |
| 15 | 财政部会计司分科办法 | 1913年11月3日 |

## 1. 审计院分掌事务规程（1914年）

### 审计院分掌事务规程[1]

#### 三年八月十日大总统申令公布

第一条　审计院依编制法第八条设下列三厅：

第一厅。

第二厅。

第三厅。

第二条　第一厅掌事务如下：

一、审查财政部主管之全国收支计算事项。

二、审查外交部主管之一切收支计算事项。

三、审查教育部主管之全国收支计算事项。

第三条　第二厅掌事务如下：

一、审查陆军部主管之全国收支计算事项。

二、审查海军部主管之全国收支计算事项。

三、审查交通部主管之全国收支计算事项。

第四条　第三厅掌事务如下：

一、审查财务部主管之全国收支计算事项。

二、审查司法部主管之全国收支计算事项。

三、审查农商部主管之全国收支计算事项。

第五条　各厅厅长承院长、副院长之指挥，综理一厅事务。

各厅设四股，其事务之分配，由院长定之。

各股得设主任一人，由院长指定之。

第六条　审计院置书记室，由书记官长承院长、副院长之指挥，综理一切事务，监督所属书记官。

第七条　书记室置下列各科：

机要科。

会计科。

庶务科。

编译科。

第八条　机要科掌事务如下：

一、撰拟及保管机要文书。

二、宣达院。

---

[1] 源自《时事汇报》1914年第7期。

三、典守印信。

四、记录本院职员之考核及其进退。

五、管理会议事项。

六、收发文件。

第九条　会计科掌事务如下：

一、收支本院经费。

二、登录本院簿册。

三、编制本院预算决算表册。

第十条　庶务科掌事务如下：

一、购办及保存物品。

二、缮修房屋。

三、管理工役警卫。

四、修治卫生。

五、其他不属于各科事项。

第十一条　编译科掌事务如下：

一、编译各国文牍法规及各项书报。

二、编录案卷。

三、保存档案。

四、编制统计。

第十二条　书记室之办事人员除书记官外，得以核算官充之。

第十三条　本院设审查决算委员会，复审各厅审查报告，编制审查决算总报告书暨审计成绩报告书。

第十四条　院长为委员会长，副院长为副会长总理会务，另由院长副院长指定审计官协审官若干人为委员，兼任会务，委员会置佐理员若干人，以核算官充之。

第十五条　审计院设外债室，置华洋室长各一人，掌稽核外债事务，华室长以审计官充之，洋室长得延聘外国人员充之。

外债室得置佐理员，以核算官或译员充之。

第十六条　审计院得延聘本国或外国人员为顾问。

第十七条　审计院因缮写文件及其他庶务，得酌用雇员。

第十八条　本规程自公布日施行。

---

❶ 蔡鸿源.民国法规集成：第11册[M].合肥：黄山书社，1999：253-254.

## 2. 审计院办事细则(1914年)

### 审计院办事细则[1]

### 三年八月二十一日

第一条 审计院各职员办事程序,除有规定外,均依本规则办理。

第二条 各项案件均须经院长、副院长核定,但院长委托副院长办理时,得由副院长核定之。

第三条 关于法律事件,由院长或副院长指定专员拟稿,呈核交总会议议决施行。

第四条 关于解释审计法令事件,由院长、副院长指定专员会同主管各厅办理之。

第五条 关于检查簿记事项,由院长、副院长指派各厅人员分行检查。

第六条 凡机密案件,依其性质由主管厅长或书记官长密拟办法,呈候院长、副院长核定施行。

前项案件须由主办员亲自保存。

第七条 审计院各员承办事务有关联者,由主管员具案,与有关联者协商,若彼此意见不同时,应请副院长裁夺,但重要事件须呈候院长决定。

第八条 关于调查审计上之理性案卷后,呈明副院长,候得以厅之名义,与他项官署互通函件。

第九条 各员承办案件均应盖章或签字,其为数员共办之件,均应联带盖章或签字。

第十条 未经宣布之案件,经营各员,均应严守秘密。

第十一条 案件到院,由收发处接受,摘由登簿后,随时分别送交主管各厅市办理,但收到电报及机密重要案件,即呈院长、副院长核阅,候再行发交主管各厅室办理。

第十二条 凡译发各处机密电,不论国内国外发后,应由审计院照原稿另行寄交收电之人或以资查封而防错误。

第十三条 交件上直书院长副院长姓名及各职员姓名者,随时分别送交本人拆阅后,如系公应交收发处照第十一条办理,但机密案件,只须冠名毋庸摘由。

第十四条 凡以审计院名义发型文件,须连同院长或副院长行原稿送机要科用印,其须用院长或副院长名义者,机要科送请签名盖章前项文件监印员及校封员均应盖用名章。

第十五条 收发处于发交时,按照各厅发文簿所摘之事,由年月日登簿发送。

第十六条 收发处每日收发案件,应将摘由簿于次晨送院长副院长查阅,并按日油印分送各厅备查。

第十七条 应等公报之件,由各厅送机要科登入事由簿,送呈院长副院长核定再发。

第十八条 经营各员随时检入卷夹,表明事由归档存案。

第十九条 审计院办公时间:每日自午前十时起,止午后五时止,但自七月一日至八月末日,每日得以自午前八时至午后一时为办公时间,遇有紧要事件得自觉延长。

[1] 蔡鸿源.民国法规集成:第11册[M].合肥:黄山书社,1999:253-254.

第二十条　审计院于院长、副院长、厅长室内,悬挂各员名牌,每日十点一刻由庶务科于考勤簿内,按照名牌分盖到或未到、事假、病假各项戳记,呈副院长查阅,各厅室应准备考绩簿,每日将各员成绩记录,每届月终由各厅长分别列表呈送院长副院长。

第二十一条　各员于办公时刻内,烦忧宾客来访,除因公外该不接见。

第二十二条　本细则自批准日施行。

中华民国三年八月十三日审计院公布

### 3. 审计院各厅执掌纲要(1914年)

**审计院各厅执掌纲要**[1]

三年八月二十一日

第一条　第一厅各股执掌如下。

一、第一股掌审查外交部主管之一切收支计算事项。

二、第二股掌审查财政部,主管全国租税收入计算暨各征收机关之支出计算事项。

三、第三股掌审查财政部,主管国库国债之出纳计算暨各机关之一切收支计算事项。

四、第四股掌审查教育部主管之全国收支计算事项。

第二条　第二厅各股执掌如下。

一、第一股掌审查陆军部本部及直辖各机关、各军队,并顺天直隶奉天、吉林、黑龙江、山西、山东、河南、四川、陕西、新疆、热河、察哈尔暨边防等处陆防各军收支计算事项。

二、第二股掌审查参谋本部及所属各机关,并在京独立军处暨湖南、湖北、广东、广西、福建、浙江、江苏、江西、安徽、云南、贵州等省陆防各军收支计算事项。

三、第三股掌审查海军部本部及所属各机关,并舰队学堂局厂等收支计算事项。

四、第四股掌审查交通部本部及所属轮路、邮电各局站、学堂,并关于四政之内外公债等收支计算事项。

第三条　第三厅各股执掌如下。

一、第一股掌审查内务部本部及暨直辖各机关、顺天、直隶、河南、山东、山西、奉天、吉林、黑龙江、山西、甘肃、新疆各省关于内务之收支计算事项。

二、第二股掌审查江苏、浙江、安徽、江西、湖南、湖北、四川、广东、广西、福建、云南、贵州、蒙古、西藏暨边防各处关于内务之收支计算事项。

三、第三股掌审查司法部本部暨所辖审检厅、监狱,并关于审判经费之收支计算事项。

四、第四股掌审查工商部本部暨所辖各机关之收支计算事项。

第四条　本纲要自公布日施行。

中华民国三年七月二十九日审计院公布。

---

[1] 蔡鸿源.民国法规集成:第11册[M].合肥:黄山书社,1999:255-256.

### 4. 审计院各厅办事细则(1914年)

**审计院各厅办事细则**❶

**三年八月二十三日**

**第一章 总则**

第一条 各厅办事程序,除适用本院办事细则外,均依本细则办理。

第二条 各厅职员得依事务之繁简,由厅长随时指派监理他股事务。

前项监理事务,仍应连带署名签字。

**第二章 办理文件程序**

第三条 各股承办文件先办副稿,由股主任核阅签字,再送厅长核定,发缮正稿。

第四条 各股办理紧要事件应先由厅长请院长副院长核示办法再交原股起稿。

第五条 正稿须经厅长签字后,再送院长、副院长判行,但紧要文件值厅长有事时不在此例。

第六条 正稿判行后,即交书记员照缮公文,连同正稿送交原股,详加核对,再送机要科用印。

第七条 各厅送机要科用印文件,应各备用印簿,摘由编号,并详注发往机关年月日及附件件数。

第八条 各厅须备阅呈部,遇有呈稿经院长、副院长判行后,交书记员缮写,呈文摘,由登入阅呈簿,再由厅长陈送院长、副院长核阅印发。

第九条 各厅文件有应行送登公报者,由各股主任商承厅长,将该件事由钞送机要科查照本院办事细则第十七条办理。

第十条 各厅有互相关联事件,由主管员陈明厅长,得与其他厅室协商,意见不同时取决于院长副院长,但院长副院长认为重大事件,得开总会议决定之。

第十一条 各股有互相关联事件,得由各该主管员随时接洽,意见不同时,取决于厅长,但厅长认为重大事件,得开厅会议决定之。

第十二条 各厅或各股互相关联事件,由主稿之厅或股拟稿后,应会同关联之厅或股签字,并将原稿送钞备案。

**第三章 收发文件程序**

第十三条 各厅酌设收发员管理本厅收发文件及其他事务。

第十四条 凡文件到厅,由收发员编号,录由登入收文簿,送厅长画阅后,仍由收发员分交各股办理。

第十五条 凡文件到厅,附有簿册单据等件,应查点其是否相符,再将总收发处或他厅室之送文簿,加盖某厅收讫戳记。

第十六条 各厅收发员收到各股应发文件后,即将该文件应列号数载入各该股发文簿上,以

---

❶蔡鸿源.民国法规集成:第11册[M].合肥:黄山书社,1999:257-260.

便填入正副稿,正副稿应由收发员随时送交各该股保存。

第十七条　凡各股来文去文应分为决算文件及其他普通文件二种,决算文件待审查完竣后,将正稿连同审查报告书送交决算委员会;普通文件经办结后,将来去文各件汇为一宗,付送编译科编纂处编号存档。

第十八条　凡各厅调送文件及会商事宜,均应以移付簿为凭,移付簿应送厅长签字。

第十九条　凡院及油印公布文件,并各厅移付,均应由收发员保存,并通知各股。

## 第四章　审查决算程序

第二十条　各股收到各机关每月计算书,先由各股员将册内数目从节目项逆推计算,以散合总是否符合,如有不符,应由股员另单签注,并于计算书面加盖该股员姓名,并书明月日。

第二十一条　每月支出计算书须与支付预算书对查,有无超过及款目舛误等情,遇有超过,查其是否根据法律,抑因特备事由;遇有舛误,应查其是否笔误,抑系有意蒙混,将查核结果逐条签注,并于计算书面加盖查对人姓名并书明月日。

第二十二条　每月支出计算书核对完竣,再将所送册据互相核对,其单据与册列数目是否符,所送单据是否确实开支款项,有无可疑,按照单据证明规则逐条签注,并于收据加盖审计院查讫字样,于开支计算书加盖核对单据人姓名并书明月日。

第二十三条　每月计算书由股员次第核算后,遇有错误及违反法令之处,送由股主任详加审核,按照本院修正审计条例办理。

第二十四条　各股审查各机关每月计算书完竣应即办审查报告书,详请院长副院长核阅。

第二十五条　各股俱应置审查决算一览表,分列到查复决四项,随时注明以表示进行之成绩,于每月一日由厅长陈送院长副院长画阅。

第二十六条　各股审查每月计算书时,须将各机关每月收入支出总数分别计入表册备查。表册格式另定之。

第二十七条　决算预算比较表及其他表册,应指定本厅股主任或股员保管。

## 第五章　附则

第二十八条　各厅审查外债支出程序另定之。

第二十九条　本细则如有未尽事宜得由厅长或各股之提议经各厅会同议决后详请院长副院长修订。

第三十条本细则自公布日施行。

中华民国三年八月十三日审计院公布。

---

❶蔡鸿源.民国法规集成:第11册[M].合肥:黄山书社,1999:261-262.

### 5. 审计院书记室执掌纲要(1914年)

**审计院书记室执掌纲要**[1]

**三年八月二十四日**

第一条　书记室依本院分掌事务规程第七条之规定分设机要会计庶务编译四科。

第二条　机要科所掌事务如下。

一、撰拟及保管机要文书。

二、宣达院饬。

三、典守印信。

四、掌录本院职员之考核及其进退。

五、管理会议事项。

六、收发文件。

依事实上之便利分设收发处监印所以专员掌理之。

第三条　会计科所掌事务如下。

一、收支本院经费。

二、登录本院簿册。

三、编制本院预算决算表册。

第四条　庶务科所掌职务如下。

一、购办及保存物品。

二、修缮房屋。

三、管理工役警卫。

四、修治卫生。

五、其他不属各科庶务事项。

第五条　编译科所掌职务如下。

一、翻译东西文牍法规及各项书报。

二、编录案卷。

三、保存档案。

四、编制统计。

依事实上之便利分设编纂处翻译处以专员掌理之。

第六条　本室置书记官长一人,承正副院长之命,综理本室一切事务,指挥监督各职员。

第七条　各科置主任科员一人,承长官之命主管一科事务;科员若干人,承长官之命分任各科事务。

第八条　书记官长于出差或假期内,得院长副院长批准时,可就本室管辖事项分别重轻,以

---

[1]蔡鸿源.民国法规集成:第11册[M].合肥:黄山书社,1999:261-262.

职务上之一部分委任科员暂代执行。

第九条　各科依事务之繁简酌设书记员,呈长官之命,办理缮写文件及其他庶务。

第十条　各科另订办事细则,由正副院长核定之。

第十一条　本纲要自公布日施行。

中华民国三年八月十三日审计院公布。

**6. 审计院书记室机要科办事细则(1914年)**

**审计院书记室机要科办事细则**❶

**三年八月二十四日**

第一条　书记室机要科办事程序除适用本院办事细则外,均依本细则办理。

第二条　机要科分设收发处及监印所以分办各项事务。

第三条　收发处掌收发全院文电事宜,其细则另定之。

第四条　监印所掌钤用院印盖署院长名章并典守院印事宜。

第五条　收发处每日所收文电,除普通文件,由收发处按照主管各厅室逐行分送办理外,其他紧要文件应经由机要科转呈正副院长核阅后,再行分交各主管厅室办理。

第六条　凡收发文件用书记室名义者,应由机要科置书记室收发文簿各一本,登载之不得由各科自行收发以归统一。

第七条　机要科对于各厅室传达事件,应用付知并立移付簿以备稽考。

第八条　机要科对于本室各科来往文件,应立书记室机要科支付文簿及收文簿办理之。

第九条　机要科承办各事,如未经发表者,应责成承办员严守秘密。

第十条　机要科由正副院长派定(科长或主任科员)一人以综理一科事务,免致分歧。

第十一条　各厅室送交机要科监印所钤用院印及盖署院长名章之件应由各厅室另立用印簿,载明事由件数,送监印所钤用后,由监印员盖戳发还。

第十二条　监印所立钤用簿若干本,分载各厅室每日钤用文封显数事由等项。

第十三条　监印所立稽印簿一本,将逐日各厅室用印文封显数事由,汇载呈正副院长察阅。

第十四条　监印所于正副院长发交特别秘密用印文件,应另立印簿登记事由,慎密保存。

第十五条　各厅室用印之件,应连同正副院长签字正稿一件,送监印所用印,否则监印所得拒却之。

第十六条　监视用印之员应于文尾盖某人监印戳记。

第十七条　每日用印事竣,由监印员亲自固封,交由掌印储藏铁柜,安慎保管。

第十八条　机要科每月应列审计院人员勤务表,载明本院人员请假日期及未请假不到院日期,送正副院长察阅。

第十九条　机要科每月应编审计院收文月结表及发文一览表,呈正副院长察阅。

---

❶ 蔡鸿源.民国法规集成:第11册[M].合肥:黄山书社,1999:263-265.

第二十条　各厅室应登政府公报公布之件,由机要科呈正副院长核定后,函送印铸局公布之。

第二十一条　机要科每月终应将各项文件清理一次,分别归卷,按类分目编号备查。

第二十二条　机要科应将本院人员之进退及身份等项制定审计院职员录。

第二十三条　机要科人员受正副院长之命,得撰拟院及各项文件,其由正副院长指定撰拟者,即由指定人员办理,其余应行撰拟稿件,得由书记官长支配各员承拟,并由书记官长联带署名。

第二十四条　机要科承正副院长之命宣达院时,应将院钞送录揭示或油印并分别通知各厅室或职员。

第二十五条　各厅室人员请假单呈正副院长批发后,应由机要科主管员分别登册,并详载其请假事由及日期按月列表详报。

第二十六条　关于会议事项,应由机要科主管员通知会议日期及开会事由,并编订议事录,凡议场一切之布置得会同庶务科行之。

第二十七条　全院雇员之进退升降,由机要科按照书记员服务规则,陈由书记官长承正副院长之命行之。其书记员服务规则另定之。

第二十八条　本细则如有应行修正之处,得详由正副院长以院行之。

第二十九条　本细则自公布日施行。

中华民国三年八月十三日审计院公布。

### 7. 审计院书记室机要科收发处办事细则(1914年)

**审计院书记室机要科收发处办事细则**❶

**三年八月二十四日**

第一条　收发处属于书记室机要科,其办事程序除适用本院办事细则外,均依本细则办理。

第二条　收发处由正副院长派科员若干人,常川驻处管理收发文件一切事宜,并得酌用书记员若干,办理缮写点收事务。

第三条　凡外来文件附有册据表单者,收发处应先查点数目是否相符,如有错误得拒绝不收。

第四条　外来文件经查点相符后,应照给收条或盖戳交信差带回。

第五条　所收文件应详细摘由,书于收文包皮事由栏内,并详载某机关来文及附件数目,不得遗漏。

第六条　收文年月日时,及送各厅室年月日时,应详细载明,不得含混。

第七条　所收京外文件,应分立收京文簿、收外文簿各一本,依次各编号数登载收文包皮及收文簿上。

---

❶ 蔡鸿源.民国法规集成:第11册[M].合肥:黄山书社,1999:266-268.

第八条　收发处承办人员需盖用名戳于收文年月日之下,以负责任。

第九条　收发处主任员应将所收文件,区别为普通、紧要两项,普通文件应即查照主管各厅室分别送交,其紧要文件即时呈送正副院长察阅办理。

但所收文件已届散值时,普通文件得于次日送交,其紧要文件仍应即时封送正副院长察阅。

第十条　凡外发文件先由各厅室自行登载发文簿,摘由挂号连同正稿交送收发处,分别京文外文照录事由,依次编号登明发京文簿内,并将所编号数照填正稿上,以便查考。

第十一条　收发处于各厅室送交外发文件,得随时先将各厅室发文簿盖戳交还,其事由即照正稿登录,以免拖延各厅室发文时间。

第十二条　收发处已经挂号后,应将各厅室文稿另立送还稿件簿,分别送还各厅室盖戳取回。

第十三条　各厅室发行文件,有附件不符者,得交回各厅室补齐或更正。

第十四条　收发处应将每日收发文电事由,分别油印送各厅室备查。

第十五条　收发处应将逐日收发文电,分别京文外文钞录正簿,呈正副院长察阅。

第十六条　收发处收到电报,除密电由机要科编译外,其普通电报应即翻译摘由挂号,呈正副院长核阅,再行分送各主管厅室。

第十七条　收发处置收发电簿各一本,登载收发电文。

第十八条　收发处收到密电,即时送机要科编译,呈正副院长核阅,再行补交挂号,但不得摘由。

第十九条　密电由机要科译就,交收发处挂号,送电报局,照发但不得摘由。

第二十条　普通电报由收发处摘由,挂号另立送电簿一本,书明发往地方日期字数盖戳持回以备结算。

第二十一条　收发处一切事宜奉派科员,应负完全责任,其书记员有办事不力或贻误公事者,得经由机要科呈明正副院长核办。

第二十二条　收发处收到急电或密电在散值以后者,照第九条第二项办理。

第二十三条　收发处收到加盖火漆或书明密件字样文件者,不得拆封摘由,只在封皮上挂号送由机要科,呈正副院长核阅。

第二十四条　直书正副院长或各职员姓名函件,收发处应另立簿登载,分别呈送不得拆封。

第二十五条　正副院长或各职员接到函件有关公事者,得补交收发处挂号。

第二十六条　附有现洋钞票证券物品文件须于收文簿逐一注明其现洋等件,分别交会计科收存。

第二十七条　收发处人员不得将各项文件钞给外人阅看,违者既由机要科呈请正副院长核办。

第二十八条　收发处每日应有人值宿。

第二十九条　收发处值宿人员每一月一换在值宿期内,得由正副院长批给津贴以资鼓励。

第三十条收发处于停止办公之日,仍应一律办公值宿。

第三十一条　收发处不得容留闲人及在该处接见宾客。

第三十二条　收发处办事细则有应行修正者,得由正副院长以院行之。

第三十三条　本细则自公布日施行。

中华民国三年八月十三日审计院公布。

### 8. 审计院书记室会计科办事细则(1914年)

#### 审计院书记室会计科办事细则[1]

#### 三年八月二十五日

第一条　书记室会计科办事程序除适用本院办事细则外,均依本细则办理。

第二条　会计科按照法定期限分别编制各项预算决算表册,呈正副院长核定后,汇送财政部。

第三条　本院行政经费就预算范围内,每月由会计科编造支付预算书,其经常费依预算定额按月匀分,至临时经费以不超过预算额为准,得自由伸缩之,均呈请正副院长核定。

第四条　会计科每月编造本院行政经费决算书,呈请正副院长核阅后,咨送财政部查核,转送本院审查。

第五条　本院所需经费按照支付预算所列款项,每月需用时,由会计科开明事由登领款簿,呈请正副院长批准具领。

第六条　本院职员俸给及书记员薪津,由会计科分设俸给簿、薪津簿,每月按照应发数目呈请正副院长批准,发款时由本人到科签收,不得代领,唯因特别事故,经正副院长批准或出差人员委托带领人,有据存科者不在此限。

第七条　凡出差人员旅费川资依照旅费规则办理,其旅费规则另定之。

第八条　会计科应备各种簿记,分别登记各项账目,按日结算,按月总结。

第九条　夫役工食每月发给时,由各役亲自到会计科具领。

第十条　本院职员俸给、书记员薪津、夫役工食均于月终发放,不得预先支领,但有特别事故经正副院长批准者,不在此限。

第十一条　凡院中购置物品及建筑修缮工程,统由庶务科呈正副院长批准后,估计价目送会计科复核照发,但在五十元以上者,须先送会计科稽核再行,呈请正副院长批准。

第十二条　关于购置物品庶务科呈奉正副院长批准后,用购置物品领款三联单,注明金额及受款人姓名,以丙联存根,乙联由庶务科开报实数,甲联交受款人到会计科领款,其一切发票清单,均须送由会计科核对保存。

第十三条　会计科据前条联单发款时,用二联收条注明号数,款数由受领人署名,签字印以

---

[1] 蔡鸿源.民国法规集成:第11册[M].合肥:黄山书社,1999:269-270.

一联黏收据簿,以一联为存根。

第十四条　本院经费由国库领得时,即送中国银行存储。

第十五条　本细则有窒碍难行之处,得随时呈请正副院长核定。

第十六条　本细则自公布日施行。

中华民国三年八月十三日审计院公布。

### 9. 审计院书记室庶务科办事细则(1914年)

#### 审计院书记室庶务科办事细则❶

#### 三年八月二十五日

第一条　书记室庶务科办事程序除适用本院办事细则外,均依本细则办理。

第二条　庶务科购置物品修缮房屋,其价在五十元以上者,应先送会计科稽核,再行呈请正副院长批准,由会计科照发。

第三条　凡庶务科购置物品,应连同发票清单,送由会计科核发。

第四条　庶务科谋事实上之便利,须预领款时,得正副院长之许可,得具预领证向会计科预支,待开报实数时,连同货单并收据,送会计科查核编存。

第五条　院中物品分存储、消耗两种,由庶务科保存。

第六条　存储物品须将月日、品名、价值,并发买商号一并填入物品编号簿内,以供查考。

第七条　各处应用物品,由领用处填具领用物品单,注明品名、数量,并加盖图章、编列号数,送庶务科照单核发。

存暨新购数目,分别注销,其由馀存之数,另列现存表归下月接用。

第九条　存储物品如有毁损不堪用者,须由领用处通知庶务科,待审查确定将物品废状,并月日注明以便销号。

第十条　存储物品经编号后,各厅不得随意移动,如有特别事故必须移动时,须由领用处通知庶务科,如查系永久移用,应将领用处所及号数改编。

第十一条　全院存储物品,由庶务科点查按号编入存储物品簿,呈请正副院长盖印信,以昭慎重。

第十二条　院内消耗物品,应由庶务科分别登记,每月终将所存所发之数结总送正副院长核阅。

第十三条　本院仆役由事务科派定后,令其各件铺保书、立保单,其或怠情或有过失者,得分别重轻随时开除或罚薪,以示惩戒。

第十四条　本院警卫衙应由庶务科管理,其有违背本院规则时,得经由书记官长呈请正副院长通知警察应随时撤换。

第十五条　其他不属各科事务由庶务科办理。

❶ 蔡鸿源.民国法规集成:第11册[M].合肥:黄山书社,1999:271-272.

第十六条　本细则有应行修改时,得呈请正副院长核定。

第十七条　本细则自公布日施行。

中华民国三年八月十三日审计院公布。

**10. 审计院书记室编译科编纂处办事细则(1914年)**

**审计院书记室编译科编纂处办事细则**❶

**三年八月二十五日**

第一条　本处依本院分掌事务规程第七条第四项因事实上之便利分设编纂处,其办事程序除适用本院办事细则外,均依本细则办理。

第二条　书记官长主持处内事宜,并督率书记官核算官及书记员办理一切职务。

第三条　各厅股科应将办结文件送由编纂处分类编辑,并应由编纂处主管员整理综核。

第四条　编纂处得向各厅股科调取卷宗征集材料。

第五条　编制文件方法分最要、次要、寻常三项,以六个月为一期编制统计,依会计法会计年度之规定一年一次。

第六条　本院往来文件均由各厅股科分别前列三项加盖戳记,随时送处编纂。

第七条　送处文件应区别机关载明事由,并年月日,以便检查。

第八条　编制文件应备置文件检查簿,以资察阅。

第九条　文件检查簿须分别种类登记下列各项

甲:案由、各卷宗之案由

乙:件数、各卷宗所包含之件数

丙:附件、如附属于本卷之表册等

丁:年月、该卷宗所连系之年月

第十条　各厅股科调卷时,应由调卷员开明该卷案由及号数年月,于调卷证内交本处管卷员收执,并于调卷存查簿加盖名章,文卷缴还时,将证取回,本处管卷员亦当于存查簿加盖名章,以明责任。

第十一条　其他官厅调借案卷时,必限于该官厅之职员拥有官厅之公文或公函者方可调取。

第十二条　调阅案卷须即日归还,如有必要情形多需时,日者应将理由详述于调卷证据内。

第十三条　调卷案卷以到署时刻为始,散值时刻前二十分钟为止。

第十四条　调阅案卷人不得以所调之文件转借他人,亦不得拿至院外。

第十五条　汇编时期先由本处付知各厅室将应送本处文件,自付知之日起以一星期为限均应送齐。

第十六条　每编案一次除本处钞录簿册存查外,应另列表报告正副院长及各厅室。

第十七条　本处应用簿册卷来及收卷调卷条式有不适用时,得随时由本处书记官拟定商承

---

❶ 蔡鸿源.民国法规集成:第11册[M].合肥:黄山书社,1999:273-275.

书记官长,详请正副院长核审。

第十八条　本细则如有未尽完善,得由本处书记官长酌量修正详请院长核定。

第十九条　本细则自公布日施行。

中华民国三年八月十三日审计院公布。

### 11.　审计院书记室编译科翻译处办事细则(1914年)

**审计院书记室编译科翻译处办事细则**❶

**三年八月二十五日**

第一条　本处按照本院分掌事务规程第七条之规定,以第十一条第一项所载事务划归本处执掌,其办事程序除适用本院办事细则外,均依本细则办理。

第二条　本处呈长官之命办理汉文与东西文互译事件。

第三条　汉文与西文互译事件,由谙通西文人员专管汉文,与东文互译事件,由谙通东文人员专管。

第四条　本院所收之东西文发出函电时,应由机要科收发处送由本处译成汉文随同原件呈送院长副院长核阅。

第五条　本院应以东西文发出函电时,应由机要科或主管各厅将画行正稿移付本处译发。

第六条　本院东西文收件除原件应由本处编号收存外,所有译文应移付机要科或主管各厅存查。

第七条　本院东西文发件经本处译发之后,应以译稿留室存查将汉文正稿付还机要科或承办各厅。

第八条　本院对于本院各外国顾问有咨询事件时,随时由院长副院长交稿本处译发。

第九条　本院各外国顾问有所陈述或答复本院咨询时,应由本处译成汉文缮呈院长副院长察阅采择。

第十条　本院各种章程法规及一切之报告等,如院长副院长认为有必要时,应由本处照译东西文。

第十一条　关于各国审计院之章程法规审查报告及其他之附属书类等如院长副院长认为有参考之价值时,应由本处照译汉文缮呈阅择。

第十二条　本院选购东西文报纸数种置存本处,如有关于审计事项之登载本处人员,得随时摘译呈阅以供参考。

第十三条　本处所有译件承办人员应于译稿上签名盖章,以明责任。

第十四条　本处应兼管本院所存各项西文书籍。

第十五条　本处书记除缮写外应兼办打字事务。

第十六条　本细则自公布日施行。

---

❶ 蔡鸿源.民国法规集成:第11册[M].合肥:黄山书社,1999:275-276.

中华民国三年八月十三日审计院公布。

### 12. 审计院审查决算委员会规则(1914年)

#### 审计院审查决算委员会规则[1]

第一条　本规则依据本院分掌事务规程第十三条之规定,于审查决算委员会适用之。

第二条　本会以院长副院长审计官协审官组织之。

本院顾问暨外债室室长经院长副院长分别特约或指派时,亦得列席,但不在议决之列。

第三条　本会以院长为会长、副院长为副会长、院长副院长指定之审计官协审官为委员。

第四条　本会由院长副院长酌派审计官协审官若干人为专任委员,核算官若干人为佐理员分掌本会一切事务。

本会由院长副院长于专任委员之审计官中,派坐办一员协助会长副会长办理会务。

第五条　凡各厅业经审查之每月计算书暨总决算书,应将报告书呈请院长副院长核阅后,发还原厅连同证凭单据移送本会。

第六条　各厅审查报告书暨计算书类均由本会专任委员查阅,认为有疑义者,应行提出声请复审。

未经专任委员提出复审之件,应编列号次于开会时,由会长副会长酌定总数几分之几用抽签法抽出复审之。

第七条　本会定每月二日及二十八日为会期,但会长副会长认为必要时,得随时开会。

前项之日期如逢星期日递推于次日。

第八条　本会应行复审之审查报告书如下。

一、院长副院长批交复审者。

二、各厅声请复审者。

三、专任委员声请复审者。

四、抽签抽出复审者。

第九条　每月二日开会时,将前条应行复审之审查报告书、视委员人数用抽签法分配复审之委员。

抽签法分配时抽分复审之委员,如系原审员应行改抽或由会长副会长改派他员。

第十条　抽签由会长或副会长监视。

第十一条　抽签提出应行复审之报告书,由本会将各该原计算书暨证凭单据一并送交各该复审委员审查。

第十二条　复审委员审查后,附加签注于原报告书内,移送本会汇呈会长,于开会时公决之抽签,未经抽及之报告书应于开会时提付表决。

第十三条　本会复审之主旨,系按照法令契约及预算科目参照事实,有无疑义是否为正当之

[1] 蔡鸿源.民国法规集成:第11册[M].合肥:黄山书社,1999:277-278.

解决至数目之计算,应由各厅初审查员负其责任。

第十四条　本会复审时,遇有未能明晰之事项,得请各厅原审主任说明,初审意见或初审时已派员实地调查本会对于其调查报告尚认为有疑义时,得再派员赴各该官署实地调查。

第十五条　本会公决之审查报告书应摘录决定办法,由院通知各机关照章办理。

第十六条　总决算经本会公决后,应由专任委员编制审查总决算报告书及审计成绩报告书。

第十七条　凡报销册及与计算书同一性质之书类,应照本规则一律办理。

第十八条　本规则自公布日施行。

### 13. 审计院审查决算委员会办事细则

#### 审计院审查决算委员会办事细则[1]

##### 第一章　总则

第一条　本会办事程序,除依照本院办事细则暨本会规则办理外,均依本细则之规定。

第二条　本会职员依各部所管事务之性质分配担任,惟遇有一部分事务繁杂时,得随时指派兼管他部分事务。

##### 第二章　收发程序

第三条　本会设收发员一人,专理会中收发册据文件及其他事务。

第四条　凡文件到会由收发员编号录由登入收文簿,每日送交坐办会办查阅。

第五条　凡文件到会收发员应分别各部各省来文或系各厅送到册据,依各部之性质分交各员查收,如系簿册单据等件,更应详查册据件数是否相符再盖收讫戳记。

第六条　各员收到计算册据,应编列号次,并按照机关年月及计算报告单据附件各数,登入收发各机关计算书一览簿。

第七条　凡已办结文件及已经复审完竣之计算册据,应由该管各员汇送编译科编纂处编号存档,并于收发各机关计算书一览簿内,将议决及送编纂处月日详细注明。

第八条　凡各厅调送文件及与各厅会商事宜,均应以移付簿为凭,移付簿应送坐办会办签字。

第九条　凡院及油印公布文件,并各厅移付送交坐办会办阅看后,均应由收发员保存每月编订成册。

##### 第三章　复审程序

第十条　各厅送到计算册据,先由专任员查阅凡册据内有重大疑义,原报告书未经查阅提出者,或报告书之决定甚不适当者,应由专任员随时提出理由,交由坐办会办,详候院长副院长批交复审。

第十一条　每月收到计算册据,应由上月二十一日起截至次月二十日止,作为一次应行抽签复审之件,于每月二十一日各该管理员依照各部主管分别抽签批,交两类开单,交由专任员汇总

❶ 蔡鸿源.民国法规集成:第11册[M].合肥:黄山书社,1999:279-283.

缮写配案簿,详候院长副院长批定几分之几。

第十二条　配案簿经院长副院长批交后,应由专任员按照复审员人数分组缮写对号簿。

第十三条　抽签开会之日,应由职员三人管理,一掌委员号数签,一掌分组号数签两签同时抽出之后,即由记事人员计入对号簿。

但有批交复审之件时,须先将批交各组抽完后,再及于普通抽签各组。

第十四条　凡抽出之件如原审员复审员同属一股应由本会开单详候院长副院长批调第十五条凡抽出之件应于二日之内送交各委员复审各委员收到册据文件后须于对号簿簿上签明收到字样。

第十六条　各委员复审之后分别事实理由决定缮具复审黏签于月之十五日以前送交本会。

第十七条　凡各委员复审完竣之件送还本会时,应由专任员检收按照委员复审决定,分为无问题准销问题,业经原审员复审员解决准销及待公决三类编列议事日程以备开会公决。

第十八条　开会公决时,应由本会派记录员二人,督同速记员记录会场言论,至散会后编列议事录送院长副院长暨会经发议之各委员核阅修改后,缮写正本请院长副院长画阅归案。

第十九条　凡议决之件如有不准核销之款及应通知各机关注意之处应即通知各主管股照办。

第二十条　凡议决准销之案应由专任员于报告书上加盖议决年月及议事次数戳记作为了结。

第二十一条　凡报告书内决定办法有可以为审计实例者应由专任员分别提出集数次议决案件油印审计实例经院长副院长核阅后分发各厅参考。

## 第四章　办理报告程序

第二十二条　各管理人员收到各厅所送计算单据及报告书应即依据报告书性质分别各机关年度月分填入各机关计算一览簿如报告书内之数与计算册列之数不符应查明其不符理由如有核减之数应将理由注明一览簿内。

第二十三条　各机关计算一览簿制成后,应将核准不核准总数填入统计表,以备查核。

第二十四条　每届开会议决后十日应由管理人员将本月议决案分别机关月分金额填列审查报告。

第二十五条　审查报告表除在京各官署按照预算主管依次分隶外其外省各官署并应查照内务部区域表所定次序将各该省机关分别年月先后以次开列机关名称务求划一。

第二十六条　凡计算书内有各厅核减金额及通融核销之件暨会议时议决编入总报告书之件亦应随时编列备考以备列入报告表。

第二十七条　审查报告表编竣后应将草稿先送院长副院长画阅后缮写正本。

第二十八条　每月报告表及备考编竣后应即移付各厅复核有无错误如有与各厅所记数目不符之处应互相核对待核对完竣由各厅盖核符戳记以昭慎重。

第二十九条　正本进呈本缮写完竣后应由各职员详细校对并将校对员姓名填入正本。

第三十条　正本进呈本核对无误应即连同呈文表册送院长副院长核阅后再行缮呈封发。

第三十一条　呈文呈递奉批令后除将正本存会备查外应将稿本按照部别分订成册移付各厅分交各主管股以便办理通知书。

第三十二条　各厅送到总决算审查报告应由本会汇总编制总审查报告书各厅核阅后经院长副院长阅定定期开总会议议决再行缮写正本暨递呈本除以递呈本呈大总统外其正本暨草稿仍按照审查报告表办法分别由本会及各厅保存。

第三十三条　每届会计年度移结后应将该年本院各月审查之成绩汇编总成绩报告书并附具审查意见密呈大总统。

## 第五章　办理文件程序

第三十四条　凡办理文件先办副稿由坐办会办核阅签字缮写正稿送院长副院长核定判行。

第三十五条　正稿判行后即交书记员照缮公文详加核对再送机要科用印。

第三十六条　凡送机要科用印文件应备用印簿摘由编号簿并详注发往机关年月日及附件数。

第三十七条　本会须备阅呈簿遇有呈稿经院长副院长判行后交由书记员缮写呈文摘由登入阅呈簿详请院长副院长核阅印发。

第三十八条　凡本会发文有关系各厅事件应列各厅长衔名送交各厅长签字。

## 第六章　附则

第三十九条　本细则如有未尽事宜得随时详请院长副院长修订。

第四十条　本细则自公布日施行。

### 14. 审计院文官普通甄别委员会执行规则（1915 年）

#### 审计院文官普通甄别委员会执行规则❶

#### 四年六月十七日

第一条　本院依文官甄别法草案第十三条规定设立文官普通甄别委员会。

第二条　本会委员员额依文官甄别法草案第十七条规定选派组织之。

第三条　本会会长依文官甄别法草案第十七条由本院副院长充任之。

第四条　甄别之方法如下：

一、检验毕业文凭。

二、调查经历。

三、检查成绩。

四、考验学识。

五、考试经验。

---

❶ 源自国家图书馆民国法规数据库，中华民国北京政府公布。

关于施行第三四五项时,应分别速记及监视。

第五条　前条规定之甄别方法办理完竣,应提出报告书,于会长定期开评议会议决之。

第六条　报告书应记载下列事项:

一、甄别之事实。

二、报告之年月及甄别委员之姓名。

第七条　评议会之议决以得委员过半数之同意为准,可否同数取决于会长。

第八条　议决后应具议决书报告于本院院长,分别给予合格证书或免职。

第九条　议决书应记载下列事项:

一、甄别之事实。

二、议决之理由。

三、会议出席人数及姓名。

四、议决之年月日。

第十条　本会设事务员二人,承会长之命,掌理收发、保管文书及纪录编制并一切补助事宜。

第十一条　本会因缮写文件及其他庶务,由会长于本院雇员中委派兼任。

第十二条　本会以甄别事竣解散之。

第十三条　本规则自呈明大总统批准之日施行。

中华民国四年六月十四日。

## 15. 财政部会计司分科办法(1913年)

### 财政部会计司分科办法❶

### 中华民国二年十一月三日财政部部令公布

#### 第一科　所掌事务

一、关于会计法规之提案修正事务。

二、关于本司一般文电之处理事务。

三、关于本司文书之收发分配事务。

四、关于本司文书之统计报告事务。

五、关于本部之法律命令或特别命令本司接到公文后办理公告或通知各科之事务。

六、关于本司所需经费之预算分配事务。

七、关于本司所需特品之预算分配事务。

八、关于本司不属他科之事务。

#### 第二科　所掌事务

一、关于预决算之拟定程式事务。

二、关于预决算之厘定科目事务。

---

❶ 蔡鸿源.民国法规集成:第10册[M].合肥:黄山书社,1999:298-300.

三、关于预决算之徵集催告事务。

四、关于预决算之审查编订事务。

五、预算公布后关于行政科目之通告事务。

六、审查岁入事务管理官厅之岁入增减计算书事务。

七、汇编各官厅对于审计院之各项辨明书。

八、关于预算不成立时所有法律上之各种施行事务。

九、关于地方公共团体之岁计事务。

十、关于地方公共团体之财务报告及计画事务。

十一、关于其他预决算及地方公共团体岁计之一切事物。

### 第三科　所掌事务

一、关于京内各官厅领款凭单之审查及汇送审计处事务。

二、关于京内各官厅支付概算之审查汇编及送交审计处事务。

三、关于领款凭文及支付概算核准后通知各关系官厅及本司第四科事务。

四、关于京内各官厅概算以外款项之审查请示及各项通知事务。

五、关于京外各官厅请款文电之审查请示及各项通知事务。

六、关于京内外各官厅划拨款项之核复及各项通知事务。

七、关于京内各官厅支付概算及概算以外款项并京外各官厅所领款项之登簿事项。

八、关于滚入计算书之核复及各项通知事务。

九、关于其他支付概算及各项发款之事务。

### 第四科　所掌事务

一、关于岁入收讫报告书之审查核对事务。

二、关于支付命令收讫额报告书之审查核对事务。

三、关于岁入主要簿及各项补助簿之登记事务。

四、关于岁出主要簿及各项补助簿之登记事务。

五、关于现计书之编制事务。

六、关于支付命令之填具及各项通知事务。

七、关于其他各项登记事务。

## (二)国民政府审计机构管理法规

国民政府时期是近代中国立法活动最为频繁的时期,审计立法成果丰硕。其中,就审计机构而言,随着当时五权宪法的实施,国家审计机构发生了变化,从审计院到监察院下面的审计部,审计机构的管理法规也随之进行了修正和嬗变。

国民政府审计机构管理法规概览

| 序号 | 法规名称 | 颁布时间 |
|---|---|---|
| 1 | 国民政府审计院办事通则 | 1927年 |
| 2 | 审计部分掌事务规则 | 1932年8月13日 |
| 3 | 审计部法规委员会办事细则 | 1933年6月22日 |
| 4 | 审计室职掌纲要 | 1931年 |
| 5 | 审计室分组办事细则 | 1931年 |

### 1. 国民政府审计院办事通则（1927年）

国民政府审计院办事通则●

第一条　审计院一切事务进行应依本通则办理,至各处厅办事细则由各处厅另定之,惟不得与本通则抵触。

第二条　各处厅长应负处理各处厅事务及监督指挥所属职员之责。

第三条　审计协审应负襄助厅务责任。

第四条　科长应负本科事务责任。

第五条　核算员、科员、办事员及录事应受长官支配任务。

第六条　收发员收到外来文件,应即时注名日期、时刻,编号,摘由,分别送呈院长、副院长、处长、厅长批示,发交各处厅科遵办,其须经处厅会办者,则由主管处厅抄案移送会商办理。

第七条　文件到院期间,系紧要者应立即呈送,其关于支付命令者,尤不得稍有稽延。

第八条　监印及收发,凡接收本院发出文件,应编号,摘由,以备查考,其稿本仍发还原管处厅,并负检校公文是否完备之则。

第九条　校对应负本院发出各文件,详细校阅之则并检查正附件数是否完备。

第十条　各职员对于机要案件及未公布之事项应保守秘密。

第十一条　各项案件均须经院长、副院长核定。

第十二条　法律事项应依其性质由主管处厅拟稿,送请院务会议或专门委员会议决办理。

第十三条　机要案件应依其性质,由主管长官拟定办法,呈院长副院长核定。

第十四条　凡事务有与各处厅相互关系者,应由关系之处厅会稿呈院长副院长核定。

第十五条　调阅审计之上例行案卷,呈明院长副院长后,得以处厅名义与其他机关互通函件。

第十六条　各处厅科承办稿件其主管及拟稿校对缮写各员均应签名盖章。

第十七条　凡经院长副院长核定之稿件,仍由主管处厅拟稿员分别发付缮写,再连同稿件交校对,详细检校,再送监印、用印。

---

● 民国政府审计院. 民国审计院(部)公报[M]. 北京:国家图书馆出版社,2014:59-62.

第十八条　各项文件均应即日办结,不得积压、贻误,其案情复杂,不能即行办毕者,不在此限。

第十九　各处厅经管之各项文件应派专员保管,并分别案由,随时各立卷宗归档,案卷之编制方法另定之。

第二十条　办公时间依气候随时规定,各职员应行当日办结之文件,如于办公时间内未及时办结者,并得延长之。

第二十一条　各科于每日办公时间外及假期,得派员值班,遇有紧要事件呈送主管长官处理,职员值班规定另定之。

第二十二条　本院除例假外,所有职员呈请给假,应依请假规则办理之,职员请假规则另定之。

第二十三条　本院各职员每日到院时,应亲笔签名于签到簿,其职员考勤事项另依职员考勤规则办理之,职员考勤规则另定之。

第二十四条　各处厅职员其办公不力、行为失检及泄漏机要者,得呈请院长副院长,令其退职或惩戒,职员惩戒规则另定之。

第二十五条　各职员在办公时间接见宾客应依会客规则办理之,会客规则另定之。

第二十六条　各职员如滥用或毁坏公物应负赔偿之责。

第二十七条　本通则如有未尽事宜,得随时提交院务会议修改之。

第二十八条　本通则自公布之日施行。

**2. 审计部分掌事务规则(1932年)**[1]

**审计部分掌事务规则**

**民国二十一年八月十三日国府核准**

第一条　本规则依审计部组织法规定之。

第二条　审计部第一厅依组织法第五条第一款规定之事务设四科至六科掌理之。

第三条　审计部第二厅依组织法第五条第二款规定之事务设八科至十科掌理之。

第四条　审计部第三厅依组织法第五条第三款规定之事务设六科至八科掌理之。

第五条　审计部秘书处依组织法第五条第四款规定之事务分科掌理之。

第六条　各厅处科办事细则另以部令定之。

第七条　审计部依组织法第四条之规定设审计会议,其规则另以部令定之。

第八条　各省审计处办事细则,由该处规定后,呈请部备案。

第九条　驻外审计办事规则,另以部令定之。

第十条　本规则呈报国民政府备案施行。

[1] 国民政府审计院.《民国审计院(部)公报[M].北京:国家图书馆出版社,2014:34-35.

### 3．审计部办事细则

#### 审计部办事细则[1]

##### 第一章　总则

第一条　本部事务之处理，除依法令规定外，悉依本细则之规定。

第二条　本部各级长官，就其主管范围，对所属职员有指挥监督之权。

第三条　本部职员对主办事务，应分别秉承该管长官命令办理。

第四条　本部对外文件，以本部名义行之，但各厅处就其主管之行政事务，对外有洽商必要时，得以厅处名义行之。

第五条　本部于必要时，得派员赴各地视察或调查。

第六条　本部各厅处遇事务特别繁忙时，得由各厅处长官呈请部长调派人员，帮同办理。

第七条　本部各厅处于必要时，得将各科事务归并办理，或呈准增设临时办公室办理之。

第八条　本部于必要时，得设特种委员会，其规则另定之。

##### 第二章　职务分掌

第九条　第一厅厅长室，及各科分掌事务如下：

厅长室。

一、关于文件收发分配覆核及撰拟事项。

二、关于事前审计总登记事项。

三、关于事前审计法令之编辑事项。

四、关于事前审计条例之编订事项。

第一科。

一、关于所属各处及就地审计事前案件，及工作报告之处理事项。

二、关于事前审计设计调查，及其他不属各科事项。

三、关于事前审计工作报告，审计报告之编制事项。

四、关于各机关事前审计之抽查事项。

第二科。

一、关于各机关岁入岁出预算书类之审核事项。

二、关于分配预算之登记事项。

三、关于各机关收支法案之登记事项。

四、关于恤证之查对登记事项。

五、关于紧急命令事项。

第三科。

一、关于支付书之核签事项。

---

[1] 审计部.审计法令汇编[M].北京：商务印书馆，1948：15-26.

二、关于支付书金额之登记事项。

第一〇条　第二厅厅长室,及各科分掌事务如下:

厅长室。

一、关于文件收发分配覆核及撰拟事项。

二、关于事后审计法令之编辑事项。

三、关于事后审计成例之编订事项。

第一科。

一、关于军务费之事后审计事项。

第二科。

二、关于军务费以外各费之事后审计事项。

第三科。

一、关于事后审计登记事项。

二、关于事后审计工作报告,审计报告之编制事项。

三、关于总决算审定,及其报告书之制作事项。

四、关于办理各机关事后审计之抽查事项。

五、关于事后审计设计,及其他不属各科事项。

第一一条　第三厅厅长室,及各科分掌事务如下:

厅长室。

一、关于文件之收发覆核,及撰拟事项。

二、关于派员监视开标决标验收,及出席各种会议等事项。

三、关于稽察报告案件之分配事项。

四、关于稽察工作报告,及审计报告之编制事项。

五、关于稽察法令之编辑事项。

六、关于稽察审计成例之编订事项。

第一科。

一、各机关收支之稽察事项。

二、各种公债债券基金之稽察事项。

三、各机关财务行政之调查事项。

四、各机关现金票据证券等之检查事项。

五、发行准备之稽核及登记事项。

六、各机关财务之盘查,及调查等事项。

第二科。

一、各机关营缮工程之稽察事项。

二、各机关购置变卖各种财物之稽察事项。

三、各机关处分公有财物之稽察事项。

四、各军事机关被服装备等军需用品稽察事项。

第三科。

一、各机关集中购置之稽察事项。

二、物价调查事项。

三、所属各处稽察完竣案件月报表之覆核事项。

四、各种捐款之稽察事项。

五、军用粮秣之稽察事项。

六、公务员兼职兼薪之调查事项。

七、不属于其他各科之稽察事项。

第一二条　第一二三厅所属各科事务之分掌，于必要时，得呈请部长核定变更之。

第一三条　总务处各分掌事务如下：

第一科。

一、关于一切稿件撰拟事项。

二、关于法令公布，及其他通知事项。

三、关于文件表册会议记录缮写，及校对事项。

四、关于公文书报收发，及登记事项。

五、关于要守印信事项。

六、关于档案保管登记调阅事项。

七、关于本部公报编辑发行事项。

八、关于图书报章管理事项。

九、不属各科一切总务事项。

第二科。

一、关于本部及所属各处职员之任免送铨，及抚恤事项。

二、关于本部及所属各处职员之总登记事项。

三、关于本部及所属各处职员之动态填报事项。

四、关于本部及所属各处职员考绩奖惩事项。

五、关于本部及所属各处职员考勤及请假事项。

第三科。

一、关于本部经临各费具领事项。

二、关于现金票据证券之出纳保管，及登记事项。

三、关于每月库存表之编制事项。

四、关于本部职员薪俸,及工饷之发放事项。

第四科。

一、关于本部应用物品之购置,及分配事项。

二、关于本部公产公物之保管修缮,及营造事项。

三、关于部内公共卫生清洁,及消防事项。

四、关于工警之管理训练之事项。

五、关于其他一切庶务事项。

第一四条　总务处各科事务得分股办理之。

第一五条　会计室掌理事务如下:

一、关于概算决算之核编整理事项。

二、关于预算内各款项依法流用之登记事项。

三、关于修订会计表册书据等格式事项。

四、关于制具记帐凭证事项。

五、关于帐目登记事项。

六、关于收支凭单之核签事项。

七、关于编送会计报告书表事项。

八、关于财务上增进效力,及减少不经济支出之建议事项。

九、其他有关岁计事项。

十、关于所属各处会计人员之指导监督事项。

十一、关于所属各处岁计会计工作之分配事项。

十二、关于所属各处概算决算会计表册书据等格式,及帐目登记,报表编制之审订统一事项。

十三、关于所属各处会计报告审查事项。

十四、关于所属各处其他一切岁计会计事务之指导监督事项。

第一六条　统计室掌理事务如下:

一、关于本部及所属各处统计册籍图表格式之制定,及统计统一办法之编制事项。

二、关于统计材料之登记调查,及整理汇编事项。

三、关于统计报告之编纂事项。

四、其他有关统计事项。

五、关于所属各处统计人员之指导监督事项。

六、关于所属各处统计工作分配事项。

七、关于所属各处统计报告之审查汇编事项。

第一七条　审计掌理事务如下:

一、各厅案件之覆核事项。

二、就地审计案件之覆核事项。

三、长官交办事项。

第一八条 秘书掌理事务如下：

一、承部长之命办理关于核阅来文，及分配案件事项。

二、关于机要文件之撰拟及保管事项。

三、关于覆核交稿事项。

四、关于会议事项。

五、关于交办事项。

## 第三章 职员责任

第一九条 部长之责任如下：

一、关于重要政策工作计划，及设计之决定。

二、编制预算之提示。

三、拟订法规时重要原则之提示及决定。

四、各级人员之依法任免及考核。

五、监督指导及考核各单位之工作。

六、重要案件变更处理方法之决定。

七、重要新案之决定。

八、对于会计统计人员之监督指挥。

九、核批各级请示或签拟。

十、分赴各地视察或调查人员之派遣。

十一、审计会议及其他重要会议之主持。

十二、其他关于政务之处理。

第二〇条 政务次长之责任如下：

一、全部政策计划及设计之拟议。

二、襄助部长处理前条所列各事项。

三、部长缺席时代行其职权。

四、部长委托事项。

第二一条 常务次长之责任如下：

一、覆核行政上之签拟或请示。

二、覆核各级不能决定之文稿。

三、秉承部长之命，指挥全部行政职权之分配。

四、中级官之任免，得拟议签请核定。

五、秉承部长之命，指导监督本部会计及经费之依法支用。

六、指导监督有关时间性之重要统计资料之编制。

七、指导监督本部之人事管理机构。

八、办理机要文件。

九、指导本部一切档案文件，及图书等之管理。

十、筹划及办理各种重要会议之进行。

十一、随时提请部长注意之重要事项。

十二、部长交办事项。

十三、负责办理本部交代事宜。

第二二条　厅处长之责任如下：

一、厅处在核定名额内，雇员之雇佣及解雇。

二、厅处委任人员之任免，得拟议签请核定。

三、厅处内各科人员之分配。

四、厅处内人员考核奖惩之拟议。

五、长官交办事项。

六、传达命令及通知。

七、其他关于厅处内行政之处理。

第二三条　科长之责任如下：

一、科内人员及事务之分配。

二、例行文件之处理。

三、重要文件之撰拟。

四、科内人员考核奖惩之初步拟议。

五、传达命令及通知。

六、其他关于科内行政之处理。

第二四条　审计协审稽察及办理审计事务之科员佐理员，(或其他人员)及兼任厅长之审计，兼任科长之协审稽察，其办理审计稽察案件之责任如下：

一、科员佐理员(或其他人员)协审稽察，及兼任科长之协审稽察负初核之责。

二、审计及兼任厅长之审计，复覆核之责。

第二五条　事前初核人员，对承办案件，应就单据核算数字，及审查其他足以决定本案之事实或法令，负起责任。

第二六条　事后初核人员，对承办案件，应就单据核算数字，及审查其他足以决定本案之事实或法令，负起责任。

第二七条　稽察初核人员，对承办案件，应就各项稽查报告，及审查足以决定本案之事实或法令，负其责任。

第二八条　事前事后稽察覆核人员，应就初核人员所提出之事项，及其他所拟稿件，复覆核之责，于必要时，得对初核人员承办各案调核之。

第二九条　就地审计人员，系科员佐理员（或其他人员）协审稽察时，其责任准用本细则第二十四条至第二十七条之规定。

第三〇条　就地审计人员系审计时，其责任准用第二十八条之规定。

第三一条　秘书对于本细则第十八条所列经办各事项，负其责任。

第三二条　本部聘用之专门人员，对于指定办理或临时交办事项，负其责任。

第三三条　办理总务之科员佐理员，其责任如下：

一、撰拟各文稿。

二、处理职务内各事务。

三、办理职务内各案件。

四、关于准驳或有疑义案件之签请。

第三四条　凡收发拟稿缮写校对用印登记等事务，如有错误或迟延，由主办人员负责。

第三五条　关于适用法令，或援引例案之件，如引用错误，或应引用而不引用者，由主办人员负责。

第三六条　关于文稿引用人名地名数字之错误。由主办人员负责。

第三七条　关于文稿上文义文法，及公文程式之错误，由科长负责。

第三八条　关于准驳或应请示之件，竟以例行文件处理者，由主办人员及科长共负其责。

第三九条　案件应加具意见而不加具，或应予纠正而不纠正者，由核稿之处长及科长共负其责。

第四〇条　本细则第十三条第三项所列各事务，如有错误及现金不当损失，由总务处第三科长经管人员共负其责。

第四一条　本细则第十三条第四项所列各事务，如有错误及公物不当损失，由总务处第四科长及经管人员共负其责。

第四二条　本细则第十五条所列各事务，如有错误或迟延，由会计主任及经管人员共负其责。

第四三条　本细则第十六条所列各事务，如有错误或迟延，由统计室主任及经办人员共负其责。

第四四条　档案之保管登记，如有错误或遗失由经管人员负责。

## 第四章　审计程序

第四五条　关于审核收入命令，或缴款书报核联，岁入预算分配表，岁出预算分配表之程序如下：

一、科员或其他初核人员审核后，拟就报告书，送呈科长审核，签注意见，送呈厅长及审计会同覆核后,退科办理。

二、凡属重要案件,或厅长与审计意见不同之案件,由厅长及审计各具意见,提出审计会议决定后,退科办理。

三、凡存查之岁入预算分配表,岁出预算分配表,主管科登记后,送第二厅主管科查封。

四、凡存查之收入命令,或缴款书报核联,于每月终,由主管科依照机关分别登记总数,送第二厅主管科,与各机关收入月报表核对。

第四六条　关于审核支付书之程序如下:

一、科员或其他初核人员于审核认为无疑义者,即拟具支付书审核报告,连同支付书送呈科长审核,转呈厅长及审计,会同核签,送秘书转呈部长次长签字后,印发原件退主管科。

二、科员或其他初核人员于审核后,认为有疑义者,审核通知,连同文稿送呈科长审核,加具意见,转呈厅长及审计覆核后,退科办理。

三、凡属重要案件,或厅长与审计意见不同之案件,由厅长及审计各具意见,提出审计会议决定后,退科办理。

四、凡签发之支付书审核报告,由主管科每月月终汇送第二厅主管科,与各机关之会计报告核对。

第四七条　关于审核会计报告之程序如下:

一、科员或其他初核人员于审核后,认为应发审核或核准通知者,即拟具审核报告,连同文稿送呈科长审核,转呈厅长会同审计覆核,送秘书呈部长次长签字后印发,原审退主管科。

二、凡属重要案件,或厅长与审计意见不同之案件,由厅长及审计各具意见,提出审计会议决定后,退科办理。

第四八条　关于办理稽察案件之程序如下:

一、科员或其他办理稽察事务人员,就承办之稽察案件,签具意见,送呈或移付该管科长审核,转呈厅长会同审计覆核,退科办理。

二、经审计会议决定稽察之案件,于办理后,由承办人员拟具报告,连同意见,送呈或移付主管科长审核,转呈厅长会同审计覆核,提会决定后,退科办理。

三、凡属重要案件,或厅长与审计意见不同之案件,由厅长及审计各具意见,提出审计会议决定后,退科办理。

四、审计上调查统计案件,应于每年度就其结果,制成书表,送呈厅长会同审计审核,附具意见,报告于审计会议。

## 第五章　就地审计程序

第四九条　关于核签原始凭证,记帐凭证,及公库支票之程序如下:

一、就地审计人员审核后,认为无疑义者,负责核签,经登记后,退还驻在机关,如认为有疑义者,签注意见,(复写二份)送呈主管审计覆核后,一份发交就地审计人员办理,一份存查,月终汇案移送第一厅参考。

二、就地审计人员签请核示之件,经主管审计认为有疑义者,加具意见,提出审计会议决定后,发交就地审计人员办理。

第五〇条　关于审核会议报告之程序,就地审计人员应根据各项登记,及检查各项簿籍凭证现金财务之结果,核对会计报告,拟具审核报告,(复写二份)连同会计报告,送呈主管审计覆核后,以审计报告一份附卷,分别发给审核通知或核准通知,其程序准用本细则第四十七条之规定,余一份移送第二厅存查。

第五一条　关于办理稽察案件之程序如下:

一、依照规定应由就地审计人员稽察之案件,经实地稽察后,认为无疑义者,负责办理登记后,退还驻在机关。

二、就地审计人员及主管审计,认为有疑义之案件,其程序准用本细则第四十八条第三款之规定办理。

第五二条　就地审计人员,于每月终了后十日后,分别编制核签各项凭证月报表,及稽察案件月报表,(复写二份)送呈主管审计,加具意见,转呈部长次长核阅后,分别备查,及移送主管厅参考。

## 第六章　人事管理

第五三条　本部人事之管理,除依法令规定外,悉依本章之规定。

第五四条　本部总务处第二科为管理人事之机构,必要时得设专任人员会同办理。

第五五条　本部及所属各处委任以上职员之任免送铨抚恤及考绩,由本部行之。

第五六条　本部及所属各处委任以上职员,系初任者,应分别提出下列各证明文件,经审查合格后任用之。

一、简任人员应提出公务员任用法第二条所规定资格之证明文件。

二、审计应提出本部组织法第十一条所定资格之证明文件,及其服务经验,或成绩证明书。

三、荐任人员应提出公务员任用法第三条所定资格之证明文件。

四、协审稽察应提出本部组织法第十二条或第十三条所定资格之证明文件,及其服务经验,或成绩证书。

五、委任人员应提出公务员任用法第四条所定资格之证明文件。

六、佐理员如系办理审计稽察事务者,其应提出之文件与协审稽察同。

第五七条　本部组织法第十三条第一款所称于稽察事务书需学科,以工科商科理科农科医科等为限,同条第二款所称于稽察事务曾任技师或职官,以经实业部或经济部审查合格,准许执业之技师,或经铨叙部铨叙合格之技师技正技监为限。

第五八条　本部及所属各处职员系初任职者,应提出公务员任用法第六条所定消极资格之保证书,及服务志愿书,其格式另定之。

第五九条　新派人员接到命令后,应即到总务处第二科报到,并填简明履历表三份,一呈部长,一送主管厅处,一存科备查。

第六〇条　新派或调任人员,到主管单位服务时,由主管人员将开始工作日期,通知总务处第二科登记。

第六一条　初任人员先派代理,到职后二十日内。应填具任用审查表。连同证件,送由总务处第二科转呈部长核定。其简任人员即行请简,荐任或委任人员送铨叙部审查合格后,分别呈荐或委任。

前项任用审查表及证件,总务处第二科应作初步审查,如有欠缺,应即通知补正或签请核示。

第六二条　试署期满人员,应填具成绩审查表,由主管厅处长加具考语,呈部长核定分别办理。

第六三条　初任职各员,二年以内,得不分配固定职务,轮流派在本部各厅处,或所属各处之各组服务,以资历练。

第六四条　职员之抚恤,请恤人所填请恤事实表,由总务处第二科作初步审查,如有欠缺,应即通知补正或签请核示。

第六五条　职员俸额及到职离职,或改俸开始日期,应由总务处第二科分别通知总务处第三科及会计室。

第六六条　职员之任免抚恤及一切动态,总务处第二科应各备专册,分别登记,并通知主管各厅处。

第六七条　本部职员之动态,总务处第二科应按月填具动态表送铨叙部。

第六八条　本部职员应照规定办公时间到部服务,不得迟到早退,违者以缺席论。

第六九条　本部职员每日上下午到部公办,须在签到簿上亲自签到,不得代签或补签,违者以缺席论。

签到簿每日上下午办公时间开始后,三十分钟内,由主管长官覆核,于每日下午三时,送秘书呈常务次长核阅,发交总务处第二科登记。

第七〇条　本部除办公时间外,得派员轮流值星或值夜,其规则另定之。

## 第七章　文书处理

第七一条　本部收文,由总务处第一科收发股折封,注明日时编号登记簿分别递送,遇有收文无由时,应先黏面摘由。

第七二条　支付书领款书缴款书支付预算书预算分配表,由收发逐送第一厅办理。

会计报告,由收发股将附件照数点收,连同来文,逐送第二厅办理。

请求派员监视开标决标及验收等文件,如时间急迫者,由收发股逐送第三厅办理。

其他文件由收发股送秘书核转。

第七三条　秘书对于前条第四项文件,按照下列性质,分为第一第二第三等级,各于文面加盖级别小戳,其第一级文件,呈送部长核阅后,发交各主管厅处长办理,第二级文件,呈送常务次长核阅后,发交各主管厅办理,第三级文件,迳送主管各厅处办理,各级之性质如下:

第一级文件。

一、关于所属各处之工作计划及设计事项。

二、关于所属各处之请示事项。

三、关于各案件之声复或覆审事项。

四、关于各机关对于审计上事件之洽商事项。

五、关于所属各处人事上之送铨请委考绩抚恤等事项。

六、关于所属各处执行计划,及审核会议之报告事项。

七、关于各种重要报告。

八、重要新案。

九、其他有关政务文件。

第二级文件。

一、本部及所属各处职员之工作报告。

二、所属各处经费之追加或流用事项。

三、关于所属各处会计统计各文件。

四、关于所属各处奉令执行之呈复文件。

五、关于所属各处职员之请假文件。

六、关于上级命令承转各文件。

七、关于行政上一切例行文件。

第三级文件。

一、本细则第四条但书各文件。

二、各职员之出差日期报告及旅费表。

三、所属各处对于日期报告各文件。

四、各机关刊物交换赠与,或请售各文件。

五、各项通知单。

六、其他杂件。

第七四条　速密文件应随到随送。

密件及密报应在面编号,原封送秘书核转。

第七五条　与各厅处有关联之文件,应发交有关厅处会办。

第七六条　会办之稿件,应由主稿之厅处科室送与有关之厅处科室会签。

第七七条　拟稿人员须在稿面签名盖章写拟字,并摘由登簿,送呈主管长官覆核,送秘书转呈部长次长刊行缮发,但本细则第七十三条所列第三级文件,如须以本部名义行之者,得由各厅处长迳行批发,列表呈部长核阅。

第七八条　稿件如因时间急迫不及送判时,得由各厅处长负责先发补判,惟须于稿面注明及签字,并列表呈部长核阅。

第七九条　稿件如有添注或涂改者,应由添改人盖章,以明责任。

第八〇条　拟稿人员对于准驳或有疑义之件,应签请核示,由主管长官加具意见,呈部长次长核定。

第八一条　判行之稿件,交由主稿科室送总务处第一科缮写核对钤印,连同原稿送收发股分别将正本编号封发,稿件退回原厅处科室。

前项稿件应登公报者,由主管厅处加盖(登公报)小戳,于正本封发后,将稿件先送公报股抄录。

第八二条　监印对于送印文件,应遵照本细则第七十七条第七十八条规定,如有不依程序者,得拒绝盖印。

第八三条　由收文至交办撰拟审核缮写校对用印封发,以迄归档,各经办人员应于办理时注明时刻,以明责任。

第八四条　各项文件,应随到随办,速件即刻办理。

第八五条　本部各单位。每日处理重要文件,应摘要列表呈部长核阅,如有错误,立予纠正。

### 第八章　档案编管

第八六条　本部归档文件之编辑,分为类项卷文各号,同性质各文号统于卷,同性质各卷统于项,同性质各项统于类,类之登记册为案卷总目。项之登记册为分类目录,卷之登记册为编号目录,文之登记册为收文表。

其同一机关同一性质而有连续性者,并为一卷,卷内再以宗折之。

第八七条　档案股收到归档各案,不论已结未结,一律加以装订,按其性质及次序,填录卷内之卷宗目录,及案件始末记,依次编号登记于编号目录,并按其性质,应归某项某类,分别登记于卷面及分类目录。

第八八条　遇案无相当项或类可归隶,或预料将来尚有事件陆续发生,不宜进行归隶其他项或类者,得另立一项或类,加列于分类目录,并登记案卷目录。

第八九条　一文包含数事,或一卷包含数项者,应酌量归入某卷某项,另在其他相当卷或项,虚列一文号或卷号,而注明原文或原卷见某号卷。

第九〇条　附件可钉入卷者,应一并钉入,不能钉入者,附于卷底,不能附入者,应另加封套或包裹,注明卷号,存入附件橱。并在原文注明附存橱号。

第九一条　结束已久,预料不须时常检查之案卷,得提出另存一处,但仍依卷号排列。

第九二条　文件归档后,调阅者应填写调卷单调取,归还时将原单收回,但密件除经办人员外,非简任以上人员核准,不得调阅。

## 第九章　现金财物经理

第九三条　本部现金财物之经理,除依法令规定外,悉依本章规定。

第九四条　本部一切款项之收支,概由总务处第三科办理,财产物品由总务处第四科经管。

第九五条　本部一切款项,除公库存款外,应悉数存入银行,但零用金得留存于总务处第三科。

前项零用金,应拨存若干于总务处第四科,充备用金。

第九六条　本部银行存款,应用本部名义,不得用其他名义。

第九七条　本部各项收入,如刊物售价,利息收入等,由主管部份填具收款通知单,送就地审计人员核签,交会计室编制传票,转总务处第三科收款。

前项收入款,总额满五百元者,收款通知单应先呈总务处长核签后办理。

第九八条　收纳各款在五百元以上者,应逐日如数缴存银行。

第九九条　收纳零星各款,应于五日内汇总缴存银行。

第一〇〇条　本部各项支出,由主管部份填具支款通知单,连同原始凭证送就地审计人员核签,转会计室编制传票,交总务处第三科付款。

第一〇一条　总务处第三科应将记帐凭证与原始凭证核对,倘有不符,得拒绝付款。

第一〇二条　关于俸薪之发放,由会计室编制俸薪表,经就地审计人员核签,送总务处长转呈部长核准后,编制传票,交总务处第三科照发。

第一〇三条　关于工饷之发放,由总务处第四科编制工饷表,经就地审计人员核签,由总务处长转呈部长核准后,交会计室编制传票,总务处第三科填发公库支票,由总务处第四科兑现分发。

第一〇四条　职员所得税款,由总务处第三科征收,工警所得税款,由总务处第四科征收,三日内送总务处第三科汇解。

第一〇五条　本部各种特别支出,在一千元以下者,由总务处长核准,千元以上三千元未满者,由常务次长核准,三千元以上者,由部长核准。

第一〇六条　本部因购置及营缮工程预支款项,或职员工警因公出差预支旅费时,须开具预支款项凭单,依照前条限额,分别送请核准后,照规定程序付款。

第一〇七条　经常消耗物品,如文具薪炭油腊等,得整批招商承办,询价及订约时,应由就地审计人员参加。

第一〇八条　各厅处室临时请求购置时,应填具请求购置单,经主管长官核定后,送总务处及就地审计人员核签,交总务处第四科办理。

第一〇九条　购置财物,价值在一百元以上,交总务处第四科验收时,应通知就地审计人员监验,并盖章证明。

第一一〇条　购置不依前三条规定者,总务处第三科应拒绝付款。

第一一一条　本部所有财产增减,应由总务处第四科记入财产登记簿,于月终及年度结束时,根据该簿分别编制财产增减表财产目录,送会计室作编造会计报告之附表。

第一一二条　本部所有财产经管人,于每年办理假交代时,盘查一次,盘查时,应请就地审计人员监视,但就地审计人员认为必要时,得随时盘查。

第一一三条　本部所有物品,由总务处第四科保管,各部份领用物品,须填领物凭单。

物品收发,均记入物品登记簿,每月月终编制现存物品表,经就地审计人员核后,呈总务处长核阅。

第一一四条　关于建筑或修膳满三百元者,应填具工程单,送就地审计人员审核,并盖章证明。

## 第十章　法规厘订

第一一五条　本部设法规委员会,经管一切法规厘订事宜。

第一一六条　法规委员,由部长指派高级职员组织之,并指定一人主席。

第一一七条　法规委员会设秘书一人,办理会议及文书事务,由部长指派职员兼任之。

第一一八条　法规委员会计论之法规,以下列为限。

一、本部现行之法规,部长认为须加厘订者。

二、本部未备之法规,部长认为应行创制者。

三、本部各主管单位建议之法规,部长认为应交审议者。

四、所属各处拟订之法规,部长认为应交审议者。

第一一九条　法规委员会议决之法规,应呈送部长核定。

## 第十一章　职员工作考核

第一二〇条　本部职员工作情形,按日记载工作日记簿,每周填报工作周报表。

呈由主管长官核阅,汇订成帙,并列目录,(如在请假期内应于目录注明)于下周星期三以前,送总务处第二科登记,呈部长次长核阅。

其逾期未送周报表者,总务处第二科应分别查催,如仍不填缴,即以本周无成绩论。

派驻各机关就地审计人员工作周报表,由该主管人员核阅汇送。

第一二一条　职员考绩,每年举行一次,依照非常时期公务员考绩暂行办法办理,在部由考绩委员会初核,部长覆核,在所属各处由处长初核,部长覆核。

第一二二条　考绩委员会委员,由部长指派之,并指定一人为主席。

第一二三条　考绩时由各科科长,或就地审计人员,就所属职员平时成绩,拟具意见,送由主管厅处长或主管人员,加具按语,送考绩委员会初核,评定各项分数及总分数,呈部长覆核。

部长对于前项分数得增减之。

第一二四条　本部职员平时工作之考核,各厅处长及主管就地审计人员,应各备记录表册,就所属职员平时工作操行学识,严密考核,详为记录,于下月五日前,缮呈部长次长核阅。

科长或主管人员,对所属职员,按照前项规定,分别记录,于下月二日前呈送主管厅处长或主管人员核阅。

第一二五条　关于工作之考核,应注意下列事项:

一、是否严守时间,有无缺席及迟到早退。

二、请假事由是否真确,及请假有无逾规定日数。

三、每日拟办稿件,或处理事务之数量及结果。

四、工作是否努力,及有无迟延错误。

五、所填工作周报,是否与事实相符。

六、有无自动贡献有关本机关业务推进之意见。

七、是否能负责任守纪律,及遵守本细则服务要则。

八、同一工作人员,应比较考核其效率。

第一二六条　关于操行之考核应注意下列事项:

一、起居是否守时。

二、寄宿各职员,其宿食内部之整理。

三、对于公物,能否爱护及节约使用。

四、言语行动态度举止,是否合于新生活之条件。

五、有无实践精神总动员实施事项,新生活须知,及节约运动大纲等规定。

六、小组会议有无缺席。

七、在小组会议发表意见,及自我批评,相互批评,是否确实及率真。

第一二七条　关于学识之考核,应注意下列事项:

一、撰拟文稿或处理事务,其学识是否胜任本职。

二、小组会议讨论问题发表之见解。

三、小组会议读书报告,其学识是否增进,有无心得。

四、当面推定问题,使其解答,核其见解。

第一二八条　各职员之工作操行学识,较以前有无进步,应比较考核之。

第一二九条　各科长平时之考核,除依照前四条规定办理外,并应注意下列事项:

一、分配工作,是否适宜。

二、督率所属职员,是否认真。

三、记录所属职员成绩,是否公正确实。

四、对于所属职员公私生活,有无注意考察劝导,及能否以身作则。

五、对于所属职员读书及工作之研究,能否指导及解决。

六、与其他部份有关工作,能否互助及密切联系。

第一三○条　各厅处长平时成绩之考核,除依前条规定外,并应注意下列事项:

一、对于本机关业务推进之建议,有无独到见解。

二、对于主管部份业务之计划,有无改进。

三、主持小组会议之成绩。

第一三一条　派驻各机关就地审计人员平时工作之考核,除依照本细则第一百二十五条一百二十六条一百二十七条一百二十八条一百二十九条规定外,并应注意其与驻在之机关能否切实联系。

第一三二条　各厅处长或主管人员,对所属职员工作,每三月评定甲乙一次,呈部长,次长分别奖惩。

第一三三条　本部办事员录事之考绩,由各厅处科室或直接主管人员,按照规定,拟定分数,呈由各厅处长覆核,送总务处办理。

## 第十二章　计划执行考核

第一三四条　本部各厅处及所属各处,应依本部所定工作计划,切实执行。

第一三五条　本部设置考核委员会,办理计划执行之考核事务。

第一三六条　考核委员会设委员三人至五人,秘书一人至三人,干事若干人,均由部长指派之。

第一三七条　本部各厅处及所属各处,年度开始后十五日内,应就核定之工作计划,作成上期下期进度表,呈报备案。

第一三八条　本部各厅处及所属各处,于每期完毕后十五日内,应将执行情况,据实呈报,呈报表式另定之。

第一三九条　本部派赴所属各处视察人员,应将视察结果,送交考核委员会参考。

第一四〇条　考核委员会应就各部份报告,详加考核,如有实地调查必要,得呈请部长,派员调查之。

第一四一条　考核委员会应将考核结果,分别评判,呈报部长次长核定奖惩之。

第一四二条　考核委员会应就考核结果,编制执行计划总报告。

## 第十三章　职员请假

第一四三条　本部职员请假,除依照法令规定外,应依本章之规定。

第一四四条　本部职员非有疾病或正常事由,不得请假。

第一四五条　常务次长各厅处长科长请假,由部长指派人员代理其职务,其余请假人员,应请代理人代理职务。

第一四六条　因疾病请假达七日以上者,须取具医生证明书。

第一四七条　请假七日以上者,须经部长核准,三日以上七日未满者,由常务次长核准,一日以上三日未满者,由主管厅处长核准,未满一日者由主管科长或主管人员核准。

第一四八条　请假人须填具请假单,注明事由,并经代理人签名盖章,依照前条规定,呈由各级长官察核。

第一四九条 请假单经核准后,由主管厅处科室送总务处第二科登记汇存,于下月七日前,列册呈由总务处长转呈部长次长核阅。

第一五〇条 各职员非经准假后,不得擅离,违者以擅离职守论。

## 第十四章 交代

第一五一条 本部各级长官,及负有保管责任人员之交代,除依照公务员交代条例办理外,依本章之规定。

第一五二条 部长交代时,依照公务员交代条例第二条应交代各事,由常务次长负责,指导总务处长,督率各主管人员负责办理。

第一五三条 各厅处长交代时,前任应将工作计划工作报告,及印章文卷图书表册公款公物,列具清册移交后任接管,会报部长察核。

第一五四条 派驻各机关就地审计,及派驻各地办公之主管人员,其交代准用前条之规定。

第一五五条 审计协审稽察交代时,应将印章及经管文件公物,列册移交会报。

第一五六条 各科科长及会计主任统计主任交代时,应将经办事务概况,告知后任,并将印章文件公款公物,列册移交,会报主管长官,转呈部长察核。

第一五七条 主管出纳人员及庶务人员之交代,除适用前条规定外,应依照公务员交代条例第二条第一项第二至第七各款及第三条第六条等规定,即日移交清楚会报。

第一五八条 科员佐理员交代时,前任应将经办各事及程序告知后任,并将经管文件公物,即日移交清楚。

第一五九条 雇员之交代,准用前条之规定。

第一六〇条 每年六月三十日举行假交代一次,依照本细则第一百五十二条及第一百五十七条规定办理。

## 第十五章 会议

第一六一条 本部审计会议,每一周或二周开会一次,其规则另定之。

第一六二条 本部得每年举行审计联席会议一次,其规则另定之。

第一六三条 部长于必要时,得召集部务会议,其规则另定之。

第一六四条 厅处长必要时,得召集厅处务会议,其规则另定之。

第一六五条 本部各单位各编为一小组,每周开小组会议一次,每月月终由部长召集各小组组长,开组长会议一次,其仪式则悉依法令规定。

第一六六条 本部每月初举行国民月会,与监察院联合举行。

## 第十六章 服务要则

第一六七条 本部职员应恪守公务员服务法,及其他关于服务之一切法令。

第一六八条 本部职员,除本部依法派充兼任其他机关职务外,不得在其他机关任职,违者以自行辞职论。

第一六九条　本部职员不得领受任何机关,或个人之酬金或津贴。

第一七〇条　本部职员不得推荐任何机关有关财务工作之职员,并不得作财务机关人员之担保人。

第一七一条　本部职员对承办案件,或与关之机要事件,未经宣布者,应严守秘密,不得泄露,或对外发表,及非经核准,不擅自答复任何机关或个人对有关本职内未决案件之询问。

第一七二条　本部职员公私生活,应严守规律,对于公物,务应爱惜节用,不得浪费及破坏。

### 第十七章　附则

第一七三条　本细则施行后,前奉准之审计部处务规程,即行废止。

第一七四条　本细则如有未尽事宜,得随时修改之。

第一七五条　本细则自呈准监察院备案之日施行。

### 4. 审计部法规委员会办事细则(1933年)

#### 审计部法规委员会办事细则❶
#### 二十二年六月二十二日

审计部公布。

第一条　本细则依本会章程第十一条之规定订之。

第二条　本会事务由委员长主持,副委员长助理之。委员长有事故时,由副委员长代理。

第三条　本会书记秉承委员长整理杂案编列议程,并处理文书业务等事务。

第四条　本会收到各种文件,应由书记摘由登记,随时呈委员长、副委员长核阅处理之。

第五条　本会办公时间悉照本部办公时间之规定。

第六条　本委员拟订或修正各种法规应先拟具草案或签注意见送委员长提交会议讨论之。

第七条　各委员因参考之必要,得随时调阅本部一切文卷。

第八条　本细则如有未尽事宜,得随时由会议修正,呈请部长核定。

第九条　本细则自呈准之日施行。

### 5. 审计部法规委员会章程(1933年)

#### 审计部法规委员会章程❷
#### 二十二年三月

第一条　本部为编拟各种法规设立法规委员会。

第二条　本会设委员若干人,由部长派充或聘任之。

第三条　本会设委员长一人、副委员长一人、由部长就委员中指定之。

第四条　委员长主持本会事务,副委员长助理本会事务。

❶ 国民政府审计院.民国审计院(部)公报:第18册[M].北京:国家图书馆出版社,2014:456.

❷ 国民政府审计院.民国审计院(部)公报[M].北京:国家图书馆出版社,1933:61-62.

第五条　本会会议以委员长为主席,委员长因事缺席由副委员长代理,副委员长同时缺席时,得由委员中互推一人为临时主席。

第六条　委员长得指定委员分别担任起草或审查各种法规。

第七条　各种法规须提出委员会议决定之。

第八条　各种法规经委员会议决后,随时呈请部长核定分类办理。

第九条　本部已公布之各种章则,委员会认为有修正之必要者,得提出建议书,请部长核准修正之。

第十条　本会因事务上需要,得设办事人员若干人,由委员长呈请部长派充之。

第十一条　本会会议规则及办事细则另定之。

第十二条　本章程如有未尽事宜,得随时呈请部长修改之。

第十三条　本章程自公布日施行。

## 6. 审计室职掌纲要(1931年)

### 审计室职掌纲要[1]

第一条　审计室由审计组织分组办事,承部长之命掌理下列各机关之审计事项:

第一组关务署及所属各机关暨印花烟酒税各机关之收支;

第二组盐务署盐务稽核总所及所属各机关之收支;

第三组财政部本部及国库收支、国债收支、并其他一切财务机关之收支;

第四组军政部及所属各机关之收支;

第五组海军部、军事参议院、参谋本部、训练总监部、党务国务内政、各市政府之收支;

第六组司法、教育、文化、外交、[2]实业、建设、铁道、官营业及其他各机关之收支;

第二条　审计室分组职掌,得依法定审计人之增减,随时修订之。

第三条　各审计担任之审查事项,由部长指定,并得随时变更之。

第四条　各组审计如因事请假或因公外出时,应委托他组审计代理职务;

第五条　本纲要自公布自施行。

## 7. 审计室分组办事细则(1931年)

### 审计室分组办事细则

第一条　本规则依审计会议规则第二条之规定制定之。

第二条　本处分组办事,每组以审计一人,掌理各种审计事项。

第三条　各组置科员一人,助理核对登记,及保管案卷等事务,遇必要时得添用雇员。

第四条　本室各组所管事项,另以执掌纲要规定之。

第五条　本室置收发员一人,以科员充任,并置办事员,录事若干人,承各审计之命,办理收

❶ 国民政府审计院.民国审计院(部)公报[M].北京:国家图书馆出版社,2014:37.

❷ 国民政府审计院.民国审计院(部)公报[M].北京:国家图书馆出版社,2014:40-42.

发及缮写等事务。

第六条　未分厅之协审、稽查,由部长派在本室,协助审计编制工作报告,编篡法令及其他事项。

第七条　本规则以部令公布施行。

第一厅审查预算及核签支付命令应注意之事项。

(1)审查月份预算应注意之事项。

一送核日期与手续是否与法令规定相符。

二预算数是否经法定机关核定。

三预算数是否以预算案为范围。

四预算科目之流用及改正是否正当。

五预算科目与法令有无抵触。

六备考之说明与科目之编制是否相符。

七预算书之格式是否合宜。

八预算书有无加盖本机关与其长官及会计主任之印信。

(2)核签支付命令应注意之事项。

一、有无预算案或法案作为依据。

二、支付款额是否与预算案或法案相符。

三、每月是否依法定期限及手续编送以预算案为根据之月份支付预书。

四、有证明效力之文件是否与支付命令内容相符。

五、支付命令通知内之支付金额机关名称年度月份用途款项等是否完全并无错误。

六、财政部负责诸长官是否与支付命令通知内签字或盖章。

七、是否填有代理金库之银行(指直字指令言)。

八、是否附有抵解书及收据(指坐字拨字支令言)。

九、支付命令通知系何日收到。

十、填写核准通知书时四联字体均须一致金额须用大写。

**8. 各省财政厅职权调整办法(1946年)**

### 各省财政厅职权调整办法[1]

### 行政院节京伍字第一六二二八号三十五年十月十八日公布

第一条　在财政收支系统改订后,省政府组织法未修正前,各省财政厅职掌,依本办法之规定。

第二条　财政厅掌理省财政事务如下。

一、关于省财政之规划改进事项。

---

❶ 国民政府审计院.民国审计院(部)公报:第29册[M].北京:国家图书馆出版社,2014:573-574.

二、关于省岁入预算之核编及岁出预算之核签事项。

三、关于省有税课之督征考核事项。

四、关于省有款产之处理事项。

五、关于省营事业收支之监督考核事项。

六、关于省库之监督考核事项。

七、关于省属机关及县市政府财务交代案件之审核处理事项。

八、关于依法处理财政诉讼事项。

九、其他有关省财政事项。

第三条　财政厅监察指挥所辖县市财政事务如下。

一、关于县市概算之核签事项。

二、关于县市补助协助款及国税分配之审议核拨事项。

三、关于县市税捐之规划改进及督征考核事项。

四、关于县市征收特别税课之核议事项。

五、关于县市公有款产之督察考核事项。

六、关于县市公营事业收支之督察考核事项。

七、关于乡镇造产之监督考核事项。

八、关于县市捐献赠与之监督考核事项。

九、关于县市公库之监督考核事项。

十、关于县市财务机构人员之训练监督考核事项。

十一、关于乡镇财政之划拨及考核事项。

十二、其他有关县市财政之监督考核改进事项。

第四条　财政厅由财政部之授权,依照中央法令,办理下列事项。

一、关于国税稽征之协助事项。

二、关于省区内国有财产之清理事项。

三、关于金融管理之协助事项。

四、关于县银行之监督管理事项。

五、关于国债捐献之动募事项。

六、其他部会办事项。

财政厅长对于前项规定事务之必要兴革暨办理人员之功过,应随时切实考察,密呈财政部核办。

第五条　凡未设田粮机构之省,其田粮事务由财政厅兼办,并受粮食部之指挥监督。

第六条　院辖市财政局职权之调整,准用本办法之规定。

第七条　本办法自公布日施行。

## 二、审计人员管理法规

### (一)审计会计人员入职规则

#### 1. 审计院核算官员额令(1914年)

**审计院核算官员额令❶**

**教令第180号,1914年8月18日**

第一条　审计院核算官由审计院院长量事务之繁简,暂行酌拟相当人数,呈报于大总统核定之。

第二条　前条核算官之员额,经审计院长呈报大总统核定后,遇有增加员额时仍依前条之程序行之。

第三条　本令自公布日施行。

#### 2. 普通考试会计审计人员考试条例(1935年)

**普通考试会计审计人员考试条例❷**

**国民政府考试院令第一九号二十四年九月三日**

**兹制定普通考试会计审计人员考试条例,公布之。此令。**

第一条　凡审计人员之普通考试,除法律别有规定外,依本条例之规定行之。

第二条　中华民国国民有下列各款资格之一者,得应审计人员之普通考试。

一、经立案之公私立高级中学旧制中学或其他同等学校毕业得有证书者。

二、经普通检定考试及格者。

三、在国立及经教育部立案或承认之国内外专门以上学校修经济法律会计商业等学科一年以上毕业得有证书者。

四、有考试法第七条第一款至第四款所列资格之一者。

五、曾办理审计会计职务三年以上有证明书者。

第三条　甄录试之科目如下:

一、国文论文及公文。

二、党义三民主义及建国方略。

三、中国历史及地理。

四、宪法(宪法未公布前考中华民国训政时期约法)。

第四条　正试之科目如下:

甲必试科目。

---

❶ 源自国家图书馆民国法规数据库,中华民国北京政府公布。

❷ 源自上海图书馆民国法规数据库,南京国民政府考试院公布。

一、民法概要。

二、经济学。

三、财政学。

四、会计学。

五、审计学。

乙选试科目。

一、官厅会计。

二、铁路会计。

三、会计法规。

四、审计法规。

五、行政法。

以上选试科目任选一种。

第五条　面试就应考人正试之必试科目及其经验面试之。

第六条　本条例自公布日施行。

### 3. 高等考试会计审计人员考试条例（1935年）

**高等考试会计审计人员考试条例**[1]

**国民政府考试院令第一四号二十四年八月五日**

**兹制定高等考试会计审计人员考试条例，公布之。此令。**

第一条　凡会计审计人员之高等考试，除法律别有规定外，依本条例之规定行之。

第二条　中华民国国民有下列各款资格之一者，得应会计审计人员之高等考试。

一、公立或经立案之私立大学、独立学院或专科学校会计、审计、经济、财政、商业各学科毕业得有证书者。

二、教育部承认之国外大学、独立学院或专科学校会计、审计、经济、财政、商业各学科毕业得有证书者。

三、有大学或专科学校会计、审计、经济、财政、商业各学科毕业之同等学力，经高等检定考试及格者。

四、有会计审计专门著作，经审查及格者。

五、经同类之普通考试及格满四年者。

六、曾任会计或审计职务，委任。

七、曾任资本十万元以上之公司、任会计主要职员三年以上有证明文件者。

第三条　第一试之科目如下。

甲必试科目。

---

❶ 源自上海图书馆，南京国民政府考试院公布。

一、经济学。

二、财政学。

三、会计学。

四、审计学。

五、官厅会计。

六、会计审计法规。

乙选试科目。

一、财政法规。

二、各国审计会计制度。

三、公司会计。

四、银行会计。

五、铁路会计。

六、成本会计。

以上选试科目任选一种。

第四条　第二试分笔试及口试。

甲笔试。

一、总理遗教建国方略、建国大纲、三民主义及中国国民党第一次全国代表大会宣言。

二、中国历史及地理。

三、宪法（宪法未公布前考中华民国训政时期约法）。

乙口试就应考人第一试之必试科目及其经验考试之。

第六条　本条例自公布日施行。

### 4. 会计师暂行章程（1918年）

#### 会计师暂行章程❶
#### 民国七年九月七日农商部令公布九月九日登政府公报

第一条　凡中华民国人民年满三十岁以上之男子,备具下列(下列)各条件者,得以本章程呈请为会计师。

一、在本国或国外大学商科或商业专门学校三年以上毕业,得有文凭者。

二、在资本五十万以上之银行或公司充任会计主要职员五年以上者。

第二条　有下列(下列)各项情势之一者,不得为会计师。

一、受禁治产及准禁治产之宣告者。

二、受褫夺公权之处分者。

三、因损害公私财产受褫职或除名等处分者。

---

❶ 蔡鸿源.民国法规集成:第25册[M].合肥:黄山书社,1999:210-211.

四、曾受破产之宣告尚未复权者。

五、曾受五等以上徒刑者。

第三条　凡以本章程呈请为会计师者,应具呈请书声明行使职务之区域并添附下列(下列)各文件呈由农商部核准。

一、学校毕业文凭。

二、证明第一条第二款资格之文件。

第四条　会计师呈请时,应先附缴证书费五十元,由农商部核准后给予证书。

第五条　凡经核准之会计师开始行使其职务时,应向农商部呈请登陆列入会计师总名簿前项名簿应载明下列各事项:

一、姓名年龄籍贯住址。

二、会计师证书号数。

三、行使职务区域及事务所所在地。

四、核准之年月日。

第六条　会计师受有委托时,得办理关于会计之组织,查核整理证明鉴定及和解各项事务。

第七条　会计师因受委托办理前条各项事件,得向委托人约定,受取相当之报酬及旅费。

第八条　会计师对于查核账目事项非经委托者之许可,不得宣布。

第九条　会计师于有关本人或其亲属利害关系之事项,不得执行业务。

第十条　会计师如有不正行为,其他对于委托人违背或废弛第六条第八条职务上之义务及违背第九条之规定者,由农商部撤销会计师证书或停止其业务。

第十一条　本章程自公布日施行。

说明:中国的会计师制度创始于1918年,正值中华民国时期。当时的会计师承担着审计职责,而当时会计的主要管理归属主计处。

### 5. 国民政府主计处设置各机关岁计会计人员条例(1943年)

#### 国民政府主计处设置各机关岁计会计人员条例❶

#### 三十二年十一月十三日公布

第一条　本条例依国民政府主计处组织法制定之。

第二条　本机关办理岁计会计统计人员由主计处分别按急次第设置之。

第三条　各机关主办岁计会计统计人员分下列(下列)等次由主计处视其机关之组织及其事务之繁简定之。

一、会计长统计长由国民政府兼任。

二、会计处长统计处长由国民政府兼任或主计处荐任。

三、会计主任统计主任由主计处荐任或委任。

---

❶ 国民政府审计院.民国审计院(部)公报:第29册[M].北京:国家图书馆出版社,2014:121.

四、会计员统计员由主计处委任。

凡由政府经营或由政府投资营业及事业机关均应由主计处置岁计会计统计人员。

各特种公务及公有营业及事业机关其未规定官等或第一项规定职称与同等级人员职称不同者,均由主计处比照办理。

第四条　各机关岁计会计统计佐理人员之名额等级,由主计处按其事务之需要定之。

第五条　各机关岁计会计事务均由该机关会计长会计处长会计主任会计员主办其统计事务之简单者亦归兼办。

第六条　各机关统计事务除简单者依前条规定办理外均归统计长统计处长统计主任统计员主办。

第七条　各机关主办岁计会计统计人员应直接对主计处负责并分别受该管上级机关主办岁计会计统计人员之监督指挥仍依法受所在之机关长官之指挥。

第八条　各机关岁计会计统计佐理人员应分别受该机关主办岁计会计统计人员之监督指挥。

第九条　各机关岁计会计统计人员之拟敍级俸由主计处办理之,并行知所在机关。

前项人员薪俸级及其他应支经费应由主计处决定,通知所在机关编入其预算。

第十条　各机关主办岁计会计统计人员对于所在机关原定岁计会计统计部。

份之组织认为有修正之必要者得拟具修正案呈请主计处或呈由该管上级机关主办岁计会计统计人员核转主计处核办。

第十一条　各机关办理岁计会计统计人员之办事细则分别由主计处定之。

第十二条　本条例自公布日施行。

## (二)审计人员培训规则

### 1. 审计部公务员补习教育施行细则(1933年)

#### 审计部公务员补习教育施行细则[1]
#### 二十二年八月三日公布

第一条　本细则依公务员补习教育通则第八条之规定订之。

第二条　本部职员补习教育以设班讲授与读书自修分别行之。

第三条　本部职员除荐任以上及职务上有特殊情形者外一律须受补习教育其曾受专门以上教育人员得依照通则第四条之规定缓免之。

第四条　本部职员补习教育之教务由部长指派本部高级职员五人至七人组织教育委员会承部长之命处理之。

第五条　本部职员补习教育之讲师由部长选派本部职员或聘请专门学者充任之。

[1] 国民政府审计院.民国审计院(部)公报:第18册[M].北京:国家图书馆出版社,2014:455.

第六条　本部补习教育于必要时,得延请专门学者讲演。

第七条　补习教育之各学科之补习期限及每周授课时间由教育委员会规定之。

第八条　本部职员补习教育之考试及奖励依公务员补习教育通则第十三条第十四条之规定办理。

第九条　补习人员如因事故不能受课时,须用书面申述请假理由,先期呈由教育委员会核准。

第十条　补习人员如有无故缺席屡戒不悛者,由教育委员会呈明部长处分之。

第十一条　本细则如有未尽事宜,得提交法规委员会修正之。

第十二条　本细则自公布之日施行。

**2. 审计部职员补习教育办法(1934年)**

**审计部职员补习教育办法**❶

**二十三年一月五日公布**

一、学科定为普通会计及政府会计。

二、班次分为普通会计补习班及政府会计研究班。

三、各班课程及人数由补习教育委员会呈明部长核定之。

四、各班每周讲授时间两小时至四小时,以三个月为期。

五、各班期满由部长派员举行考试一次,评定成绩。

六、委任职员应一律编入普通会计补习班,期满经考核后升入政府会计研究班,但对于普通会计有相当研究,经主管长官证明及补习教育委员会核准者,得迳入政府会计研究班。

七、各班授课时,荐任以上职员亦得自由参加。

八、本部设会计制度讨论会,以对于会计学科有相当研究或受完补习教育之职员组织之,并由部长派定高级职员轮流指导,对于各种会计制度及实例分组讨论。

九、会计制度讨论会每月至少举行二次。

**3. 审计部机关学校化实施办法(1943年)**

**审计部机关学校化实施办法**❷

**三十二年八月三十一日本部第七十七次业务检讨会议议决后呈准施行**

一、本部各职员公私生活行为之辅导,依照党政军机关人员小组会议与公私生活行为辅导办法办理,由各小组组长负领导之责。

二、本部各职员学术之研究,依照本部学术会议规程办理,由各学科主任负指导研究之责。

三、本部设置图书室一所,随时购置各种切要图书,供各职员参考,由总务处第二科负责管理。

❶ 国民政府审计院.民国审计院(部)公报:第19册[M].北京:国家图书馆出版社,2014:161.

❷ 国民政府审计院.民国审计院(部)公报:第29册[M].北京:国家图书馆出版社,2014:40.

四、于每星期一,本部与监察院联合举行纪念周时,广延各方专门学者到会讲演,俾各职员得所启发。

五、关于体育音乐游艺及一切衍生娱乐事项,由新生活运动委员会负责倡导,以养成各职员健全身心为标的。

## (三)审计人员调研规则

### 1．审计处实地调查规则(1913年)

#### 审计处实地调查规则❶
#### 二年四月五日

第一条　本规则系依据审计处暂行章程第十条规定凡有派员实地调查者,均应遵照办理。

第二条　凡审查决算遇有疑义及与预决算有关系之事均得行实地调查。

第三条　行实地调查者,需先期备文通知各该官署长官派定与会计有关系之员,以资接洽,但有临时调查之事,亦可备文交调查员亲自前往调查,该官署亦应临时派员接洽。

第四条　调查员如有调阅文书账簿等该官署不得隐匿或借词推诿遇有疑义,得临时质问而求其答复。

第五条　与调查事项有关系之文件、或借钞一份、或将原件借回,应由调查员与派出接洽之员妥商办理。

第六条　调查完竣应编制报告书由调查员与派出接洽之员会同签字。

如查有舞弊营私及款项不清实证与派出接洽之员有直接或间接关系者毋庸会同签字,但由调查员自行报告。

第七条　关于调差之事项,有应改良办法者,当由调查员详细商榷,以利进行。

第八条　关于调查事项,有涉及现款出纳者,应参照检查金库规则办理。

### 2．审计部视察规则

#### 审计部视察规则❷

第一条　本规则依本部办事细则第五条之规定订定之。

第二条　本部派赴各省市审计处及各地就地审计视察人员,应遵守本规则之规定。

第三条　视察人员由部长就本部或各省市审计处职员派充之,但各省市审计处职员,不得视察该管审计处事务。

第四条　本部得依视察事务之繁简,视察区域之大小,酌量指派视察人员一人至三人,执行视察事务。

第五条　视察人员有二人以上时,由资深人员负指挥之责。

---

❶ 蔡鸿源.民国法规集成:第32册[M].合肥:黄山书社,1999:65.

❷ 审计部.审计法规汇编[M].北京:商务印书馆,1948:232.

第六条　视察人员实行视察时,应注意下列事项。

一、审计案件办理之数量,及是否依时办结。

二、审计案件处理之方法。

三、就地审计办理的情形。

四、县财务送审及抽查之情形。

五、人事分配及工作之情形。

六、经费支用之情形。

第七条　视察人员由因视察必要,得调阅各项簿籍卷宗,但对各审计案件,不得为具体决定或发表意见。

第八条　视察人员对县财务抽查,得执行覆查,并得请求该管审计处派员协助。

第九条　视察人员实行视察,遇有疑义时,得向各审计处或就地审计人员查询,或请求抄录重要之材料。

第一〇条　视察人员应就第六条所列事项,制作视察报告,经部长察核后,发交本部工作考核委员会,依法考核之。

第一一条　视察人员对各处事务,有改进意见,应制作改进意见书,专呈部长核夺。

第一二条　视察人员得访问各地方机关团体主要人员,听取其意见,并制作访问意见书,专呈部长察核。

第一三条　前三条之视察报告及各项意见书,非经部长核定,不得发表。

第一四条　视察人员对各机关团体或人员之请求,不得直接批答。

第一五条　本规则于本部派赴各处考核人员执行考核时适用之。

第一六条　本规则如有未尽事宜,得随时修改之。

第一七条　本规则自公布日施行。

## (四)审计人员服务规则

### 1. 审计院办事员服务规则(1914年)

#### 审计院办事员服务规则❶
#### 三年九月十四日

第一条　本院办事员分派各厅室承主管长官之指挥监督分办核算缮写暨临时办各事务。

第二条　各厅室办事员视事务之繁简由各该长官详请院长副院长批准后得互相调用。

第三条　办事员之办事程序服务时间除依照本院办事细则外并各依其本厅室之办事细则办理。

第四条　办事员之勤惰由各该长官考核之呈报院长副院长。

---

❶ 蔡鸿源.民国审计法规:第11册[M].合肥:黄山书社,1999:287.

第五条　本贵则自公布日施行。

中华民国三年八月二十九日审计院公布。

## 2. 审计院书记员服务规则

### 审计院书记员服务规则❶

第一条　书记员分为三等每等分为二级其月薪如下。

一等一级四十五元一等二级　四十元。

二等一级三十五元二等二级　三十元。

三等一级二十五元三等二级　二十元。

第二条　书记员之任用经由书记室以考试行之其科目如下。

一、国文。

二、书法。

第三条　书记员之进退由各该长官以其办事之勤惰开单送书记室机要科经由书记官长呈请正副院长行之。

第四条　书记员分隶各厅室承各主管长官之指挥监督缮写文件及其他一切庶务。

第五条　本院书记员遇本厅室事繁时得商酌他厅室经由该管长官之许可临时借用。

第六条　书记员之考成以办事之勤惰书法之优劣缮写之迟速为准。

第七条　书记员服务时间准用本院职员办公时间之规定若遇特别事务不能中止时得延长办公时间。

第八条　书记员到院时除先至院长室内亲自书名画到于考勤簿外各该厅室应各专立考勤簿一本将每日到院及散值时刻亲自书画每月终呈各该厅长书记官长阅每年终送由书记室机要科列表呈正副院长画阅。

第九条　书记员因病或有事故不能到署时应缮具假条向所属长官请假经该主管长官批准后将假条送交书记室机要科查核。

第十条　缮写文件不得擅自传钞其紧要之件尤应严守秘密。

第十一条　书记员应各置日记簿一本将每日所办之事逐一注明每日呈由各该厅长书记官长核阅每月终移送书记室机要科列表呈正副院长核阅。

第十二条　书记员供差勤劳者依本规则第三条之规定呈请正副院长存记或进其等级但非有三月不得进一级非半年不得进一等。

第十三条　书记员缮写错误或贻误公事及违背本规则第十条之规定时得依照本规则第三条之规定呈请正副院长降其等级或解其任用。

第十四条　一等一级书记员服务满一年以上著有成绩者得由正副院长授充本院科员。

第十五条　本规则自批准日施行。

❶ 蔡鸿源.民国审计法规:第11册[M].合肥:黄山书社,1999:287-288.

### 3. 公务员服务法(1947年)

#### 公务员服务法[1]

#### 三十六年七月十一日修正公布

第一条 公务员应恪守誓言,忠心努力,依法律命令所定执行其职务。

第二条 长官就其监督范围以内所发命令,属官有服从之义务,但属官对于长官所发命令,如有意见,得随时陈述。

第三条 公务员对于两级长官同时所发命令,以上级长官之命令为准,主管长官与兼官长官同时所发命令,以主管长官之命令为准。

第四条 公务员有绝对保守政府机关机密之义务,对于机密事件,无论是否主管事务,均不得泄露,退职后亦同,公务员未得长官许可,不得以私人或代表机关名义,任意发表有关职务之谈话。

第五条 公务员应诚实清廉谨慎勤勉,不得骄恣贪惰奢侈放荡,及冶游赌博吸食烟毒等,足以损失名誉之行为。

第六条 公务员不得假借权力,以图本身或他人之利益,并不得利用职务上之机会,加损害于人。

第七条 公务员执行职务,应力求切实,不得畏难规避互相推诿,或无故拖延。

第八条 公务员接奉任状后,除程期外,应于一个月内就职,但具有相当事由,经主管高级长官特许者,得延长之,其延长期间,以一个月为限。

第九条 公务员奉派出差,至迟应于一星期内出发,不得籍故迟延,或私自回籍,或往其他地方逗留。

第十条 公务员未奉长官核准,不得擅离职守,其出差者亦同。

第十一条 公务员办公,应依法定时间,不得迟到早退,其有特别职务经长官许可者,不在此限。

第十二条 公务员除因婚丧疾病分娩,或其他正当事由外,不得请假。

公务员请假规则以命令定之。

第十三条 公务员不得经营商业或投机事业,但投资于非属其服务机关监督之农工矿交通或新闻出版事业,为股份有限公司,股东两合公司,股份两合公司之有限责任股东,或非执行业务之有限公司股东,而其所有股份总额,未超过其所投资公司股本总额百分之十者,不在此限。

公务员非依法不得兼公营事业机关,或公司代表,官股之董事或监察人。

公务员利用权力公款或公务上之秘密消息,而为营利事业者,依刑法第一百三十一条处断,其他法令有特别处罚规定者,依其规定。

---

[1] 审计部.审计法令汇编[M].北京:商务印书馆,1948:210.

公务员违反第一项第二项或第三项之规定者,应先予撤职。

第十四条　公务员除法令所定外,不得兼任他项公务或业务,其依法令兼职者,不得兼薪及兼领公费。

第十五条　公务员对于属官不得推荐人员,不得就其主管事件有所关说或请托。

第十六条　公务员有隶属关系者,无论涉及职务与否,不得赠受财物,公务员于所办事件,不得收受任何馈赠。

第十七条　公务员执行职务时,遇有涉及本身或其家族之利害事件,应行回避。

第十八条　公务员不得利用视察调查等机会,接受地方官民之招待或馈赠。

第十九条　公务员非因职务之需要,不得动用公物或支用公款。

第二十条　公务员职务上所保管之文书财物,应尽善良保管之责,不得损毁变换私用,或借给他人使用。

第二十一公务员对于下列各款,与其职务有关联者,不得私相借贷订立互利契约,或享受其他不正利益。

一、承办本机关或所属机关之工程者。

二、经营本机关或所属事业来往款项之银行钱庄。

三、承办本机关或所属事业公用物品之商号。

四、受有官署补助费用者。

第二十二条　公务员有违反本法者,应按情节轻重,分别予以惩戒,其触犯刑事法令者,并依各该法令处罚。

第二十三条　公务员有违反本法之行为者,该管长官知情而不依法处置者,应受惩罚。

第二十四条　本法于受有俸给之文武职公务员,及其他公营事业机关服务人员,均适用之。

第二十五条　本法自公布日施行。

## (五)审计人员待遇规则

### 1. 审计院呈拟定厅长以次各员均按照审计院编制法(1914年)
#### 审计院呈拟定厅长以次各员均按照审计院编制法[1]
#### 分别拟定俸给及各项经费数目文并批令
#### 三年七月三十日

为拟定本院经费,恭缮清折仰祈鉴核批示事,窃本院业经成立,会将分职用人,大概情形呈请鉴核。在案所有经费急宜从速酌定,以备应用。惟本院为监督机关任重事繁,固不可无才而理。而顾名思义安不敢惟实事求俸给一项,除院长、副院长俸给未便擅拟,恭候大总统批示遵照外,余均按照审计院按照审计院编制法分别拟定其厅长三人,系简任官视大理院庭长,查大理院决算,

---

[1] 蔡鸿源.民国法规集成:第8册[M].黄山:黄山书社,1999:274.

每庭长月支五百元,核与官俸法二等三级之数目相符,故本院庭长拟给二等二级俸审计官十二人,系荐任官视大理院推事,查大理院推事每员月支三百四十元,核与官俸法三等二级之数目相符,故本院审计官拟给三等二级俸至协审官二十七人。比照各部佥事,因定为自四等四级起至五等六级止。书记官长一员视各部首席秘书故拟给三等二级俸书记官五人,系委任官拟给六等一级俸核算官暂假定八十人官等,视各部主事拟自六等一级起至九等十级止,分别支俸比拟定俸给之实在理由也。聘用洋员关系对外契约,翻译各员应与洋员常有接洽事件,须编译各国书籍所需薪津无可节缩,其余各费均系按照办理情形,核实估计此,又拟定薪津及各项经费之实在理由也。统计每月经常经费,除院长、副院长俸给外,共四万二千七百六十四元四角一分,内有聘用洋员薪津九千八百十六元六角六分。系原定契约支付数目,此次估计之数实只三万二千九百四十七元七角五分。勉力搏节,仅可敷用,实已无可再减再开办临时费,亦系必要之支出毫无浮滥,所有拟定本院经费数目理合缮列清折,详加说明,谨乞大总统钧鉴批示施行谨呈。

中华民国三年七月二十七日批令呈悉院长俸给定为每月一千元,副院长俸给定为每月八百元,其余各员俸给暨各项经费交财务部查核折抄发此批。

## 2. 北洋政府审计院办事员月薪规则(1914年)

### 北洋政府审计院办事员月薪规则[1]

### 中华民国三年九月七日北京政府审计院公布

第一条　本院办事员之月薪依据本规则支付之。

第二条　办事员之月薪分为下列各级:

一级八十元　二级七十元　三级六十元。

四级五十元　五级四十元　六级三十元。

第三条　办事员之月薪自到差之日起计算之。

第四条　办事员之月薪均于每月二十六日支付,如遇假期或特别事故得酌量延期。

第五条　办事员视办事之勤惰,由厅长、书记官长详请院长、副院长批准办事员得加薪或减薪,但非执务已过半年者,不得进一级。

第六条　本规则自院长行之日施行。

## 3. 审计部稽察各机关公务员兼职兼薪实施办法(1938年)

### 审计部稽察各机关公务员兼职兼薪实施办法[2]

### 二十七年十二月九日奉国府渝字第一七二号指令准予备案

一、本办法依照国民政府渝字第四四二号训令,为实施稽察公务员兼职兼薪起见订定之。

二、各机关应照本办法甲种规定格式,自二十七年九月份起,填制各该机关职员俸薪调查表,送审计机关备核。

---

❶ 蔡鸿源.民国法规集成:第8册[M].黄山:黄山书社,1999:275.

❷ 源自《浙江省政府公报法规专号》1939年第3期,第408-411页。

三、各机关职员俸薪如有变动,应于每月终,依照甲种规定格式,填制动态报告,送审机关备核。

四、各机关职员应照本办法乙种规定格式,填制各机关职员俸薪及印鉴表,送由各该机关转送审计机关备核。

五、甲乙两种规定格式及填表须知另附。

六、本办法实施后,如有不遵照规定办理,或与计算书类核对有不符者,不予核销。

七、本办法呈经监察院核准,转呈国民政府备案后施行。

附甲乙两种表式及填表须知。

### 各机关职员俸薪调查表（甲式）

| 机关名称 | | | | | 填表日期 | 中华民国　年　月　日 | |
|---|---|---|---|---|---|---|---|
| 姓名 | 职别 | 任何登记 | 现支俸薪 | 实支成率或数额 | 现支特别办公费 | 实发成率 | 备考 |
| | | | | | | | |
| | | | | | | | |
| | | | | | | | |
| | | | | | | | |

填表须知

一、本表依据二十七年九月份俸薪表填载如最近月份有变动在备考栏内注明。

二、二十七年九月以后新任人员一并填列并在备考栏内加注某月某日到任。

三、任用等级栏填最近铨叙合格等级。

四、实支成率为各机关实发俸薪成率或书实支数额。

五、以后各机关职员如有动态应于每月月底随时报告送审计机关备核如有新任人员并须加附。

个人所填各机关职员俸薪及印鉴调查表。

六、动态报告格式相同惟在备考栏内注明某月日晋级加俸或减薪辞退撤职等字样。

七、额外人员或调派其他机关服务人员而在本机关支薪者一律由支薪机关填载并在备考栏内。

加注。

八、本表应由机关长官及主办会计人员签名盖章。

九、本表篇幅大小以此式为准。

### 各机关职员俸薪及印鉴调查表（乙式）

姓名　　　　NO.

| 服务机关 | | | 别字 | | 籍贯 | 省 | | 年龄 | |
|---|---|---|---|---|---|---|---|---|---|
| | | | | | | 县 | | | |
| 职别 | | 任用等级 | | | 现支薪额 | | | 实支数或成率 | |
| 在本机关有无兼职 | | | | 兼何种职务 | | | | | |
| 在其他机关有无兼职 | | | | 兼职机关 | | | | | |
| 兼何种职务 | | | | | 是否兼薪及兼薪数额 | | | | |
| 兼领本机关特别办公费 | | | | | 兼领其他机关特别办公费 | | | | |
| 住址或通讯处 | | | | | | | | | |
| 本人印鉴（签名盖章） | | | | | | | | | |
| 备考 | | | | | | | | | |
| | | | | | | | | | |

填表　　　　　　　　　　　　　　　　　　　　　　　　　年　月　日

填表须知

一、各职员签名盖章须与本人领薪收据相符。

二、如不兼职或不支持特别办公费者仅书（无）字。

三、聘任职员雇员额外人员均须填送新任人员于开始支薪时填由各该机关转送。

四、新任人员其级俸未经铨叙核定者于铨叙确定后应再填送。

五、变更印鉴时应即另填由各该机关转送并通知取消原印鉴。

六、如兼学校教课应在兼职项下填明所兼学校课程每星期钟点及报酬。

七、本表篇幅大小以此式为准纸张采用国产并须坚厚耐用。

### 4. 各机关签发薪津公费支票如经事前审计人员签证可不再附名册（1944年）

#### 各机关签发薪津公费支票如经事前审计人员签证可不再附名册❶

#### 财政部三十三年八月二十五日第七四六号函

案查前据国库署案呈：准中央银行国库局函以关于各机关之职员单位，按月领取薪津及公务员生活补助费之公库支票上，如经驻在各该机关事前审计人员签证者，可再不另造附名册，函请核复等由，转呈到部，业经本部转准审计部三十三年八月一日审函字第三四二号公函，略以关于各机关签发薪津公费支票，如经事前审计人员签证，可否不附名册一案，除分行本部国库总库审计办事处应准照办外，复请查照等因，除函复并分行外请查照。

---

❶ 审计部. 审计法令汇编[M]. 北京：商务印书馆，1948：54.

### 5. 中央各机关驻印人员薪津支给办法(1943年)

#### 中央各机关驻印人员薪津支给办法❶

#### 三二年三月十五日国府文官渝文字一五八二号函发

一、长期派驻印境人员其薪水改发印币,不另支津贴。

二、差赴工作人员其薪水及生活补助费照原数以法币支给,另支出差费,按照修正越南缅甸香港等地出差旅费暂行规时规定以印币支给。

三、在印出差各地舟车费及邮电费另行实报实销。

四、主管特别办公费照国币定额,照价折发印币,五武职员兵薪津仍照军政部现行办法办理。

### 6. 四川省政府各厅处局主管人员特别办公费支给标准(1943年)

#### 四川省政府各厅处局主管人员特别办公费支给标准❷

#### 三十二年四月六日行政院仁嘉字七九四四号函发

一、主席应改为月支三千元。

二、省政厅各厅长准予月支一千元,简任之处局长应改为月支六百至八百元。其他省政府委员并未负一部分责任,应改为月支交通费八百元。

三、各厅处局副处长副局长应改为月支三百元至五百元。

四、荐任之室主任、科长、正副处局长等应改为月支二百至三百元。

五、各区行政督察专员兼保安司令公署科长准予月支七十五元,各区处局股长不予列支。

### 7. 非常时期国立中等以上学校主管人员支给办公费规则(1943年)

#### 非常时期国立中等以上学校主管人员支给办公费规则❸

#### 三十二年一月十二日国府渝文字三九号训令发

一、大学在四学院二十系以上者不足上项规定者。

校长　1200—1500元　600—800元。

教务、训导长500—600元　400—500元。

总务、各院、科系主任一律支300元。

二、独立学院在四系以上者不足上项规定者。

院长800—1000元　600—800元。

教务、训导、总务400—500元　300—400元。

科系主任一律支300元。

三、专科学校在四科以上者不足上项规定者。

校长　650—800元　500—650元。

❶ 民国政府审计院.民国审计院(部)公报:第29册[M].北京:国家图书馆出版社,2014:8.

❷ 民国政府审计院.民国审计院(部)公报:第29册[M].北京:国家图书馆出版社,2014:8.

❸ 国民政府审计院.民国审计院(部)公报:第29册[M].北京:国家图书馆出版社,2014:6-8.

处主任 350—450 元　300—350 元。

科主任 200—300 元。

四、国立中学师范学校校长。

| 学级数 | 九学级以内 | 十一—十五 | 十六—二十 | 二十一—二十七 | 二十八学级以上 |
|---|---|---|---|---|---|
| | | | | | |

| 学级数 | 六学级以内 | 七—九 | 十一—十二 | 十三—十五 | 十六学级以上 |
|---|---|---|---|---|---|
| 支公费数 | 210 | 260 | 280 | 300 | 350 |

国立中学师范学校各处主任一律各支 260 元。

国立中学师范分校各科主任一律支 160 元。

五、国立职业学校校长。

| 学级数 | 六学级以内 | 七—九 | 十一—十二 | 十三—十五 | 十六学级以上 |
|---|---|---|---|---|---|
| 支公费数 | 300 | 350 | 400 | 450 | 500 |

国立职业分校校长。

| 学级数 | 六学级以内 | 七—九 | 十一—十二 | 十三—十五 | 十六学级以上 |
|---|---|---|---|---|---|
| 支公费数 | 240 | 260 | 280 | 300 | 350 |

国立职业学校处主任各科主任一律支 220 元。

国立职业学校附设医院院长、工厂厂长、农场场长比照科主任支给。

六、国立各学校暨各机关主管会计人员。

| 级别 | 一 | 二 | 三 | 四 | 五 | 六 | 七 | 八 | 九 | 十 | 十一 | 十二 |
|---|---|---|---|---|---|---|---|---|---|---|---|---|
| 薪别 | 400 | 380 | 360 | 340 | 320 | 300 | 280 | 260 | 240 | 220 | 180 | 160 |
| 支公费数 | 300 | 300 | 300 | 260 | 260 | 260 | 200 | 200 | 200 | 180 | 140 | 140 |

七、国立各大学研究院院长及各院院长支给公费。

八、大学各独立学院研究所或照各系科主任支给公费。

九、本部特设大学进修班主任及该班各处主任培训专科学校。

十、大学及独立学院附属中学及莘桥中学及华侨中学、职业及边疆各学校比照国立中学、师范职业学校办理,国立边疆学校……

十一、国立歌剧学校按国立职业学校办理。

十二、本部特设战区学生临时班,各班主任凭照国立中学校长办理,组主任比照处主任办理。

### 8. 战时公教人员子女就学中等学校补助办法(1944年)

**战时公教人员子女就学中等学校补助办法**❶

**三十三年六月行政院第六六六次会议通过**

第一条　为补助公教人员子女就学中等学校起见,特订本办法。

第二条　前条所称之公教人员其范围如下:

甲、现任中央及省(市)党政军各机关依照法定组织及员额实际执行职务之人员。

乙、国军编制内之现任军官佐。

丙、现任国立及省(市)立各级学校教职员。

第三条　补助费额暂定每名每年法币二千元,分两期给领。

第四条　公教人员其子女有二人以上在公立或已立案之私立中等以上学校,肄业且合于下列各项之规定者,除子女一人外,余均得申请补助。

甲、本人收入不足供给子女求学费用者。

乙、本人在本机关服务满一年以上者。

丙、申请补助之子女未取得贷金公费或其他补助待遇者。

第五条　申请补助应于学期开始二个月内办理之,其手续如下:

一、申请补助之公教人员,应填具申请书,并子女肄业学校之学籍证明书,送请服务机关之主管长官或学校校长初核。

二、申请人在中央机关或国立学校服务者,其申请书经主管长官或校长查核无误,在原申请书签署证明后,连同学籍证明汇转教育部复核。

三、申请人在国军编制内之部队服务者,其申请书由其服务部队呈转军政部备查核无误,在原申请书签署证明后连同学籍证明书汇转教育部复核。

四、申请人在省(市)机关或省(市)立学校服务者其申请书经主管长官或校长查核无误,在原申请书签署证明后连同学籍证明书汇转教育厅(局)复核。

申请书及学籍证明书之格式由教育部定之。

第六条　申请书经教育部或教育厅(局)复核合格后,即将补助费分别拨交初核机关转发,申请人取据汇送教育部或教育厅(局)。

第七条　前条证明书及学籍证明书之有效时期为一学年,次学年仍须依照前条之规定重行申请。

在有效期间,申请人服务机关、部队、学校或其子女肄业学校如有变更,应依上列各项手续重

❶ 国民政府审计院. 民国审计院(部)公报:第29册[M].北京:国家图书馆出版社,2014:178-179.

行申请。

第八条　教育行政机关对于所缴证件得随时抽查之。

第九条　所缴证件如有浮冒不实情事,一经查觉,应由原证明之机关部队长官或学校校长负责追缴或赔偿已领之补助费并按其情事轻重予以处分。

第十条　有下列情形之一者,停职补助。

甲、受开除学籍之处分者。

乙、中途退学或休学者。

第十一条　本办法自三十三年度起施行。

## (六)审计人员出差旅费规则

### 1. 审计院人员支给旅费规则(1914年)

#### 审计院人员支给旅费规则❶
#### 中华民国北京政府公布

第一条　本院依编制法所载得临时派员赴各省调查其应支旅费于本规则定之。

第二条　旅费受领人须于出发前经由各该主管厅室提出概算书,交由会计科呈请正副院长核准,销差时须缮具旅费精算书并旅费日记交由会计科,呈请正副院长核销。

第三条　旅费受领人应将所用各费之有支付凭单者一并交会计科查核。

第四条　旅费自出差之日起至事毕之日止按日计算,但因私事迟延不得开支。

第五条　旅费分为船费、车费、杂费、邮电费、膳宿费五种。

第六条　车费船费均实用实销。

第七条　膳宿费实用实销,但每日不得过三元。

第八条　杂费实用实销,但每日不得过二元。

第九条　电费实用实销。

第十条　旅费概算书、精算书及旅费日记之格式另定之。

第十一条　本规则自批准日施行。

### 2. 审计部出差旅费规则暂行补充办法(1942年)

#### 审计部出差旅费规则暂行补充办法
#### 三十一年五月二十九日部令公布

一、本部因公出差人员,须经部长令派或签奉核准,否则不准开支旅费。

二、本部因公出差人员,任务完毕即须返部,不得借故稽延(出差日期由主管长官先行核定)。

三、本部因公出差人员之旅费,按本年三月五日公布国内出差旅费规则支给,但驻留一地在一个月以上者,自达到之日起,其膳宿杂费按八成支给,凡奉派短期驻其他机关办事者,自达到之

---

❶源自国家图书馆数据库。

日起,不得报支宿费,凡奉派长期驻其他机关办事者,自达到之日起,不得报支膳杂费。

四、新任到差人员报支到差旅费,应取得起身地点之切实证明,有家属随同赴任所者,应取得有家属随同之切实证明。

五、调任到差人员,有家属随同赴任所者,应取得家属随同之切实证明。

六、本部因公出差人员,报支旅费,应连同派令或签奉核准文件,如为新任到差及调任到差人员,并应连同证明文件,一并先呈各该管厅长处长盖章后,移送总务处批交会计室及就地审计人员审核后,由总务处第三科照核定数发给。

七、新任到差及调任到差人员,如家属并未随行,嗣后接来任所者,不得报支旅费。

八、前项新任及调任人员报支到差旅费,在一年以内辞职或离职者,由总务处第二科签请追缴所领旅费。

九、本部出差人员在三日以上者,应照本办法手续办理,但因公出差在重庆市区及往来重庆与金刚坡人员,应依照本部因公支给交通费膳费暂行办法办理。

十、凡出差人员在出差期间因事请假者,于短期内不得报支旅费。

一一、凡本办法所未规定事项,依照三月五日公布国内出差旅费规则办理。

一二、本办法自公布之日起实行。

### 3. 审计部修正因公支给交通费膳费暂行办法(1944年)

#### 审计部修正因公支给交通费膳费暂行办法[1]

一、本部职工因公往来大重庆市区(包括迁建区)其交通费、膳费之支给依照本办法之规定。

二、本部职工因公外勤出发地点或中间距离在单行途程三公里以内,工警因公出差单行途程在五公里以内,不得开支交通费,工作无需逾用膳时间者,不得报支膳费(午膳以十一时半,晚膳以五时为标准)。

三、本部职工工警因公往返,有公共汽车能达之路线应搭公共汽车,无则乘人力车,如无人力车,行使之地方始得乘滑竿,但工警不得乘坐滑竿非因到达地点之便利及紧急案件不得乘坐特别快车。

四、凡职员因公出差水陆码头之上坡下坡均不得乘坐滑竿(经呈明部长特许者不在此限)。

五、凡乘坐滑竿应注明地点并详细注明里程其费用应按照规定报支。

六、车费轿费照规定实支膳费之支给如次:

| 职别 | 早餐 | 午餐 | 晚餐 | 合计 | 备考 |
|---|---|---|---|---|---|
| 简任 | 40元 | 100元 | 100元 | 240元 | |
| 荐任 | 40元 | 80元 | 80元 | 200元 | |
| 委任雇员 | 30元 | 65元 | 65元 | 160元 | |

❶ 国民政府审计院.民国审计院(部)公报:第29册[M].北京:国家图书馆出版社,2014:208-209.

续表

| 职别 | 早餐 | 午餐 | 晚餐 | 合计 | 备攷 |
|---|---|---|---|---|---|
| 工警 | 20元 | 40元 | 40元 | 100元 | |

七、因公外勤人员一日不能完毕必须在外住宿者,应取得宿费收据,其报支之膳宿费总数不得超过国内出差旅费规则所规定之膳宿杂费数额。

八、因公报支交通费膳费,须开具交通费、膳费,零星报条详细注明所办事由及工作地点,呈由各该主管科长或主任核定盖章,转呈主管处长或厅长核阅盖章后,送会计室签移总务处第四科支给。

九、交通费膳费领条送到科长或主任后,如科长或主任认为不应支给或须核减时,即就领条中注明送呈该管厅处长如认为由上述情形时亦同。

十、调赴重庆或金刚坡办事之职工工警不得开支膳费,但临时调赴办事在三日以内者,不在此限。

十一、往来重庆及金刚坡之信差支给定额车膳费不适用本办法之规定。

十二、本办法自三十三年九月八日施行。

附:修正审计部因公支给交通费膳费暂行办法第六条(1946年)。

### 修正审计部因公支给交通费膳费暂行办法第六条[1]

| 职别 | 每日支给膳费数额 | | | | |
|---|---|---|---|---|---|
| | 早餐 | 午餐 | 晚餐 | 合计 | 备考 |
| 简任 | 二、〇〇〇元 | 四、六〇〇 | 四、六〇〇 | 一、二〇〇 | |
| 荐任 | 一、八〇〇 | 四、〇〇〇 | 四、〇〇〇 | 九、八〇〇 | |
| 委任 | 一、四〇〇 | 三、五〇〇 | 三、五〇〇 | 八、四〇〇 | |
| 雇员 | 一、〇〇〇 | 三、〇〇〇 | 三、〇〇〇 | 七、〇〇〇 | |
| 工友 | 八〇〇 | 二、四〇〇 | 二、四〇〇 | 五、〇〇〇 | |
| 附注 | 前项办法自三十五年八月一日实行 | | | | |

### 4. 印度缅甸越南香港等地出差旅费规则(1944年)

#### 印度缅甸越南香港等地出差旅费规则[2]

#### 三十三年八月五日国民政府渝文字第四六〇号训令

第一条　凡因公出差至印度缅甸越南香港等地是除军事外交人员或有特别性质经核定另定旅费规则者外依本规则支给旅费。

---

❶ 国民政府审计院. 民国审计院(部)公报:第29册[M]. 北京:国家图书馆出版社,2014:520.

❷ 国民政府审计院. 民国审计院(部)公报:第29册[M]. 北京:国家图书馆出版社,2014:240–242.

第二条　各级人员出差旅费依左表分别支给。

| 费别\等级 | 舟车费 | | | 膳宿杂费（以后每日计算） | 特别费 | 备考 |
|---|---|---|---|---|---|---|
| | 火车 | 轮船 | 舟车轿马 | | | |
| 特任 | 一等 | 一等 | 按实开支 | 八十元 | 按实开支 | |
| 简任 | 一等 | 一等 | 按实开支 | 六十元 | 按实开支 | |
| 荐任 | 二等 | 二等 | 按实开支 | 五十元 | 按实开支 | |
| 委任 | 二等 | 二等 | 按实开支 | 四十元 | 按实开支 | |
| 雇员 | 三等 | 三等 | 按实开支 | 三十元 | 按实开支 | |

第三条　前条所列各费照规定数额支用各该当地货币但在未抵达第一条所列各地以前仍照修正国内出差旅费规则第二条附表之规定以国币支给前项各地货币应申合国币并取得银行或钱庄兑换水军(印度缅甸越南香港等地设有本国国家银行者应向本国国家银行兑换之)随时报销。

凡聘任人员以其每月所得薪俸比照前表分等支给旅费。

第四条　舟车费悉依定价或据实撙节开列,但有由公家专备交通工具或领有免票者,不得开支,其领有半价票者得补给半价。

第五条　出差人员如有乘坐飞机之必要时,须事前呈经各该机关长官核准,方得开支。

第六条　膳宿杂费合并计算,每日开支不得逾前表规定之数,其有由公家专备及特别情形者,应由各该机关长官酌量核减或不予支给。

在舟车中歇夜者,不得开支宿费供膳者,不得开支膳费,但杂费得按每日旅费额定数三分之一支给。

上下舟车力资,并在所驻地,每日开支之车马费及其他零星费用,均为列入膳宿杂费项内,不得另行列报,并于备考栏内注明其数。

第七条　出差留驻地在一个月以上者,其膳宿杂费,由各该机关长官斟酌情形量予核减。

第八条　特别费除邮电外经呈准不得开支。

第九条　长川驻在上列各地办公者,不得开支膳宿杂费及特别费。

第十条　旅费自启程之日起至差竣日止,除患病及因事故阻滞有确实证明,仍按日计算外,其因私事休假或延滞者不得支给。

第十一条　旅费按照出差必经之顺路计算之,具有特别情形者,非经各该机关长官核准不得支给。

第十二条　出差事竣后应于十五日内,依照第二条附表将各费详细分别逐日登载出差旅费报告表,除舟车费零用膳费及无法取得单据者外,应将各种单据附入单据粘存簿连同出差工作日记簿,呈报各该机关长官核准后送核审计机关审核。

前项出差旅费报告表及出差工作日记簿之格式,适用修正国内出差费规则之所定。

第十三条　出差期中有免职或撤职者,依其已到达地点按原职等级支给往返各费。

第十四条　本规则自公布日施行。

## (七)审计职员请假规则

### 1. 费别审计院职员请假规则(1913年)

#### 审计院职员请假规则❶

#### 中华民国北京政府教育部公布

第一条　本规则之规定本院各厅室职员请假时适用之。

第二条　请假应分别事假病假将事由填明请假单内送请院长、副院长核准。

第三条　请假单应由本员盖章签字,但有特别情形时得由各厅室据情转详。

第四条　职员请假得院长、副院长批准后,方为有效。

第五条　请假接续至三日以上者,应将经手事件嘱托同事一人暂行兼代以资格接洽。

第六条　凡因病假至一星期以上者,应将珍视书或药房等连同请假单送请院长、副院长核阅。

第七条　凡各员假期全年统计,因事不得逾一个月;因病不得逾三个月,但婚丧假期另计之。

第八条　在职人员婚假不得逾二十日,丧假不得逾一个月。

第九条　请假接续至一星期以上者,假满后应亲至院长、副院长销假。

第十条　凡职员统计全年假期有事假至三十日以上者、病假至三十日以上者,应按照官俸法第六条办理。

第十一条　凡职员任意不到并未先时请假,亦未将不到事故具函委托他人请假者,以缺席论。

第十二条　假单奉院长、副院长批准后,应由各厅室移付机要科存查。

第十三条　机要科置各厅室人员请假簿,分别事假、病假于月终列作月表,年终汇制年表,送请院长、副院长核阅。

第十四条　各员缺席日数,由机要科月终、年终另列专表,送请院长、副院长核阅。

本条及前条所称各表俱应留供考绩之用。

第十五条　本规则遇有法令相抵触时,当随时修正。

第十六条　本规则自批准日施行。

---

❶ 蔡鸿源.民国法规集成:第十册[M].黄山:黄山书社,1999:210-211.

2．审计部职员请假规则（1931 年）

### 审计部职员请假规则❶

第一条　本部职员请假须依本规则办理。

第二条　凡请假者须填具请假单呈请批准之后方得离职如逾原定期限应即续假。

第三条　职员请假在一日以内者由厅处长核准请假在一日以上或于一日以外续假由部长核准。

第四条　因事请假每年合计不得逾三十日如逾期者十日以上扣薪金二十日以上停职。

第五条　因病请假须附医生诊断书每年合计不得逾六十日逾期者一月以内给半薪一月以外停薪。

第六条　厅处长审计协审稽查请假由部长批准指定代理人各科长请假由厅处长指定代理人科员以下请假委托同事代办但须得长官之许可。

第七条　职员遇婚丧大事须延长假期者及确罹重病并非短时间能治愈者于第四第五两条规定之外可否准其延长呈由部长核夺。

第八条　凡请假期内应除例假（星期纪念日等）如属回籍酌予往返程假。

第九条　职员服务满一年不请假者由文书科汇列衔明呈送秘书长转呈部长核奖以示鼓励。

第十条　各厅初室每旬编造职员请假一览表连同请假单送由文书科汇造总表呈送秘书长转呈部长核阅。

第十一条　本规则如有未尽事宜得随时呈由部长修订之。

第十二条　本规则自公布日施行。

3．审计部职员请假规则（1933 年）

### 审计部职员请假规则❷
### 二十二年七月十二日

第一条　本部职员因事或因病必须离职时，应依本规则请假（修改原文第一条）。

第二条　职员请假须亲笔填具请假单，如系病假须附医生证明，事呈请长官核准后，方得离职。但遇急病，不能亲具假单者，得由医生或其他亲友代行之（原文第二条）。

第三条　荐任以上各职员请假，由部长核准；委任以下各职员请假，假期在三日以内者，由科长核准；七日以内者，由厅处长核准；七日以上者，须部长核准（修改原文第三条）。

第四条　荐任以上各职员请假，其事务由部长派员代理委任；以下各职员请假，须将经办事件委托同事代理，但须得长官之许可（原文第四条）。

第五条　职员请假已满未能销假者，应即续假（原文第五条）。

第六条　职员未经请假擅离职守或假期已满逾两日以上仍不销假服务者，以旷职论（原文第六条）。

❶ 源自《审计部公报》1931 年第 1 期，第 42－43 页。

❷ 源自《审计部公报》1933 年第 25－26 期第 62－64 页。

第七条　凡旷职未满一星期者,按日扣俸;在一星期以上者,得由部长酌量情形分别处分(原文第七条)。

第八条　各厅处室科主管长官对于所属职员旷职而协同隐匿不报者,得由部长酌予处分(原文第八条)。

第九条　职员因事请假全年合计不得逾四星期,逾限应按日扣俸(修改原文第九条)。

第十条　职员因病请假全年合计准给三星期,逾限得以未请事假之假期抵消;不足抵消时,应按日扣俸(修改原文第十条)。

第十一条　职员遇有特殊大故或确罹重病非短期间所能治疗者,得呈请部长酌予特假(修改原文第十一条)。

第十二条　职员服务满一年不请假者,次年得呈请部长给与休息假,但至多不得过廿日(增加条文)。

第十三条　星期日及例假日不算假期之内,如系回籍,得呈请部长酌予路程假(修改原文第十三条)。

第十四条　各厅处室科于每旬须将请假续假或旷职之职员姓名及其期间事由列表,连同假单送总务处,转呈部长鉴核,发交文书科存查汇编总表(原文第十二条)

第十五条　本规则自公布日施行(原文第十四条)。

### 4. 审计部江苏省审计处职员请假规则草案

#### 审计部江苏省审计处职员请假规则草案[1]

第一条　本规则依本处暂行办事通则第二十五条定订之。

第二条　本处职员因事或因病必须离职时,应依本规则请假。

第三条　职员请假须亲笔填具请假单,如系病假须附医生证明书,呈请长官核准后方得离职,但遇急病不能请具请假单者,得由医生或其亲友代行之。

第四条　荐任职员请假由处长核准,委任以下各职员请假假期在三日以内者,由组主任核准,逾三日者须呈由主任转呈处长核准。

第五条　荐任职员请假,其职务由处长派员代理,委任以下各职员请假,须将经办事件委托同事代理,但须得长官许可。

第六条　职员假期已满未能销假者,应即续假。

第七条　职员未经请假而擅离职守,或假期已满逾两日以上仍不销假服务者,以旷职论。

第八条　凡旷职未满一星期者,按日扣俸,在一星期以上者,得由处长酌量情形分别处分。

第九条　各组室主管长官对于所属职员旷职而协同隐匿不报者,得由处长酌予处分。

第十条　职员因事请假,全年合计不得逾四星期,逾限应按日扣俸。

第十一条　职员因病请假全年合计准给三星期逾限得以未请事假之假期抵消不足抵消时应

---

❶ 源自《审计部江苏省审计处公报》1935年第1期,第36-37页。

按日扣俸。

第十二条　职员遇有特殊大故或确罹重病非短期间所能治疗者,得呈请处长酌予特假。

第十三条　职员服务满一年不请假者,次年得呈请处长给与休息假,但至多不得过二十日。

第十四条　星期日及例假日不算假期之内,如系回籍,得呈请处长酌予路程假。

第十五条　各组于每旬须将请假续假或旷职之职员姓名及其期间事由列表,连同假单,送总务组转呈处长鉴核,发交文书股存查汇编总表。

第十六条　本规则自呈准备案后施行。

### 5. 审计部职员请假领支薪津限制办法(1944年)

**审计部职员请假领支薪津限制办法❶**

**三十三年七月十日总人字第四五三号部令**

**公布及总人字第一零一六号训令各处室**

一、职员请假一周以上,由假期开始日停发薪津,俟假满回部服务始行补发。

二、职员请假如欲继续领支薪津,须得本部简任或荐任官一员或委任官二员或雇员三员之保证,其必回部服务呈由部长核准方准发给。

前项保证人如遇被保证人假满仍不回部服务时,其所领薪津应于十日内负责追缴,否则在被保证人薪津项下扣还。

## (八)审计人员考核办法

### 1. 审计部分级考核实施细则(1942年)

**审计部分级考核实施细则❷**

**监察院三十一年五月十七日指令准予施行**

**第一章**

第一条　本细则依党政工作考核办法第十七条订定之。

第二条　关于考核办法,除法令另有规定外,依本细则之规定。

第三条　考核分下列两种。

一、职员成绩之考核。

二、本部所属各单位业务之考核。

第四条　职员成绩之考核,每周每月每季及年终行之。

第五条　本部所属各单位业务之考核,于每月及年终行之。

第六条　职员成绩之考核,由各级主管长官负责初核。

第七条　本部所属各单位业务之考核,由考核委员负责初核。

---

❶ 国民政府审计院.审计院(部)公报:第29卷[M].北京:国家图书馆出版社,2014:177–178.

❷ 审计部.审计法令汇编[M].北京:商务印书馆,1948:232.

考核委员会组织规程另定之。

第八条　各种考核之初核，均呈由部长覆核。

次长辅助部长办理考核事务。

## 第二章

第九条　职员成绩之考核，依下列规定分级办理。

一、审计厅长处长简任秘书，由部长迳行考核。

二、协审稽察科长及主任，由该管厅处长考核。

三、就地审计人员，由主办审计考核。

四、各科室职员，由该管科长或主任考核，秘书室职员，由简任秘书考核。

五、就地审计办公室职员，由该管主任人员考核。

六、各委员会专任职员，由各该会主席考核。

七、历任人员由其工作之主管人员考核。

八、会计室统计室主任，由总务处长考核。

第一〇条　各职员应备工作日记簿，记载其工作，每周应填工作周计表，呈报主管长官初核，并由各单位主管长官汇呈部长覆核，发交总务处办理。

工作周计表另定之。

第一一条　各职员每月应填成绩月报表，呈报主管长官初核，加具考语，由各单位主官长官汇呈部长覆核，发交总务处办理。

成绩月报表另定之。

第一二条　各单位主管长官，每季应将其所属各职员全季成绩汇核，加具考语，呈送部长覆核，分别奖惩，并发交总务处办理。

成绩季报表及季考奖惩办法另定之。

第一三条　各单位主管长官，每年应将其所属各职员全年成绩汇核，加具考语，呈送部长发交考核委员会初核，年度考绩表及考绩委员会组织规程另定之。

第一四条　考核委员会对前条所为之初核，应加具考语，呈送部长覆核，分别奖惩，发交总务处办理。

年度考核之奖惩，依非常时期公务员考绩暂行条例之规定。

第一五条　第十条至第十五条所称各单位主管长官，指各委员会主席各厅处长就地审计之主办审计及简任秘书而言。

第一六条　本部雇员之考成，除有特别情形外，准用本章之规定。

第一七条　本部所属各单位（包括本部各厅长各审计处审计办事处）。应于年度开始前，拟定全年工作计划，及每月进度表呈报核定。

第一八条　本部所属各单位，每月应填报工作进度呈核，每月工作进度表另定之。

第一九条　本部所属各单位,每年应制作全年工作报告呈核,全年工作报告格式另定之。

第二○条　本部所属各单位业务,经部长覆核后,分别奖惩,业务考核奖惩办法另定之。

第三章　附则

第二一条　本部所属各审计处审计办事处分级考核办法,准用本细则之规定。

第二二条　本细则自呈奉监察院备案后施行。

**2. 审计部工作考核委员会工作考核办法**

审计部工作考核委员会工作考核办法[❶]

第一条　本办法依本会组织规程第十二条之规定订定之。

第二条　考核之范围作左。

一、本部各厅处及所属各处每月及年度工作报告。

二、本部所属各处关于县财物之抽查及调查报告。

三、本部所属各处之审核会议记录。

四、部长交办事项。

第三条　考核程序如下。

一、各项工作报告抽存或调查报告,由佐理员审查,作成审查报告,送由秘书加具意见,汇提会议决定。

二、审核会议记录,由佐理员审查,签注意见,送由秘书转呈主席委员核定,其有疑义者,提会决定。

三、交办事项属于考核范围者,适用前二款之规定,办理其他事项,由秘书拟定办法,呈主席委员核定,其重大者,提会决定。

第四条　考核应注意下列事项。

一、各项工作之种类及件数。

二、各项案件承办人员之员额。

三、案件之决定是否合法原决定有无变更。

四、请示或提案,有无加具意见及其意见是否正确。

第五条　考核结果应依下列规定作成总报提会决定。

一、本部各单位工作概况,及用人之比较。

二、所属各审计处工作概况及比较。

三、所属各审计处工作,与其经费及用人之比较。

第六条　前条总报告,应呈报部长核定,分别奖惩。

第七条　经本会考核之各项报告,应汇编者,送由总务处汇编之。

第八条　本会决定事项,呈报部长核定,交总务办理。

❶ 审计部. 审计法令汇编[M]. 北京:商务印书馆,1948:231.

第九条　本会需用统计或其他人员协助时,得呈请部长指派之。

第一〇条　本办法如有未尽事宜,得随时呈请修改之。

第一一条　本办法自公布之日施行。

**3. 中央设计考核主计机关与各机关设计考核委员会联系办法(1945年)**

### 中央设计考核主计机关与各机关设计考核委员会联系办法[1]

### 三十四年八月三十一日国民政府处字第三二四号训令遵照

一、中央设计局党政工作考核委员会、主计处(一下简称局会处)为与各机关设计考核委员会切取联系,促进行政三联制之实施起见,特订定本办法。

二、本办法所称各设计考核委员会,暂以中央帝一二级机关、省市(院辖市)机关、及各部会直属国营事业机关之设计考核委员会为限。

三、局会处与各设计考核委员会,应相互指定联络人员。

四、中央各机关设计考核委员会开会时,应通知局会处,局会处得视其需要分别派员参加。

五、局会处得视其需要,分别或会同召集中央各机关设计考核委员会人员举行各种会议。

六、局会处与各省市机关里各地方国营事业机关设计考核委员会之联系,或相互指定之联络人员联系,均得以通讯方法行之,其通讯内容以下列各款为原则。

(一)关于行政三联制实施结婚之研讨事项。

(二)关于各类计划与预算以及执行上有关问题之商询事项。

(三)关于设计考核主计工作经验及有关资料之交换事项。

(四)其他有关设计考核主计业务之查询事项。

七、通讯手续为求简洁,得以表行之,其表式由局会处分别另定之。

八、局会处因工作上之需要及手续上之便利,得直接委托各设计考核委员会办理有关事项。

九、本办法自核定之日施行。

**通讯表(此表式供局会处参考)**

| 收文机关或机关联络人 | | 发文机关或机关联络人 | | 发文日期号码 | 年　月　日字第号 | 附件 | |
|---|---|---|---|---|---|---|---|
| 关于商询或研讨事项 | | | | 其他事项 | | 附记 | |
| (一) | | | | | | | |
| (二) | | | | | | | |
| (三) | | | | | | | |

---

[1] 国民政府审计院:《民国审计院(部)公报》(第29册),国家图书馆2014年版,第371–372页。

说明：

一、本表机关与机关间或联络人员相互间之通讯均可适用。

二、一方因事之商询及对方之答复，本表均可适用，例如答复方面，仅于附注栏注明答复来表发文月日字号，即可不必详敍来表全文。

三、本表发出时必须加盖机关印信或联络人名章。

四、如有特别重要事件，非本表所能撮要填列者，另以附件随表检送。

**4. 党政各机关设计考核委员会组织规程（1945 年）**

### 党政各机关设计考核委员会组织规程❶
### 三十四年九月一日国民政府处字第三三一号训令遵照

第一条　中央及地方党政各机关为实施行政三联制、属行分级设计考核、应设置设计考核委员会、其组织依本规程之规定、组织与业务均甚简单之机关、得经其上级机关核准免予设置。

第二条　各机关设计考核委员会关于设计考核工作之技术方面、应受其上级机关设计考核委员会及中央设计局与党政工作考核委员会之指导。

第三条　各机关设计考核委员会以下列人员组织之。

一、主任委员一人、以机关首长兼任之。

二、副主任委员一人，以机关副首长或幕僚长兼任之（机关组织或业务较简单者，得不设副主任委员）

三、委员五人至十五人，以各该机关高级人员及会计、统计、人事等有关单位人员兼任之。

第四条　各机关设计考核委员会置秘书一人，由主任委员就本委员或其他高级人员中指派专任，秉承主任委员副主任委员之命，处理日常会务。

第五条　各机关设计考核委员会分设设计、考核两组。必要时并得增设工作竞赛组（机关组织或业务较简单者，得不分组）每组各设组长一人，由主任委员就本会委员或其他高级人员中指派专任之。

第六条　各机关设计考核委员会，设计、考核各组，各设专门委员、专员及其他办事人员，由主任委员就各该机关原担任有关设计考核工作之各部分（如研究处、室，专门委员室、专员室、技术处、室、督导处、督学室等）职员中，分别调派担任。

第七条　前条原担任设计考核人员，经分批设计、考核各组后，其各该部份原有办公经费者，并应划归设计、考核委员会应用，物上项经费足资移用时，应于各该机关经费预算之内，另列预算项目。

第八条　各机关设计、考核委员会各组，应人事、会计、统计等单位密取联系，必要时得呈经主任委员调派各该单位职员协助工作。

第九条　各机关设计考核委员会职掌如下。

❶ 国民政府审计院. 民国审计院（部）公报：第29册［M］. 北京：国家图书馆出版社，2014：372-374.

一、关于行政三联制之推行事项。

二、关于本机关施政方针或中心工作之草拟或审议事项。

三、关于本机关年度计划及其他计划之草拟或审议事项。

四、关于各直属或附属机关计划之审议事项。

五、关于计划与预算之配合事项。

六、关于本机关工作进度,工作成绩之督导,考核事项。

七、关于直属或附属机关工作进度、工作成绩之考核事项。

八、关于本机关派遣考核人员之拟议事项。

九、关于本机关工作经费、人事考核结果之汇报事项。

十、其他有关设计、考核及工作竞赛事项。

第十条　各机关设计考核委员会每月应与举行会议一次,或与业务检讨会议合并举行,必要时得召集临时会议。

第十一条　本规程自国防最高委员会核定之日施行。

### 5. 党务机关经费之考核与会计稽核机构联系办法(1944年)

#### 党务机关经费之考核与会计稽核机构联系办法[1]

一、为加强党务机关经费收支之攷核以及与会计稽核机构之联系由党政工作考核委员会召集有关机关举行定期汇报

二、会报出席人员

(一)党政工作考核委员会党务组正副主任

(二)中央监察委员会审核委员会主任委员

(三)中央监察院委员会秘书处稽核处处长

(四)中央执行委员会秘书处会计处处长

(五)中央财务委员会秘书

(六)中央党务委员会秘书

(七)财政部国库署署长

三、会报事项

(一)报告一月内经费拨发数目及动用情形

(二)报告一月编造会计报告及稽核情形

(三)研讨一月内经费收支与工作进度之配合情形

(四)研讨有关经费之攷核法令实施之困难问题及其改进意见

(五)其他有关事项

四、会报于每月举行一次

---

[1] 国民政府审计院.民国审计院(部)公报:第29册[M].北京:国家图书馆,2014:179.

## 6. 国营事业考核办法（1945 年）

### 国营事业考核办法❶

### 三十四年六月二十日国府处字第一〇六号训令

第一条　为增强国营事业之考核，以促进其联系，增加其效率起见，除其他发令另有规定外，特制定本办法。

第二条　国营事业之考核分为初核及复核。

一、初核由其主管部会办理之。

二、复核由党政工作考核委员会办理之。

第三条　国营事业之考核分三类。

一、创设尚未完成者。

二、创设完成正式营业者（原有国营事业属之）。

三、创设尚未完成期中而已开始营业者。

各类考核按其事实性质及其目的与工作计划资本实物人员劳力等事先制定考核纲领以从事考核之。

第四条　前条各类国营事业之考核、党政工作考核委员会应以核定之，各该事业之创设或营业计划为依据。

第五条　各类国营事业应依照其计划核定之段落或期间，编具工作报告经初核后，送党政工作考核委员会复核，前项工作报告中之项目应与计划中所列项目互相对照。

第六条　国营事业之考核应注意下列各事项：

一、业务进度。注意其是否按照计划及进度实施与实际成果是否符合而确实，如有厂矿设备者，并应注意其生产工具厂房基地之购置、设备原料之供应、购储产品之数量质量、成本及其推销分配是否符合计划而合理，运输管理是否密切联系暨技术是否精良等。

二、人事管理。注意其技术人员与技工，以及其他员工之训练任用及工作分配、考核待遇福利等。

三、财务收支。注意其收支是否合理、及资金之筹拨运用盈亏之拨补、损益之计算预算决算之编制等。

第七条　国营事业已在营业期间其盈亏利弊以下列标准为计算之原则。

一、以人为标准之单位生产效率及管理率（如平均每一工作人员每日或每月或每年应有之生产率暨工作人员对于管理对象之比例）。

二、以设备为标准之单位生产率（如每一机器单位在固定期限内应有之生产率）。

三、以费用为标准之单位生产率（即单位成本）。

四、总务人员与业务人员数额与待遇之比例。

---

❶ 国民政府审计院．民国审计院（部）公报：第29册［M］．北京：国家图书馆，2014：325-326.

五、总管理处五分支机构人员及费用之比例。

上列标准应就每一事业预定之以适用各事业之特殊情形。

第八条　党政工作考核委员会考核国营事业每半年一次,必要时并得随时派员抽查。

第九条　党政工作考核委员会对于国营事业得提出改进之建议。

第十条　党政工作考核委员会考核结果,其应付惩戒者,行交由各主管机关办理之。

第十一条　本办法自核准之日施行。

### 7. 公务员考核名册送交审计处令(1942年)

**准铨叙部咨复已转饬各铨叙处按月造具各省地方委任职公务员合格与不合格名册迳送各审计处查考一案令仰遵照办理令[1]**

**民国三十一年五月八日本部计字第七二四号训令**

案准铨叙部本年三月二十五日级俸字第五一一号咨开:

案准贵部本年一月七日计字第一一八号咨:据福建省审计处呈以各省地方委任职公务员之铨叙情形,可否由铨叙处造具合格与不合格表,及每月动态表,迳行送处查考一案,咨转核复等由过部,事关审计铨叙两政之推行,自应照办,除令行本部各铨叙处遵照外,相应咨请查照,转知各省审计处遵照办理,并希见复为荷。

等由:除咨复外,合行令仰遵照办理。

此令。

# 三、审计会议管理规则

会议是国家和社会组织开展活动的普遍方式,几乎有组织的地方都会有会议,它是有组织、有领导、有目的的议事活动,诸如在限定的时间和地点,按照一定的程序进行的,一般包括议题、讨论、决定及措施等多个要素。因此,对会议必须做到规范化管理,民国时期也不例外。

## (一)北洋政府时期审计会议规则

### 1. 审计院会议规则

**审计院会议规则[2]**

第一条　本院会议以院长副院长审计官协审官组织之。

本院顾问经院长副院长特约时亦得列席但不在议决之列。

第二条　会议得分下列二种。

总会议。

---

❶ 审计部.审计法令汇编[M].北京:商务印书馆,1948:52.

❷ 蔡鸿源.民国审计法规:第十一册[M].黄山:黄山书社,1999:284-285.

厅会议。

第三条　总会议以院长为议长副院长为副议长审计官及由院长副院长指定之协审官为议员议长有事故时由副议长代行其职权。

第四条　厅会议以厅长为主席本厅各股审计官协审官为议员。

厅长有事故时由院长副院长指派该厅审计官代理主席。

第五条　应由总会议议决事项如下。

一、关于审查报告书事项。

二、依审计院编制法第二条第三条第四条所规定事项。

三、关于审计上一切规程及证明书式事项。

四、院长副院长认为应交总会议事项。

第六条　应由厅会议议决事项如下。

一、院长副院长饬交厅会议事项。

二、厅长认为应开厅会议事项。

第七条　总会议厅会议非有议员半数以上出席不得议决。

总会议厅会议均以到会议员三分之二之同意议决可否同数取决于议长或主席。

第八条　总会议以议长副议长及议员提出之案为议案厅会议以主席及议员提出之案为议案议案得由议长或主席指定人员陈述理由。

第九条　议长副议长主席及议员对于其父子兄弟及本身有关系之议案不得预议。

第十条　院长副院长对于总会议议决之文件厅长对于厅会议议决之文件以不变更其主旨为限得改其文字。

第十一条　院长副院长认定总会议之议决为不当时得停止执行但须于三个月内交总会议复议之。

第十二条　厅长认定厅会议之议决为不当时得停止执行但须于七日以内提交总会议。

第十三条　总会议由院长副院长派员记录厅会议由主席派员记录。

前项记录非经院长副院长许可不得宣布。

第十四条　议场规则另定之。

第十五条　本规则自公布日施行。

**2. 审计院设计委员会会议规则草案❶**

**审计院设计委员会会议规则草案**

第一条　本规则根据本院分掌事务规则第二十二条之规定订定之。

第二条　本会委员暂定十一人至十七人,其人选依本院分掌事务规程第十六条之规定。

第三条　本会议以院长为主席。

---

❶《审计院公报》1928年第1期。

主席缺席时,以副院长代理之;副院长缺席时,由委员互推一人为临时主席。

第四条　会议以在京委员过半数出席,始能举行正式会议。

第五条　建议案件须出席委员过半数之同意,始得成立。

第六条　建议案成立后送交院事务会议讨论之。

第七条　本委员会每星期开常会一次,如因特别事项,主席认为有开会必要时或委员有二人以上之提议随时召集之。

第八条　与会议有关系之人员,由主席许可,得出席说明。

第九条　本会一切事务统由主席指定人员负责办理。

第十条　本规则如有未尽事宜,由主席随时提交本会议修改之。

第十一条　本规则自院令颁布日施行。

### 3. 审计院议场规则

#### 审计院议场规则[1]

第一条　议场坐次俱签明号数议员各按号次入席。

第二条　议员须按通知之时刻到会。

第三条　议长或副议长宣告开议后各议员当即按照议案次序开始讨论。

第四条　议员发言时须起立如有长篇之讨论并得就报告席发言。

第五条　他人未经言毕就坐之前不得搀越发言。

第六条　议场内不得吸烟及任意咳唾开议以后不得耳语。

第七条　开议中非经议长副议长许可列席人员不得随意退席。

第八条　议席之外另设旁听席备院长或副院长指定之核算官入席旁听。

第九条　旁听人员不得发言。

第十条　经手人员承议长副议长之许可得到会陈述意见。

第十一条　议事未毕已届散会时间得由议长副议长宣告延长时间或定期续议。

## (二)国民政府时期会议管理规则

### 1. 国民政府审计院院务会议规则

#### 国民政府审计院院务会议规则[2]

第一条　本规则根据审计法第十一条第二项之规定订定之。

第二条　本会议由本院特简荐任之人员组织之。

第三条　会议事项。

(一)院长副院长交议者。

---

[1] 蔡鸿源.民国审计法规:第十一册[M].黄山:黄山书社,1999:286.

[2] 《审计院公报》1928年第1期。

(二)出席本会议人员提议者。

(三)关于审计法第十一条之规定者。

(四)其他建议事项。

第四条　本会议以出席人员过半数为法定人数。

第五条　决议案须经出席人员过半数同意,始能成立。

第六条　会议时以院长为主席,院长缺席时以副院长代之,副院长缺席时推举临时主席。

第七条　凡与提案有关系人员,经主席之许,可得列席,陈述意见,但无表决权。

第八条　本会议出席人员,对于其直系亲属及本身有关系之议案不得预议。

第九条　本会议例会每两周举行一次,遇必要时由院长副院长召集临时会议。

第十条　决议案之执行依其性质分交各主管处厅办理。

第十一条　院长副院长对于本会议决案有异议时,须于七日内,交本会复议之。

第十二条　本会议之记录事项由总务处文书科掌理之。

第十三条　本规则如有未尽事宜,经本会议人员五人以上,在本会议提出修改之。

第十四条　本规则自公布日施行。

## 2. 审计部审计联席会议规程

### 审计部审计联席会议规程[1]

第一条　本部为推行审计制度,研讨实施办法,召开审计联席会议。

第二条　本会议以部长、次长、审计驻外审计组织之秘书、协审、稽查得列席。

第三条　本会议以部长为主席,次长为副主席。

第四条　本会议之会场设在本部。

第五条　本会议会期自六月十五日起至十七日止,遇必要时得延长之。

第六条　本会议所讨论之范围以部长次长交议及出席人员提出之议案为限。

第七条　本会议决议案取决于出席人员之多数,可否同数时取决于主席。

第八条　出席人员提案须于开会前三日送编议事日程,临时提案须用书面送请主席,酌量提出。

第九条　凡议案须付审查者,由主席指定人员审查之。

第十条　本会议议决事项,由本部采择施行。

第十一条　本会议纪录及其他事务由部长指定本部人员分任之。

第十二条　本规程以部令公布施行,如有未尽事宜,得随时修改之。

---

[1] 源自《审计院(部)公报》1936年第64期第26—27页。

### 3. 审计部第二次审计联席会议规程（1937年）

**审计部第二次审计联席会议规程**❶

**二十六年六月九日部令公布**

第一条　本部为推行审计制度,研讨实施及改进办法,召开审计联席会议。

第二条　本会议以部长次长审计驻外审计及部内之秘书协审稽查组织之。

第三条　本会议以部长为主席、次长为副主席。

第四条　本会议之会场设在本部。

第五条　本会议会期自六月十五日起至十八日止遇必要时得延长之。

第六条　本会议所讨论之范围,以部长次长交议及出席人员提出之议案为限。

第七条　本会议决议案取决于出席人员之多数,可否同数时取决于主席。

第八条　各出席人员提案,须于开会前一日,送编议事日程临时提案,须用书面送请主席酌量提出。

第九条　各种议案须付审查者由主席指定人员审查之。

第十条　本会议议决事项由本部采择施行。

第十一条　本会议设秘书处掌理会议记录及其他事务秘书处置秘书长一人及职员若干人由部长指定本部人员分任之。

第十二条　本规程以部令公布施行,如有未尽事宜,得随时修改之。

### 4. 审计部法规委员会会议规则（1933年）❷

**审计部法规委员会会议规则**

**二十二年六月二十二日**

第一条　本规则依本会规程第之十一条规定制定之。

第二条　本会会议由委员长召集,委员长有事故时,由副委员长召集之。

第三条　本会开会时,须预先通知。

第四条　本会委员因事不能出席时,须声明事由;先行请假开会时,由主席报告之。

第五条　本会议案须于开会前二日编列议程,分送各委员,但紧急事件及临时动议不在此限。

第六条　本会会议主席依本会章程第五条之规定。

第七条　本会会议讨论范围以本会章程所列规定为限。

第八条　本会会议须有委员过半数之出席,其决议须有出席委员过半数之同意,可否同数时取决于主席。

第九条　本规则如有未尽事宜,随时由会议修正,呈请部长核定之。

---

❶ 国民政府审计院. 审计院（部）公报:第28册[M]. 北京:国家图书馆出版社,2014:514.

❷ 源自《审计部公报》1933年第25-26期第62页。

第十条　本规则自呈准之日施行。

### 5. 审计部审计会议准则（1939年）

**审计部审计会议准则**❶

**二十八年十月十八日部令公布**

第一条　本规则依审计部组织法第十条之规定订定之。

第二条　审计会议由部长政务次长常务次长及审计组织之，以部长为主席，部长有事故时，由政务次长或常务次长代理。

第三条　应行提出审计会议之事项如下：

一、关于审计覆审事项。

二、关于审计疑难事项。

三、关于审计方针划一事项。

四、关于创设变更废止审计成例事项。

五、关于审计上调查统计之设计事项。

六、关于所属各处呈送覆审案件事项。

七、关于部长交议事项。

第四条　审计会议每周开会一次，但主席得召集临时会议或延会。

第五条　审计会议须有法定人员过半数出席，方得开会，其决议以出席人员过半数之同意行之，可否同数时，取决于主席。

第六条　审计会议文书事务，由主席指定秘书或其他人员办理之。

第七条　审计会议议案，于开会前一日提出之。

第八条　审计会议议事日程，由秘书拟订送呈主席核定。

第九条　审计会议于必要时，得由主席指定有关系之协审稽察列席。

第十条　审计会议议决案件，其关系重要者，应由提案人依照议决要旨，引用关系法令，作成议决理由书，于下次会议报告之。

第十一条　审计会议议决案件，其关系重要者，应将议决理由，登载审计公报，并令发所属各处。

第十二条　审计会议议决案件，其关系重要者，应于每六个月重行审订，编成审计成例。

前项审计成例，非经审计会议议决，不得变更或废止之。

第十三条　审计会议议决案件，部长认为不能执行时，得交复议。

第十四条　本规则如有未尽事宜，得随时修改之。

第十五条　本规则呈送监察院备案后，由本部公布之。

❶ 审计部. 审计法令汇编［M］. 北京：商务印书馆，1948：14.

### 6. 审计部各省市审计处审核会议规则[1]

**审计部各省市审计处审核会议规则**

第一条 本规则依本部二十四年二月十五日审计会议之决议案制定之。

第二条 本会议以处长暨一二三各组主任组织之。

秘书得列席会议,有必要时主席得指定有关之佐理员列席报告,或陈述意见。

第三条 本会议分为报告事项及讨论事项。

报告事项关系重要事项,认为应报告周知者属之。

讨论事项。

一、关于审计覆核事项。

二、关于审计疑难事项。

三、关于审计设计事项。

四、关于审计其他事项。

第四条 本会议开会时,处长主席,处长缺席时,由其代理人主席。

第五条 本会议有组织过半数之出席,方得开会。

第六条 本会议议案,以出席人员过半数之同意行之,可否同数时,取决于主席。

第七条 本会议议决案,遇有不能执行时,处长得交覆议。

第八条 本会议每星期开常会一次,但处长认为必要时,得召集临时会议。

第九条 本会议议事日程,须于开会前一日分送出席暨列席各员。

第十条 本会议文书事务,由文书股任之。

第十一条 本规则各甲种审计办事处适用之。

第十二条 本规则自公布日施行。

### 7. 审计部各省市审计处覆审会议规则(1935年)

**审计部各省市审计处覆审会议规则**[2]

第一条 本规则依本部二十四年二月十五日审计会议之决议案制定之。

第二条 本会议以处长暨一二三各组主任组织之。

秘书得列席会议有必要时主席得指定有关系之佐理员列席报告或陈述意见。

第三条 本会议分为报告事项及讨论事项。

报告事项:关系重要事项认为应报告周知者属之讨论事项:

一、关于审计覆核事项。

二、关于审计疑难事项。

三、关于审计设计事项。

---

[1] 审计部. 审计法令汇编[M]. 北京:商务印书馆,1948:28.

[2] 国民政府审计院. 审计院(部)公报:第28册[M]. 北京:国家图书馆出版社,2014:585.

四、关于审计其他事项。

第四条　本会议开会时,处长主席,处长缺席时由其他代理人主席。

第五条　本会议有组织过半数之出席,方得开会。

第六条　本会议议案以出席人员过半数之同意决之可否同数时取决于主席。

第七条　本会议议决案遇有不能执行时处长得交覆议。

第八条　本会议每星期开常会一次但处长认为有必要时得召集临时会议。

第九条　本会议议事日程须于开会前一日分送出席暨列席各员。

第十条　本会议文书事物由文书股任之。

第十一条　本规则各甲种审计办事处适用之。

第十二条　本规则自公布日施行。

### 8. 审计会议规则(1931年)

#### 审计会议规则❶

第一条　本规则依审计部组织法第四条之规定制定之。

第二条　本会议设审计室分组办事其规则另定之。

第三条　本会议应行议决之事项如下:

一、部长交议之事项。

二、副部长提议之事项。

三、审计二人以上提议之事项。

第四条　本会议每月开常会一次但部长认为必要时得召集临时会议。

第五条　本会议须有法定人员过半数之出席方能开议。

第六条　本会议于必要时得由部长指定有关系之协审稽查列席会议。

第七条　本会议议决之案部长认为不能执行时得交复议。

第八条　本会议之秘书事务由部长指定一人担任。

第九条　本规则如有未尽事宜得随时提交会议修订之。

第十条　本规则以部令公布施行。

### 9. 中央各机关举行会议时除茶水外毋庸另备果点令(1944年)

#### 中央各机关举行会议时除茶水外毋庸另备果点令❷

#### 审计部三十三年四月总一字第七二二号训令

案奉。

监察院三十三年四月二日总字第二一八六八号训令开:案准国民政府文官处三十三年三月十五日渝文字第一六五八号公函开:奉委员长寅鱼侍秘戍电开:以后凡国民政府国防最高委员会

---

❶ 源自《审计部公报》1931年第1卷第1期,第38页。

❷ 审计部.审计法令汇编[M].北京:商务印书馆,1948:64.

中央党部以及军事委员会等举行会议时,除茶水外,毋庸另备水果点心之类,希即转饬中央各机关一体遵照为要,等因,奉此,除分函外,相应函达查照,并转饬遵照为荷,等由,准此,除分令外,合行令仰遵照,并转遵照此令。

# 四、审计程序规则

## (一)各种期限规则

### 1. 审核通知限期声复办法(1939年)

#### 审核通知限期声复办法
#### 二十八年四月十三日国府渝字第二〇八号训令准予照办

一、自二十八年五月起,审计机关所发之审核通知,应定声复期限,以受通知之机关接到通知之日起,三十日内为限,其不能依期声复者,得依审计法施行细则第十条之规定办理。

二、自二十八年起,五月以前所发之审核通知,未及注明声复期限者,应于二十八年五月底,分函各主管机关,转饬所属将以前接到之审核通知,于文到之日起,一月内声复。

三、审核通知须受审核机关声复者,应于审核报告加盖限期声复图记,并于审核通知『右列书类业经依法审核内有应行事项开列于后』之下,增加『请于接到通知之日起三十日内声复并请于声复书注明审核通知达到年月日』。

【附注】第三六二次审计会议通过者第一项所称之审计法施行细则第十一条因该细则第九条奉准废止故改为第十条。

### 2. 审计部派调人员交接期限规则(1941年)

#### 审计部派调人员交接期限规则❶
#### 三十年三月十一日公布

一、本部新派代理人员,应于接受派令后,除途程外,一个月内到服务处所工作。

二、由部调赴各审计处,或由各审计处调部,或各审计处互调人员,应于接到命令十五日内,启程赴服务处所工作。

三、本部派驻各机关办理就地审计人员,应于接到通知一星期内,前赴派驻机关工作,并应于到处工作或离去时,分别移交或接收,及接交情形会同呈报。

四、本部各厅处室人员之工作,遇有调动时,应于接到通知五日内,分别移交及接收。

五、被派调人员,对前列各条所定期限,如有违反,新派人员,即撤销派令,调派人员,以旷废职守论,但有正当理由经呈奉部长核准者,得延长之。

六、本规则自公布日施行。

---

❶ 审计部. 审计法令汇编[M]. 北京:商务印书馆,1948:234.

3. 各机关公役限制及登记办法（1942年）

### 各机关公役限制及登记办法❶

### 三十一年四月六日监察院总字第一二七七四号训令

案准行政院三十一年三月二十五日顺文字第五三一七号咨开：

查各机关公役限制及登记办法一案，本院前于本年一月九日以顺文字第四〇八号公函请贵院查照办理，并饬属遵照在案，关于该办法适用之范围，拟暂以中央党政机关及其附属机关为限，各省市政府应依此原则，另订办法，社会部依据本办法第五条规定，审核各机关所送登记表，如有不合规定之处，得迳行通知雇佣机关解雇，并同时通知核发平价米机关及审计机关注意办理，除分行外，相应抄同该办法，咨请查照，转饬审计部注意查核此项报销为荷。

等由：准此，合行抄发机关公役限制及登记办法一份，令仰知照。

此令。

附机关公役限制及登记办法。

一、公役范围包括传达收发侍应清洁搬运司机工匠厨役等勤务，并须系按月在本机关支领工资者。

二、年在十八岁至三十六岁之适龄壮丁，除依法免役及缓役者外，不得雇用，并尽量雇用荣誉军人。

三、公役人数，暂以各机关三十年度预算所列额数，或本年七月份报领平价米之人数为准，以后成立之机关，每职员四人，始得雇用公役一人，事业机关得酌量增加，惟仍须报经主管机关核准后，始得雇用，审计机关及核发平价米机关，均依照上项标准执行审计。

四、公役工资最低额定为十六元，最高额定为四十五元，现时已超过额者，得暂照原额支给，至司机工匠等技术工人，应另定办法，得不受此限制，惟技术工人须系实际需要者，始得雇用，人数不得超过工役人数十分之一。

五、公役被雇用时，应由雇用机关详细审查来历思想行动，并饬填具公役登记表（表式附后）二份，一份本机关存查，一份送社会部备核。

六、各机关现有工役，一律照前项规定登记手续办理，兵役机关向各机关调查工役动态时，各机关应尽量协助，并予以便利。

七、本办法自公布日施行。

4. 各机关会计报告限期送审令（1942年）

### 各机关会计报告限期送审令❷

### 三十一年四月十三日监察院渝字第一二八五七号训令

案奉。

---

❶ 审计部．民国审计法令［M］．北京：商务印书馆，1948：53.

❷ 审计部．民国审计法令［M］．北京：商务印书馆，1948：54.

国民政府三十一年三月三十一日渝文字第三七七号训令开：

案据该院会字第一二二九六号呈称：案据审计部三十一年二月十七日总字第二八三号号呈称：查各机关会计报告送审期限，审计法第三十六条及同法施行细则第二十五条，规定綦严，各机关历年多未能遵守法定期限办理，虽经本部一再催促，其能如期送审者，自属少数，本部以监督预算之执行为主要职责，而以审定总决算完成其任务，决算法已于去年明定实施，总决算之审定，自然依法办理，惟总决算系以单位决算为基础，单位决算又以各月份收支计算为依据，各机关报告倘不严守期限送审，不特影响总决算之审查，抑且有失监督预算执行之意义，为使各机关主办会计人员不再怠忽其职责，以利计政推行起见，拟具限期送审办法两项，（一）各机关三十年度及以前年度未送之会计报告，限至本年六月底清送，如再延迟，即查明呈报（二）嗣后不依法定期限送审者，每半年清查一次，呈报转呈国防最高委员会，以为考核各机关工作之参考，拟请钧院核明转呈国民政府通令依限办理，是否有当，理合备文呈请鉴核」，等情前来，理合据情转呈钧府伏乞俯予核转指令祗遵，等情据此，经即饬处函送国防最高委员会秘书厅转陈去后，兹据本府文官处签呈，以此案业奉国防最高委员会准予备案，请分令饬遵前来，应照准办，除分行外，合行令仰遵照，并转遵照。

等因；奉此，除分行外，合即令仰该部遵照，并转饬遵照。

**5. 国防最高委员会核定应由各机关会计人员依会计法之规定（1945年）**

**国防最高委员会核定应由各机关会计人员依会计法之规定注意财产之登记及按期编报并由审计人员切实审核令**

**三十四年二月二十三日国府渝文字第一三九号训令**

据本府文官处签呈称：

准国防最高委员会秘书厅三十四年二月十日国网字第五一八六〇号函开：准党政工作考核委员会忠政字第六五八号公函开：案查本会关于政务机关经费之考核，与会计审计机关联系会报议定重要事项，迭经函请转陈核定施行在案，本年一月九日举行第七次会报时，金以为各政务机关之财产目录，及国营事业机关之财产报表，有关国家资产之管制甚钜，各机关每多忽视，致有造报延期，或造报之价值不尽敷实，不惟国家财产之实况无从明悉，即经费支出之结果亦不易证明，为厉行经费之考核，及加强国家资产之管制，应由各机关会计人员依会计法之规定，注意财产之登记，按期编报，并由审计人员切实审核，尤以国营事业为重要，经议定由会转请通饬办理，记录在卷，相应函请查照转陈核定，通饬各机关遵办，等由，准此，经转陈奉，谕通饬遵照，并责成主计处审计部，分别督饬会计审计人员，认真办理等因，除分行遵照暨函复外，相应函达查照，转陈分饬直辖各机关遵办，等由，理合签请鉴核。

等情，据此，应即照办，除饬复并分行外，合行令仰。

遵照，认真办理此令。

## （二）审计程序规则

### 1. 国民政府审计程序（1931年）

#### 国民政府审计程序❶

一、核定收支命令。

初审核由科员审核后，拟就理由书送科长审核。科长认为无问题者，即由科员办理收支命令、通知书及报告书，并连同核准理由书，由科长呈厅长核阅后，送审计室。由主管审计复审签字，再送还厅长，由厅长送秘书处，呈部长画行❷后，用印发出，将原案交还主管科。

设科长认为有问题者，即商承厅长决定。如厅长仍不能决定者，送交审计室主管审计决定。如主管审计仍不能决定者，请示部长决定之。决定后，仍送还厅长交科拟办，副稿送厅长核阅后，送审计室。由主管审计核签，送还原厅交科缮具正稿，由厅长送秘书处，呈部长画行后缮发，将原案送还主管科。

二、审核预算。

初审由科员拟送报告书，送科长审核。科长认为无问题者，即送呈厅长核阅后，转送审计室，由主管审计批示存查，送还原厅。如科长认为有问题者，送厅长核阅后，依收发程序退还原送机关。如其问题，厅长不能决定时，送审计室，由主管审计核定办法，再送还原厅执行。

凡存查之预算，均于签发收支命令后，送交第二厅。

三、审核决算及计算。

初审由科员审核后，拟就审核报告，送科长审核。科长认为无问题者，即由科员办理审核证明书，由科长呈厅长核阅后，送审计室，由主管审计复审签字，仍送还厅长，由厅长送秘书处呈部长画行后，用印发出，将原案交还主管科。设科长认为有问题者，即由科员办理审核，通知书稿由科长核定后，送呈厅长核阅。如厅长核阅后，认为无问题者，照前项程序执行。如厅长核阅后，认为有疑义，不能决定者，送审计室，由主管审计决定。如主管审计仍不能决定者，请示部长决定之。决定后，送还厅长。由厅长送秘书处，呈部长画行后缮发，将原案交还主管科。

四、本程序如有未尽事宜由审计会议修订之。

五、本程序自公布日施行。

### 2. 审计部现金财务经理程序（1937年）

#### 审计部现金财务经理程序❸
#### 二十六年二月十九日部令公布
#### 第一章　总则

第一条　本部现金财务之经理，除法令另有规定外，悉依本程序办理。

---

❶源自《审计部公报》1931年第1卷第1期，第38-40页。

❷ 画行(xing)，旧时主管长官在公文稿上判一"行"字，表示认可。

❸ 国民政府审计院. 民国审计院（部）公报：第28册［M］. 北京：国家图书馆出版社，2014：23-25.

第二条　本部一切款项之收支,概由出纳股办理财产物品,由庶务科经管。

第三条　本部一切款项应悉数存入往来银行但得留存壹千元于出纳股充周转金五百元于庶务科充备用金。

第四条　本部银行存款均应用本部名义不得用其他名号代管款项须专款存储者亦应冠(审计部)字样。

### 第二章　现金收支

第五条　本部每月领到本机关及所属各处经费支付书通知时会计室应依规定填具领款书并在支付书通知上加盖(请收账不取现)戳记呈主管长官核签后交出纳股以该项通知存入往来银行。

第六条　本部各项收入如刊物售价利息收入及所属各处解缴经费结余剔除款等应由主管部份填具收款通知单经主管审计人员核签后送出纳股收纳。

第七条　出纳股收纳各款应逐日如数缴存往来银行。

第八条　本部各项支出须由主管部份填具支款通知单连同支出凭证送主管审计人员核签后由出纳股支付。

第九条　俸薪支出在百元以上其他支出在五十元以上者概以支票给付但有特殊情形者不在此限。

第十条　文书科于职员报到后应将姓名职务每月俸额及开始计算日期通知会计室并须附印鉴送出纳股存查。

凡职员解职或俸薪数额有变更时文书科应随时通知会计室备查。

第十一条　关于俸薪之发放应由会计室编制俸薪表送主管审计人员核签经总务处长转呈部长交出纳股照发。

第十二条　关于饷项工资之发放应由庶务科编制工饷表送主管审计人员核签经总务处长转呈核准后由出纳股填发支票交庶务科兑现支配发放。

第十三条　本部因购置及营缮工程预支款项或职员预支俸薪因公出差预支旅费时须先开具预支款项凭单送总务处长核签后付款。

### 第三章　财务购置及管理

第十四条　每三个月经常消耗物品之种类数量及其价格应由庶务科估计开列清单送总务处长核转主管审计审核后存查。

第十五条　各类大宗经常消耗物品如文具类煤炭类油脂类等应每三个月一次整批招商承办订立合同分期交付询价及订约时应由主管审计人员参加。

第十六条　各厅处室临时请求购置时应填具请求购置单经各该部份主管长官核定后送总务处长及主管审计人员核签交庶务科照办。

第十七条　凡购置不依前三条规定办理者出纳股应拒绝付款。

第十八条　财务交到后应由庶务科验收并将该请求购置单与发货单查对无误在发货单上加盖(验收讫)戳记并填具付款通知单连同发货单送会计室查核后依规定手续付款。

前项财务如价值在五十元以上者验收时应通知主管审计人员监验并盖章证明。

第十九条　所有财产之增减应由庶务科记入财产登记簿于月终及年度结束时须根据该簿分别编制财产增加表财产减损表财产目录送会计室作编造支出计算书附表之根据。

财产减损表其价格在壹百元以上者应由庶务科随时报告主管审计人员查核。

第二十条　本部所有之财产经管人每年至少盘查一次盘查时应请主管审计人员监视主管审计人员认为必要时并得逐时盘查。

第二十一条　物品由庶务科保管股收存各部份领用物品须填领物凭单物品收发均记入物品登记簿每月一结关于现存之物品由庶务科编制现存物品表送会计室其已由各部份领用者应根据物品登记簿及领物凭单编制领用物品清单。

关于油脂之消耗并应付汽车路程单呈总务处长核阅。

第二十二条　关于建筑或修缮应填具工程单其造送手续准用第十六条规定。

第四章　附则。

第二十三条　本程序所有各种表单无规定格式者统由会计室另定之。

第二十四条　本程序经部长核准后公布施行。

**3．审计部各审计处审计办事处现金财务经理程序(1937年)**

### 审计部各审计处审计办事处现金财务经理程序❶

#### 第一章　总则

第一条　各处现金财务之经理除法令另有规定外悉依本程序办理。

第二条　各处一切款项之收支概由出纳股办理财产物品由庶务股经管。

第三条　各处一切款项应悉数存入往来银行但得留存三百元于出纳股充周转金一百元于庶务股充备用金。

第四条　各处之银行存款应用各该处名义不得用其他名号。

#### 第二章　现金收支

第五条　各处每月领取经费时出纳股应在收到支票或准票上加盖(请收账不取现)戳记呈主管长官核签后以该项支票或准票存入往来银行。

第六条　各处各项收入如刊物售价利息收入及剔除款等应由主管部份填具收款通知单经第一组核签后送出纳股收纳。

第七条　出纳股收纳各款应逐日如数缴存往来银行。

---

❶ 国民政府审计院.民国审计院(部)公报:第28册[M].北京:国家图书馆出版社,2014:586-588.

第八条　各处各项支出须由主管部份填具支款通知单连同支出凭证送第一组核签后由出纳股支付。

第九条　俸薪支出在百元以上其他支出在五十元以上者概以支票给付但有特殊情形者不在此限。

第十条　文书股于职员报到后应将姓名职务每月俸额及开始计算日期分别通知会计室及出纳股并将印鉴送出纳股存查。

凡职员解职或俸薪数额有变更时文书股应随时分别通知会计室及出纳股备查。

第十一条　关于俸薪之发放应由会计室编制俸薪表送第一组核签后经总务组转呈处长核准交出纳股照发。

第十二条　关于饷项工资之发放应由庶务组编制工饷表送第一组核签后经总务组转呈处长核准后由出纳股填发支票交庶务股兑现发放。

第十三条　各处因购置及营缮工程预支款项或职员预支俸薪因公出差预支差旅费时须先开具预支款项凭单送总务组主任核签后由出纳股付款。

### 第三章　财务购置及管理

第十四条　各类大宗经常消耗物品如文具类煤炭类油脂类等应每一个月一次整批购置由庶务股先行向各商号询价比较询价时应由第三组派员参加。

第十五条　各组临时请求购置时应填具请求购置单经各该部份主管长官核定后送总务组及第一组核签交庶务股照办。

第十六条　财务交到后应由庶务股验收并将该请求购置单与发货单查对无误在发货单上加盖（验收讫）戳记并填具付款通知单连同发货单送会计室查核前项财务如价值在二十元以上验收时应通知第三组派员监验并盖章证明。

第十七条　凡购置不依前三条规定办理者出纳股应拒绝付款。

第十八条　所有财产之增减应由庶务股计入财产登记簿于月终及年度结束时须根据该簿分别编制财产增加表财产减损表财产目录送会计室作编制报表之根据。

第十九条　各处所有财产由庶务股每半年盘查一次盘查时应通知第三组派员监视第三组认为必要时并得随时盘查。

第二十条　物品由庶务股保管员收存各员领用物品须填领物凭单物品收发均计入物品登记簿每月一结关于现存之物品由庶务股编制现存物品表送会计室其已领用者应根据物品登记簿及领物凭单编制领用物品清单关于油脂之消耗并应附汽车路程单呈总务组主任合核阅。

第二十一条　关于建筑或修缮应填具工程估单其造送手续准用第十五条之规定。

## 第四章　附则

第二十二条　本程序所有各种表单无规定格式者统由各该处另定之。

第二十三条　本程序自公布之日施行。

### 4. 审计部各省市审计处审核程序（1937年）

#### 审计部各省市审计处审核程序[1]

第一条　事前审计。

（甲）月份收入支付预算书岁入岁出预算分配表之审核佐理员审核后拟具审核报告书送股长审核股长如另有意见应加签注送呈主任审核主任如另有意见应加签注送成处长审核决定或提复审会议议决后退还原组分别办理。

前项书表决定存查后由第一组主管佐理员登记送第三组登记转送第二组主管股查封。

（乙）领款书及解款书报核联之审核。

佐理员审核后拟具审核报告书依甲项程序办理前项书类决定存查后于每月月终由第一组主管佐理员分别登记总数将原件送交第二组主管股与计算书类核对。

（丙）收支命令之审核。

佐理员审核后拟具准驳理由书依序返呈处长审核决定或提复审会议议决后由原佐理员分别办理准驳通知书经签发之收支命令由第一组将核准报告书移送第二组主管股与计算书类核对。

第二条　事后审计。

（甲）计算及决算书类之审核。

佐理员审核后拟具审核报告送由股长核转主任审核主任认为应行存查或发核准状核准通知暨审核通知书者即由原佐理员拟稿依序送呈股长主任核签转送秘书送呈处长核签后缮发原件退还第二组。

佐理员或股长认为有疑义时应签注意见依序送由主任决定主任不能决定者送处长决定或提复审会议议决退组办理。

（乙）省市金库收支月计表及岁入岁出金分类明细表由佐理员核对拟具报告依序呈核后存案备查。

（丙）第二组应将各机关缴库之年度结存及剔除数分期列表移送第三组备查。

第三条　稽查。

（甲）处长决定或第一二两组签呈处长决定或复审会议议决应予调查之案件由第三组派员调查拟具报告依序呈复核办理。

基于调查结果须行文办理者由主管组拟稿送第三组会签。

---

[1] 国民政府审计院.民国审计院（部）公报：第28册［M］.北京：国家图书馆出版社，2014：583-584.

（乙）第三组就其主管事项认为应予调查者得呈准处长派员调查拟具报告依序呈复核办。

（丙）第三组编制之各项调查表如与审核计算有关者应移送第二组备查。

第四条 部令饬办理案件应按其性质分交各组依序办理后专案呈复。

第五条 第一二三各组经办重要案件由各组主任提出复审会议报告。

第六条 凡审核疑难案件复审会议不能决定时呈部核示。

第七条 第一二三各组于每月终应将办理完竣案件列表送总务组呈处长核阅后报部备核。

第八条 第一二三各组于年度结束后会同编制审计报告呈处长核阅后报部备核。

第九条 本程序自公布日施行。

### 5．未设审计处之各省市所属各机关收支计算处理暂行办法（1942年）

#### 未设审计处之各省市所属各机关收支计算处理暂行办法❶

#### 函准行政院三十一年三月十三日顺会第四四七七号函复照办

案准河北省政府子筱亥财电：略以自三十一年度起，各省收支归中央统一处理后，除岁入岁出预算，依法呈院核定执行外，关于各机关应行编送之会计报告，在本省审计处未设置前，应如何送审，是否仍照向例送交财政厅核办之处，特电查照核复等由，查本年起财政收支系统改制以后，省市岁入岁出为国家总预算之一部，已设审计处省份，其所属各机关会计报告，当由该管审计处审核，至未设审计处之省市，仍须设法兼顾，以免对国家总预算之一部，失其监督之效，而对总预算之审定，亦不至无所依据，惟本部及各处人力财力，究属有限，除重庆市政府审计事务，由部就近处理外，其余未设处之省市，实属无从兼理，兹为顾全法令事实起见，拟定变通办法，即凡未设审计处之省市，其所属各机关收支计算，暂由各该省市政府，按月列表送部，以凭查核，而资补救，一俟将来普遍设处时，再行依照常规办理，除电复河北省政府查照办理外，相应函请察照见复，并希饬山东新疆西康云南山西绥远青海宁夏河北辽宁吉林黑龙江热河察哈尔等十四省政府，一体知照为荷，此致行政院。

### 6．无法清结案件处理办法（1936年）

#### 无法清结案件处理办法❷

#### 二十五年十二月十四日国府第九五四号训令

一、审计机关审查各机关计算，如因被审查机关负责人员，行踪不明，或有其他情形，致无法清结者，得照本办法处理之。

二、二十五年度以前之计算，有前条情事时，审计机关除通知主管机关负责查追外，并得摘要公告。

查追及公告之期限，由审计机关随时酌定，刊登国民政府公报，及审计部公报，期限满后，如

---

❶ 审计部.审计法令汇编［M］.北京：商务印书馆，1948：43.

❷ 审计部.审计法令汇编［M］.北京：商务印书馆，1948：46.

该机关负责人员仍不照办,(系指对于该案件在法律上应负责之人员而言)审计机关得分别依法办理。

三、二十五年度以后之计算,由第一条情事者,审计机关除照前条办理外,并得将负责人员姓名呈院转呈国府,或通知铨叙机关,在未清理以前停止叙用。

四、关于追查或公告之费用,均得依法报销。

## (三)会计审计程序办法

### 1. 会计审计简化办法

#### 会计审计简化办法[1]

第一条　各机关内会计审计出纳三种机构办公处所,其地点应尽量接近,以便联系,并设法减少会计审计出纳间收发文件登记之手续。

第二条　原始凭证以随同传票送签为原则,关于会计科目及数字核算,应由会计人员负责,事前审计人员侧重收支当否之审定。

第三条　加强事后巡回审计。

第四条　关于审计上所需数字之登记与统计,审计人员不必与会计部份作重复之工作,可就近查阅会计簿籍,如会计部份原有之簿籍认为不足参考时,得商请会计人员另为补充之登记。

第五条　各机关分配预算及会计报告,应依法编送,不得积压,如有机关裁并等情,有赶速办结之必要者,得声请该管审计机关提前于两个月内办出,或派员就地审核。

第六条　未驻有审计人员各机关,其业务确系繁重未便将单据送审者,得依审计法第三十七条之规定办理。

第七条　各机关帐目,除由会计审计人员加以审核外,不得再另立其他机构,(如财务或稽核等机构)重复审核。

### 2. 各省司法机关会计报告送审程序令(1943年)

#### 各省司法机关会计报告送审程序令[2]

#### 审计部三十二年十一月计字第四四○号训令

准司法行政部三十二年十月二十一日公会字第三五○六号函:以各省司法机关会计报告,应即依照审计法施行细则第二十四条规定,直接送达各该管审计机关,同时仍以书表二份,呈该管高等法院核明呈转,再会计报告暂以目为止,略去原有之节,其尺寸亦缩小如通常公文用纸大等由,经核复自三十三年度起施行。

---

[1] 审计部.审计法令汇编[M].北京:商务印书馆,1948:65.

[2] 审计部.审计法令汇编[M].北京:商务印书馆,1948:65.

# 五、巡回与就地审计规范

## (一)巡回审计规范

### 1. 审计部巡回审计实施办法(1944年)

**审计部巡回审计实施办法❶**

**三十三年六月二十日监察院法字第二二九七〇号指令准予备案**

第一条　中央各机关及其所属机关,未派驻审计人员,依审计法第三十七条,暨公有营业及公有事业机关审计条例第八条各规定,应派员审核者,及派驻审计人员各机关会计报告之审核,除法令已有规定者外,依本办法实施巡回审计。

第二条　巡回审计以同时办理事前事后审计及稽察事项为原则。

派驻审计人员各机关,已办竣之案件,于执行巡回审计时,得加以覆核或抽查。

第三条　应执行巡回审计之各机关,由本部按期指定之。

第四条　各机关之巡回审计,以指定会计年度之整个财务为对象,但得视其结帐及会计报告送达期间,或特殊情形,随时酌量指定巡回审计人员或所属审计机关办理之。

第五条　巡回审计之范围暂定如下:

一、各机关财务制度之查询。

二、概算及分配预算之考察。

三、施政效能事业效能或营业效能之调查。

四、会计凭证簿籍及有关案卷之查核。

五、计算结算或决算及有关会计报告之审核。

六、现金票据证券之检查,及公库法实施之考察。

七、财物之盘查,及营缮工程暨购置变卖财物案件之覆核。

八、执行巡回审计期间,开标决标比价及订约及验收之监视。

九、有关财务行政事项之调查。

十、其他有关审计事项或指定事项之执行。

以上各项,得视各机关性质及审计上之需要,指定其全部或一部办理之。

第六条　巡回审计暂设下列各区:

一、川康区。

二、陕甘区。

三、云南区。

四、贵州区。

---

❶ 审计部. 审计法令汇编[M]. 北京:商务印书馆,1948:57.

五、湘粤桂区。

第七条　各区得分设若干巡回审计组，每组指定一人为主任。

各区巡回审计人员，除就部内人员指派外，得就各省审计处人员指派，或以派驻各机关审计人员临时兼任，其名额视事务之繁简定之。

第八条　巡回审计人员，除有关审计事项，得向受审机关查询外，不得发表意见及迳行决定。

第九条　巡回审计人员对于办理完竣后之案件，应随时将其结果及意见，缮具报告连同附件呈部核办。

第十条　本办法自呈准监察院备案施行。

**2. 审计部及所属各处办理巡回审计规则**

### 审计部及所属各处办理巡回审计规则❶

一、审计部及所属各处办理巡回审计，以国营及省市经营之公有营业及公有事业机关，为审核之对象。

二、审计机关对于前条所列之公有营业公有事业机关，已派有审计人员驻审者，不再办理巡回审计。

三、初成立之公有营业公有事业机关，其审核期间，应自创设之时间办理。

四、曾经办理巡回审计之公有营业公有事业机关，其审核期间，应继续上次截止时期办理。

五、收付区内之公有营业公有事业机关，其审核期间，应自接收时期办理。

六、巡回审计工作范围，应包括被审核机关之全部收支。

七、国营之公有营业公有事业机关，巡回审计审核报告呈部后，经审计室覆核签具意见，(意见书格式附后)移送第二厅办稿缮发。

八、驻各省市之国营公有营业公有事业机关巡回审计事务，由审计处代部办理者，其审核报告及附件，应于工作完毕后，随即呈部核办。

九、各省市经营之公有营业公有事业机关巡回审计事务，由各该省市审计处自行办理。

十、巡回审计审核报告经覆核决定后，认为符合者，应发给符合通知，不符合者，应发给审核通知。

十一、本规则如有未尽事宜，经审计会议决定呈请修改之。

十二、本规则自公布之日施行。

覆核巡回审核报告意见书(　　年　月　日)

| (1)机关名称： |
| --- |
| (2)年度月份及费类： |
| (3)巡回审核人员职别姓名 |

---

❶ 审计部. 审计法令汇编[M]. 北京：商务印书馆，1948：59.

| | |
|---|---|
| (4)审核日期: 年 月 日至 年 月 日共日 | |
| (5)审核报告呈核日期:年月日 | |
| (6)审核报告未依规定格式办理情形: | |
| (7)遗漏审核事项: | |
| (8)审核报告中缺少之附件: | |
| (9)审核时发现之重要事项: | |
| (10)审核人员之建议或纠正事项: | |
| (11)其他: | |
| (12)覆核意见: | |

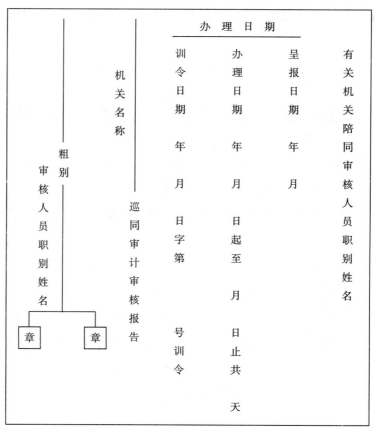

**审计核审稽察**

(甲)总述。

如(一)沿革业务范围及执行概况。

(已经巡回之机关沿革可免叙)。

(二)上次巡回审计截止年月。

（三）本期审核费类及年月……等属之。

（乙）财务状况。

如（一）营业或事业预算核定情形。

（二）业务收支及管理费支出情形。

（如营业机关之营业收入营业外收入营业支出营业外支出等）。

（三）盈余分配解缴及亏损填补情形。

（四）资产估价及折旧情形……等属之。

（丙）会计制度。

（丁）原料物料采购拨用情形。

（戊）成品经售盘存情形。

（己）审核经过。

如（一）处分事项。（二）剔除事项。（三）收回事项。（四）追缴事项。（五）补送事项。（六）更正事项。（七）注意事项。（八）其他事项……等属之。

（庚）稽察结果。

如（一）现金之检查（包括现金票据证券）。

（二）财物之盘存（抽查）。

（三）营缮工程及购置变卖已否依法办理稽察手续……等属之。

（辛）结论或建议。

如（一）关于业务财务之审定意见。

（二）应行纠正或改善意见。

（三）对于上次巡回审计通知事项执行情形。

（四）其他意见……等属之。

**3. 审计部及所属各处办理巡回审计应行注意事项**

**审计部及所属各处办理巡回审计应行注意事项❶**

**甲　事前审计**

一、预算之编制。

（一）营业事业机关增加资本，是否经过法定预算程序，有无自行以盈余拨充，或上级机关统筹拨给情事。

（二）由上级机关转拨之款项，是否依期领到，有无缓发或任意增减情形。

（三）营业或事业预算，已否核定。

（四）流动资金来源如何，其数额是否合理，拨给方式是否合法。

（五）岁入不及原列预算时，是否有故意虚列岁入预算，以冀增加岁出预算情事。

---

❶ 审计部. 审计法令汇编［M］. 北京：商务印书馆，1948：61.

（六）资本预算是否与业务计划配合，有无亏损过钜，故意编列庞大资本支出，预算企图弥补情事。

（七）特种公务机关或经管基金机关，有无故意仿照营业机关形式，编列预算情事。

（八）根据审计之结果，对于该机关下年度预算之编列，有何意见。

（九）紧急命令之支出，已否补办预算手续。

二、预算之执行。

（一）以直字支付书领取之现款，是否必要。

（二）营业事业机关有无将事业费流用为管理费，或资本支出与营业支出互用情事。

（三）有无在所属机关统筹支配预算内，开支本机关经费情事。

（四）有无隐匿或违背法令之预算外收支。

## 乙　事后审计

一、资本支出。

（一）资本支出与营业收支总账合并者，应特别注意固定资产预算，有无与营业收支互用情事。

（二）资本支出与营业收支总账分立者，应特别注意其资本支出，已否转入资产科目。

（三）资本支出如用于直接增加生产设备者较少，而用于其他支出较钜时，应予注意。

（四）应注意资本支出占预算百分比，事业费占资本支出百分比。

二、损益计算。

（一）有无将直接费用列为间接之营业外支出，利用摊派计算不同而虚饰经营成绩情事。

（二）有无按市价计算用料价值，或以存料重估溢值，虚饰盈亏情事。

（三）有无借固定资产重估价，虚饰盈亏情事。

（四）未实施成本会计制度之机关，有无提高或抑低在制品半成品单价，虚饰经营成绩情事。

（五）未设置材料（存货）明细帐之机关，有无借增减盘存单价，虚饰经营成绩情事。

（六）应摊提之筹备费及固定资产折旧等，有无因亏损而不摊或少摊情事。

（七）资产变卖盈余时，应注意是否企图虚饰真正之亏损，其资产变卖亏损时，应注意是否折价故令亏损。

（八）员工非法额外之待遇除剔除外，并当计算其对于真正盈亏发生之影响。

（九）重大非常损失，不应列作资本减少，而竟列作资本较少，或不应分期摊提，而竟分期摊提，致影响损益之真实状况者，应查明纠正。

（十）以一部份收支，如副产品收入废料变价收入利息收入等，另帐秘密处理，不列入损益计算，应查明纠正。

（十一）暂估应付价款过钜时，应注意是否有切实根据，有无虚饰损益情事。

（十二）结账时有无将一部份收支日期，故意移后或提前，以虚饰本期损益情事。

（十三）呆账损失，是否已逾法定年限，确无追回可能。

（十四）借入资金过钜时，应注意其运用之利益，与利息负担之比较。

（十五）有无提存过份或意外损失等准备，以虚饰保留盈余数额情事。

三、盈亏拨补。

（一）盈余分配，依照公有营业公有事业机关审计条例第一条及第十一条之规定审核（本条例之解释适用载三十四年八月一日国府公报）之。

（二）盈余净额结算后，应以待纳库科目处理，其称之为未分配盈余或待分配盈余者，应予纠正。

（三）盈余延不缴库者，得通知公库主管机关，于拨发下期增加资本时，扣除抵解。

（四）特种公务机关或公有事业机关之收支余绌，依法应以余绌科目处理，不得作为损益。

（五）在盈亏拨补记录中，列支营业外支出，或解部款项者，如铁路局之岁计帐等，应纠正之。

（六）盈余净额依法应解缴公库，其呈缴上级机关，并由上级机关抽提一部份，始行转解者，应予纠正。

（七）分析损益状况后，应对盈亏症结，综合批详，如有改进意见，应列入审核报告，向被审机关提出。

## 丙　稽察

一、现金之检查

（一）凡到达被审核机关时，应立即开始检查现金。

（二）检查时，应先调集全部支票簿送金簿现金备查簿银行往来帐已收未列帐之支票，或已签未领之支票，或封存之现金，以及总分柜并移送现金簿籍，以免临时挪移搪塞。

（三）收支繁忙时，检查前应嘱再交分柜若干元，或拨出若干元，临时成立分柜，以免影响其经常出纳工作。

（四）检查记录，应嘱被审机关会计人员莅视盖章。

（五）发现以单据借据抵充现金时，应注意是否出纳人员伪造，或临时填写者。

（六）银行存款，应取最后之对帐单及差额解释表与往来帐核对，以后日期之往来，应逐笔与支票存根核对。

（七）支票簿送金簿与往来帐现金簿核对时，应注意有无收入日期移后，或支出日期提前情事。

（八）存储商业银行者，除纠正外，并应注意其存单及真正利率。

（九）检查记录，应与出纳备查簿核对符合后，再检会计室现金簿核对，并盖章，其有差额者，亦应作差额解释。

（十）现金记载赤字者，应查明其原因。

（十一）手存现金过多，或违反公库法票据法等规定者，应予纠正。

二、财物之盘查。

（一）公有营业事业机关之财物，分固定资产材料（或原料）存货（或成品）半成品在制品及办公用品等多种，帐册表单卡片形式计价方法及收发程序，均不相同，应分别调查，并各抽查数种。

（二）迁运或接收之固定资产及材料，每有未列入帐册者，应嘱补列，不能估定价值者，亦应另编目录。

（三）不同牌号尺码新旧之材料，价格相差极远，材料帐上有无详细登记，材料上是否印有号码，能否杜绝调换之弊，应予注意。

（四）各种材料盘存盈余，或盘存亏损过钜时，应查明其原因。

（五）废料计价及坏料折价数目，是否详细登记，应予注意。

（六）盘存时对于材料保管及收发程序，应先调查，尤需注意工场剩料，已否列作退科。

（七）材料库之材料帐，与会计室之材料帐户，其记载有不符时，应予纠正。

三、营缮工程及购置程序之查核。

（一）营缮及购置，是否经过招标比价订约验收手续，并通知审计人员监视。

（二）采购人员具领之周转金，应注意查核，有无挪用情事。

（三）有无将超过限额之工程或购置，分散办理，规避稽察程序情事。

（四）有无扣收回佣情事。

### 丁　报告之编送

一、巡回审计审核报告，应于办理时随时编制，并限于工作完毕后一个月内送齐。

二、巡回审计人员编拟审核报告，并应填具盈亏审定表，一并附送（根据被审核机关损益计算表，及盈亏拨补表，或盈余分配亏损填补表，加以审定，分别填附）。

三、审核报告应分别年度费类，关于通知被审单位事项，应一律以肯定语气列入，其事项之次序，一为处分事项，二为剔除事项，三为收回事项，四为追缴事项，五为补送事项，六为更正事项，七为注意事项，八为其他事项，九为建议事项。

四、报告格式不符者，得发还重编。

五、报告应附之会计报告等，如有缺漏，应通知被审机关补送。

六、报告内容如有遗漏错误或辞意不明者，应申述补正。

七、巡回审计审核报告格式见附件。

### 戊　其他

一、巡回审计人员发觉有重大不法，或特殊困难情事，应随时先行呈报。

二、巡回审计人员发现有诈伪舞弊，或其他重大审计问题，不得对外发表。

### 4. 促进巡回审计工作规定办法四点（1944年）

#### 促进巡回审计工作规定办法四点❶

#### 审计部三十三年六月二日总一字第八八○号训令

为促进巡回审计工作起见,所有各巡回审计区巡回审计人员,应与所在省审计处,密切联系,并应依照下列各点办理。(一)各巡回审计人员办理审计案件,遇有疑难问题时,应就近请所在省审计处处长指示办理。(二)各巡回审计人员在非出发巡回期内,应将盈余时间,尽量协助所在省审计处,办理审计事务。(三)各巡回审计人员办理巡回审计事务,工作繁忙时,得请所在省审计处调派人员协助办理。(四)各巡回审计人员之办公房屋,应由所在省审计处拨用。

### 5. 审计部巡回审计实施办法（1944年）

#### 审计部巡回审计实施办法❷

#### 三十三年六月廿日第二二九七○号指令准予备案

第一条　中央各机关及其所属机关未派驻审计人员依审计法第三十七条暨公有营业及公有事业机关审计条例第八条各规定应派员审核者及派驻审计人员关于各机关会计报告之审核除法令已有规定者外依本办法实施巡回审计。

第二条　巡回审计以同时办理事前事后审计及稽查事项为原则派驻审计人员对于各机关已办竣之案件于执行巡回审计时得加以复核或抽查。

第三条　应执行巡回审计之各机关由本部按期指定之。

第四条　各机关之巡回审计以指定会计年度之整个财务为对象但得视其结账及会计报告送达期间或特殊情形随时酌量指定巡回审计人员或所属审计机关办理之。

第五条　巡回审计之范围暂定如下。

一、各机关财务制度之查询。

二、概算及分配预算之考察。

三、施政效能事业效能或营业效能之查核。

四、会计凭证簿籍及有关案卷之查核。

五、计算结算或决算及有关会计报告之审核。

六、现金票据证券之检查及公库法实施之考察。

七、财务之盘查及营缮工程暨购置变卖财务案件之覆盖。

八、施行巡回审计期间开标决标比价订约及睑收之监视。

九、有关财务行政事项之调查。

十、其他有关审计事项或指定事项之执行。

以上各项得视各机关性质及审计上需要指定其全部或一部办理之。

---

❶ 审计部.审计法令汇编[M].北京:商务印书馆,1948:58.

❷ 国民政府审计院.审计院(部)公报:第29卷[M].北京:国家图书馆出版社,2014:176-177.

第六条　巡回审计暂设下列各区。

一、川康区。

二、陕甘区。

三、云南区。

四、贵州区。

五、湘粤桂区。

第七条　各区的分设若干巡回审计组每组指定一人为主任。

各区巡回审计人员除就部内人员指派外得就各省审计处人员指派或以派驻各机关审计人员临时兼任其名额视事务之繁简定之。

第八条　巡回审计人员除有关审计事项得向受审机关查询外不得发表意见及迳行决定。

第九条　巡回审计人员对于办理完竣之案件应随时将其结果及意见缮具报告连同附件呈部核办。

第十条　本办法呈准监察院备案施行。

**6. 审计部各省市审计处办理中央机关巡回审计办法（1946年）**

### 审计部各省市审计处办理中央机关巡回审计办法❶
### 本部三十五年一月十六日总一字四一号令公布

第一条　本办法依审计部巡回审计实施办法第四条及第七条第二项订定之。

第二条　各省市审计处（下称各处）处理各中央机关巡回审计，除依审计部巡回审计实施办法及其他法令外，应依本办法之规定。

第三条　各中央机关巡回审计，依下列各款划分，按期由部指定。

（一）京内各应行巡回审核机关，由部办理。

（二）京外各应行巡回审核机关，由各处办理。

第四条　各处办理巡回审计人员，依下列标准，由部派充之。

（一）巡回审核机关在五个以下者，不设组，由各该处原有人员兼办。

（二）巡回审核机关在六个以上至十五个者，得设巡回审计人员一组，在十六个以上至三十个者，得增派巡回审计人员一组，余类推。

（三）每一巡回审计组暂以协审或稽察一人佐理员一人至三人组织之。

第五条　前条部派人员，视同各该处人员，由处长指挥监督。

第六条　各处巡回审计人员，应于每一机关审核完竣后，即编具审核报告，呈由各该处处长复核，除依法缮发审核通知，核准通知，迳送各该被审机关外，并将审核报告呈部备核。

各机关年度决算及营业盈亏，经审查后，应将结果呈部审定公告。

第七条　各处办理巡回审计所需旅费及办公费用，暨部派人员薪津，由各处编造报表，连同

---

❶ 审计部. 审计法令汇编［M］. 北京：商务印书馆，1948：58.

单据呈部,在巡回审计经费预算项下拨发。

各处因前项支出,得呈请发给周转金,其数额由部视其事务繁简核发。

第八条　部派各巡回审计人员生活补助费,依照驻在地标准发给。

第九条　各处办理各省级机关巡回审计,不适用本办法之规定。

第十条　本办法自三十五年一月一日起施行。

## (二)就地审计规范

**1.  审计部暨所属各处办理各机关就地审计事务规则(1944年)**

### 审计部暨所属各处办理各机关就地审计事务规则❶

### 三十三年七月二十八日国府渝文字第四四六号训令准予备案

第一条　本规则依审计法第十一条及二十七条订定之。

第二条　派驻各机关之审计人员,(以下简称就地审计人员)办理就地审计事务,除法令另有规定外,依本规则之规定。

第三条　就地审计人员办公所在地,称为派驻某某机关审计人员办公室,并冠以该管审计机关之名称,前项办公室及其所必需之设备,由驻在机关借给之。

就地审计人员办公时间,依驻在机关之时间,但必要时,审计机关得缩短之。

第四条　就地审计之范围,应包括驻在机关之岁入岁出,及其经管之各种基金,或其他收支,其因特殊情形不能全部办理者,须由就地审计人员呈经该管审计机关核准。

驻在机关所属机关之会计,为单位会计,其会计报告仍应依照审计法施行细则第二条之规定,送由该管审计机关审核。

第五条　就地审计人员办理驻在机关之审计事务,遇有应行查询更正补送发还等通知事项,得以书面送达驻在机关办理。

第六条　驻在机关之分配预算,及营业计划或事业计划,均应依法送由该管审计机关发交就地审计人员,有变更时亦同。

驻在机关支用第一预备金,经费之流用,或业务费用之伸缩,应由核定机关通知该管审计机关,转知就地审计人员。

第七条　驻在机关应将原始凭证,编列字号,加具科目,连同其他证件,送就地审计人员核签,非经核签,不得收付款项,驻在机关重要财物之领物或拨料凭证,就地审计人员认为必要时,呈经该管审计机关核准后,得通知送签。

第八条　驻在机关应将记帐凭证备具正副二张,连同原始凭证及支票等,送经就地审计人员核签后,分别退还存查。

第九条　就地审计人员对于各项凭证,应从速核签,其因不得已之事由,不能于法定期限内

---

❶ 国民政府审计院.民国审计院(部)公报:第29册[M].北京:国家图书馆出版社,2014:206-208.

核签时,应即报告该管审计机关,并通知驻在机关。

第一〇条　就地审计人员核签各项凭证,依照审计法第三十二条之规定,为拒签之决定时,应将拒签事由,通知驻在机关,并报告该管审计机关。

第一一条　凡一收支案件,有一部份不合规定者,就地审计人员除证明应行拒签之金额及事由外,核签其合法部份。

第一二条　暂付款支付凭证之核签,以必须合于分配预算所列之科目,及不超越预算者为限。

第一三条　驻在机关之营缮工程或购置财物,价款在规定金额以上者,其末期工价款之支付,非附具审计人员监视验收之证明,不得核签。

第一四条　驻在机关各项会计报告,及决算报告,由该管审计机关派员就地审核,加具意见,呈候该管审计机关决定。

第一五条　驻在机关应将各项日报,逐日送就地审计人员查核,就地审计人员对其各项簿籍,每月至少检查一次,并与一切凭证及现金财物等核对。

第一六条　驻在机关之日报月报期报年报等,不依法定期限送审者,就地审计人员得依审计法施行细则第二十六条之规定办理。

第一七条　驻在机关之营缮工程及购置变卖各种财物之监视事项,由就地审计人员办理,但因事实上必要,得呈请该管审计机关派员办理之。

第一八条　依本规则第十五条及第十七条检查或监视之结果,如有不符,应由就地审计人员报告该管审计机关核办。

第一九条　就地审计人员对于驻在机关之财务行政事项,得随时调查之,并得就其应行改进之事项,向驻在机关提供意见,其重大者,应先呈经该管审计机关核定。

第二十条　驻在机关之现金财物会计档案,遇有遗失损毁情事,应随时通知就地审计人员莅临证明。

就地审计人员查明前项遗失损毁情事,由于经管人怠忽者,应即呈报该管审计机关核办。

第二一条　凡发行债券或借款,应由主管机关将发行条例或借款契约,抄送该管审计机关,发交就地审计人员,有变更时亦同。

第二二条　本规则呈经监察院核准转呈国民政府备案后施行。

**2. 就地审计核签暂付款办法**

**就地审计核签暂付款办法❶**

**第三七七次审计会议通过**

一、就地审计对于记帐凭证之核签,及审计法所规定,应与核签收支凭证同时办理。

二、暂付款之核签,除根据审计法施行细则第二十条之规定,予以审核外。

---

❶ 审计部. 审计法令汇编[M].北京:商务印书馆,1948:46.

（A）暂付款支出之用途,必须合于分配预算所列之科目,并不得超越其预算数。

（B）公库法施行后,暂付款之支出,除依第一项之规定外,并应核与公库法第五条及其施行细则第十五条之规定相符。

（C）暂付款支付凭证之拒签,应依审计法施行细则第二十二条之规定办理。

### 3．就地审计之范围应如何调整案

**就地审计之范围应如何调整案❶**

第四四一次审计会议议决通令遵。

查本部派驻各机关之审计人员,其审计范围,往往不限于所驻机关,而兼及于整个项类,例如驻交通部之审计人员,其审核范围,不从交通部之本机关,而兼及分处各地之邮电航各机关,其范围是否与就地审计性质有出入,似有调整之必要。

自三十一年度起,各机关就地审计,只对于驻在机关为之,驻在机关之所属机关,如未派驻人员者,仍应依法送由本部或各处审核,三十年度以前已送由就地审计人员审核者,则照旧送至三十年底止,以便审查决算。

### 4．审计部财务处理试行就地审计办法（1937年）

**审计部财务处理试行就地审计办法❷**
**二十六年二月十九日部令公布**

一、本部财务处理依本办法试行就地审计。

二、本部财务处理之事前审计事务,由审计会议指派协审一人、佐理员一人兼理,遇有疑难事项,不能迳行决定时,签请主管审计核夺。

三、本部财务处理之事后审计事务,每月由主管厅派员,实地查核会计出纳及庶务各方面簿籍单据缮具报告,送由主管审计提审计会议。

四、本部财务处理之稽查事务,由主管厅派员随时办理缮具报告,送由主管审计提审计会议。

五、本办法经审计会议决议后公布施行。

### 5．审计部各审计处审计办事处财务处理试行就地审计办法（1937年）

**审计部各审计处审计办事处财务处理试行就地审计办法❸**

一、各处财务处理依本办法试行就地审计。

二、各处财务处理之事前审计事物由第一组办理。

三、各处财务处理之事后审计事物每月由第二组派员实地查核会计出纳及庶务各方面簿籍单据。

四、各处财务处理之稽查事物由第三组派员随时办理。

---

❶ 审计部.审计法令汇编[M].北京:商务印书馆,1948:48.

❷ 国民政府审计院.民国审计院(部)公报:第28册[M].北京:国家图书馆出版社,2014:23.

❸ 国民政府审计院.民国审计院(部)公报:第28册[M].北京:国家图书馆出版社,2014:586.

五、各组执行前三条职务发现财务处理有不正当者应报告处长纠正其情节重大或意见不同时得迳呈部备核。

六、各组于每月月终应将就地审计工作编制报告呈部备核。

七、各处预计算书类仍应送部备核。

八、本办法自公布之日施行。

# 六、专项审计规则

## (一)国库资金审计

### 1. 暂行审计国债用途规则(1912年)

#### 暂行审计国债用途规则●
#### 教令第四号元年十一月十六日

第一条　关于国债检查事项之法令未公布以前,国债用途之稽核,由审计处行之。

第二条　政府募集公债,不论外债内债,应由财政部将借款合同及公债章程报告审计处。

第三条　政府募集内外公债,应先指定用途,由财政部将分配数目,先期报告审计处

第四条　前条指定之用途,如临时有变更者,应由财政部随时报告审计处。

第五条　政府所有用款,如指定由国债项下开支者,财政部应先将发款命令连同领款单送交审计处稽核,由审计处承认签字。

第六条　审计处稽核前项发款命令及领款单,如有疑义或认为不正当者,得叙明理由,送回财政部转达主管官署,而要求其答复。

前项之答复,如仍认为有疑义或不正当者,审计署得叙明理由,而拒绝签字。

第七条　前条第二项审计处拒绝签字之际,若主管长官有不服者,可由财政总长提出国务会议如议决发款须有财政总长及主管长官负完全之责任,仍将领款单发款命令及国务会议议决之事由送至审计署查核。

第八条　除前条之规定外,未经审计署签字之发款命令,国库不得支付现款。

第九条　每月由国债项下开支数目应由财政部列表交审计处签字后刊登公报。

第十条　由国债项下开支各款,其审查决算办法适用审计规则第七条至第十条之规定。

第十一条　本规则自总统批准之日施行。

第十二条　本规则如有未书事宜,随时由审计处总办呈请总理转呈总统修订施行。

---

● 蔡鸿源.民国法规集成:第32册[M].黄山:黄山书社,1999:56.

## 2. 审计处催办每月决算章程(1913年)

### 审计处催办每月决算章程❶

#### 二年七月二十一日

一、催各机关办理每月决算。

第一条　各机关每月决算送递期限,应按照原定期限办理,如有特别情形经本处核准展缓者,即照所准之期限办理。

第二条　各机关如于原定期限内,尚未造送决算者,得于下列期限内分别催办。

各机关逾原定期限及核准期限一星期尚未造送决算者,本处得以文书催之;逾两星期者,由本处酌量派员接洽;逾三星期者,由本处行文,各主管衙门对于该会计员加以相当之处分。

二、催各股审查决算。

第三条　收发科收到各机关每月决算,应先交到第一股议事科,登薄后分送各股,由主任呈明总办,派定审查员担任审查。

第四条　各股审查员将每月决算审查完竣呈明总办合阅后,移送第一股由主任交议事课登明查核表以备稽考。

查核表式另定之。

第五条　各股主任于每月月底,应将审查员审查决算之经过,分别已结未结列表呈请总办核办。

第六条　第一股应随时查阅收发科之发文簿,遇有行查决算事件迟延未覆者,应回明总办办理。

第七条　各股审查员审查决算如有迟延贻误,由各股主任回明总办办理屡次延误者照审计员惩戒委员会章程办理。

审计员惩戒委员会章程另定之。

第八条　各机关应送总收据之期限亦照本章程办理。

第九条　本章程由公布之日起施行。

## 3. 审计处检查国库暂行规程(1914年)

### 审计处检查国库暂行规程❷

#### 三年四月十二日

第一条　本规程依暂行审计规则第十一条、第十二条、第十三条之规定分为定期检查、临时检查二种。定期检查于每六月杪、十二月杪行之;临时检查于每月杪,所送各表如审查有疑义及其他必要时行之。

第二条　每届检查时由本处选委相当人员先期将检查日期及衔名通告财政部,转向国库主

---

❶ 蔡鸿源.民国法规集成:第32册[M].黄山:黄山书社,1999:68.

❷ 蔡鸿源.民国法规集成:第32册[M].黄山:黄山书社,1999:54.

管员或代理员会同接洽办理。

前项之主管员指财政部库藏司司长,代理员指中国银行及交通银行之管理员。

第三条 国库主管员每届月杪应将下列(下列)各表呈由财政总长,函送本处备查。

一、国库日记表。

二、国库月记表。

三、金库实存明细表。

四、国债收支明细表。

第四条 检查人员检查国库或被委托之银行时应向国库主管或代理员索取各项账簿及证明单据舆前条所载各表对查,如认为必要时得将国库现存款项及有价证券逐细查验。

第五条 检查员有疑义时,得向国库主管员或代理员求相当之答复,如有应行改良事件得发表意见,商榷办法。

第六条 查检已毕,检查官应做检定书二件。

一交国库主管员或代理员收存。

一送本处备案,并今国库主管员或代理员署名盖章于检定书上。

第七条 检查员事竣后,应于五日内做检查报告书,并附加关系文件,送呈本处总办核阅或有商量改良事件,得做意见书,一并提交本处。

第八条 本规程自公布日施行。

### 4. 审计院分别营业机关审查之方法(1916年)

#### 审计院分别营业机关审查之方法[1]

五年三月一日

国家营业机关约可分三类如下:

一、纯粹官办实业机关。

二、官商合办之股份公司。

三、仅受国家补办之实业机关。

审计对于上述三类之审查方法各有不同,其纯粹商办事业仅受国家一部分经费之辅助者,该营业机关不必按月编造计算书送审计院审查,只于每期结算后,将结算报告表各检一份送审计院备案可也。至于国库发出之辅助费,当不止一处,应由发辅助费之官署汇编支出辅助费清册,协同被辅助机关之领款总收据,分别主管部叙明案由,送院审查其官商合办事业,亦不必按月编造计算,审计院审查只于每期结算后,将结算报告表,各检一份送审计院审查,所有重要单据仍应妥为保存,以备审计院认为必要时,派员抽查其纯粹官办实业,自应恪遵审计法令,编造营业收支,计算书送审计院审查,惟同属官办实业,其性质亦有营业与非营业两种,兹特指示其区别如下:

甲、营业机关含有营利性质,如印刷局造纸厂铁路局各工厂以及一切营利性质之官办实业皆

---

❶ 蔡鸿源.民国法规集成:第32册[M].黄山:黄山书社,1999:159.

属之,不拘其结果之为利益、为损失,均应按照另单开列之营业收支计算标准,分别款项性质编造收支计算书,及各种结算报告表,按期送审计院审查。

乙、非营业机关虽小有收入,而并非营利性质,如商品陈列所农事试验场权度制造所等机关皆属之,凡属此项性质之事业,仍照普通行政官署办法,分造收入计算书、支出计算书送审计院审查。

中华民国五年二月十一日

### 5. 审计院厘定营业机关办理计算报告之标准(1916年)

#### 审计院厘定营业机关办理计算报告之标准❶

##### 五年三月一日

营业款项之性质依其收支时期应分为三类如下:

一、筹办时期之款项性质。

在此时期内之收支款项不拘何种收入均属资本收入收入之总额即为营业机关对于国库或资本主所负债务之总额不拘何种支出均属资本支出悉作为营业机关之资产计算绝不能有损益之计算发生乃查吾国官营实业常有下列两种陋习。

甲将国库所发之一切开办费用悉作为津贴营业机关之损失换言之即不将此项开办费作为资本计算减少账簿上之资本数目以为将来掩饰营业商之损失计也。

乙其在官商合办之股份公司往往于未开业以前先提资金若干作为利益分配于股东夫利益由资金之运用得来实有资本之数目即为造成利益之标准未开业而先将实有之资本减少其账簿上之资本数目仍然无故公司之基础已先薄弱将来讵有获利之望应请各主管官署设法停止此项行为以巩固营业之基础但资本内如有一部分系属借入者不在此列。

二、一部分营业、一部分设备时期内之款项性质。

此时期之收支款项其性质最为复杂若不将资本收支与营业收支之界限划清则该机关确实之资产负债与夫损失利益均无又表现非误算资本为纯利益即将收支相抵之净赢无故减少其结果皆足使该机关之会计益臻凌乱而不可整理故在此时期内主管会计职员应就下列事项详加注意。

甲、其收支明目显有区别者应各依其性质分为营业收支资本收支不得故意含混登记希图掩饰。

乙、总括会计全体之共同费用兼有营业支出与资本支出之两种性质者应各按事务之比例平均分配其负担例如修筑铁路一百里已修成者四十里业经营业开始而其余六十里正在建筑中此时路局内部之总括费用应按里数之比例平均分配以十分之四列为营业支出以十分之六列为资本支出余类推。

丙、对于原有之工程机器改良扩充足以增高其原价者将此经费列为资本支出平时之修理改良以维持原有价值为目的者将此经费列为营业支出。

---

❶ 蔡鸿源.民国法规集成:第32册[M].黄山:黄山书社,1999:161-163.

三、完全营业时期之款项性质。

此时期之收支款项名目虽日益繁多性质已渐归于单纯盖不逾乎营业收入与营业支出两种范围之外也比较全年营业收支之差数再将剩余之材料未售之物品估价加入并加入外欠未收之金额预收之货物定金共同计算则全年之损益数目自然表现于账簿之上惟纯粹之损益若干尚须除去折旧费计算也折旧云者旧有财产价值因时递减之谓也换言之即无形之费用也折旧之原因有二一为逐年腐蚀之损耗一为旧器不合时用另购新器之损耗其计算方法以下列公式为准。

（原价–使用年限后之价值）除以使用年数=每年折旧数目。

假如有机器于此其原价八万元堪使用十年十年后此机器废弃之材料尚可售价五千元则其每年折旧之数应为七千五百元余此类推其算式如下。

（80000–5000）÷10=7500。

以上所示之原理原则悉为整理营业会计之标准凡属营业机关均应参照此次所定标准各就所管之收支款项分别性质自行决定该机关会计科目表一面详由主管部核阅转送审计院备案一面自行试用以为整理账簿辨理结算报告之根据惟交通部所管之铁路会计其所用收支科目已规定于交通部颁行之各种铁路会计则例内与审计院所定之标准均无抵触无庸再据科目表至于营业计算书式曾经审计院厘定通行惟未举登记实例仍恐不免误会兹由院派员亲往财政部印刷局检查账簿已就印刷局收支款项代营业收支计算书一份收支对照表一份结算报告表三份会计科目表一份以为模范一并发交各营业机关参考办理。

中华民国五年二月十一日。

附：审计院厘定营业机关收支计算及结算报告实例五年三月一日。

财政部所管印刷局营业收支计算及结算报告实例。

一、中华民国三年七月份营业收支计算书。

二、同上收支对照表。

三、自清光绪三十三年三月开办起至民国三年二月二十三日止结算报告表。

四、自清光绪三十三年三月开办起至民国三年十二月底止结算报告表。

五、截至三年十二月底止查存表。

六、会计科目表。

### 6. 各省市县公库审计暂行办法（1940年）

**各省市县公库审计暂行办法**❶

**二十九年十月九日部令公布**

一、实施公库法之市县，其公库主管机关，及代理公库之银行或邮政机关，应依公库法第二十六条及公库法施行细则第三十八条之规定，将市县库收支，逐日汇报该管审计机关。

二、主管市县公库机关，应依审计法第四十三条之规定，按月编造库款收支月报，并于年度终

---

❶ 审计部. 审计法令汇编［M］. 北京：商务印书馆，1948：63.

了时,编造库款收支年报,送该管审计机关查核。

三、市县公库之审计,由各该省审计处派员就地抽查。

上项抽查办法,得与抽查县财务同时举行。

**7. 审计部各省审计处抽查县市财务暂行办法(1941年)**

**审计部各省审计处抽查县市财务暂行办法❶**

**三十年九月十六日国府渝文字第八九八号训令准予备案**

**第一章　通则**

第一条　本办法依审计法第十一条及第二十七条之规定订定之。

第二条　各省审计处应通知全省各县市,依照审计法第十一条第三十七条及审计法施行细则第一二条之规定送审。

第三条　各省审计处对于依照前条送审之案件,经审核后,每年应派员赴各该县市抽查一次或两次,如因特别情事不能抽查时,应呈报本部审核。

第四条　抽查以编配小组办理为原则,如有必要,得指派协审稽查,或资深之佐理员独任办理。

第五条　各省审计处得就该处下列人员编配小组。

一、协审或稽查。

二、佐理员。

三、办事员。

第六条　各小组以二人或三人编成之,并以协审或稽察为组长,如该组未派定协审或稽察时,得以资深之佐理员代之,编入小组之办事员,以有审核经验,并以每组一人为限。

第七条　抽查人员应附带调查各县市之财务状况,其他稽察或应行调查案件,得一并发交办理之。

第八条　抽查时应注重下列各项。

一、各县市之田赋地税屠税契税,及各税之赋加,与其他重要之收入。

二、各县市之重要支出。

三、各县市之重要财产。

第九条　应查机关及应查月份或项目,由抽查人员决定之。

第一○条　月份抽查,应就各种会计报告,抽调两个月以上审核之。

项目抽查,应就各种会计报告编列之同一项目审核之。

第一一条　抽查部份认为符合时,其余部份推定为正确。

第一二条　抽查部份认为不符合时,应就其余部份为详细之审核。

第一三条　抽查人员对抽查机关得发查询补送更正等事项之通知,限期答复,并呈报本处察

---

❶审计部.审计法令汇编[M].北京:商务印书馆,1948:48-50.

核,如系剔除及其他重要事项,须呈报本处核办。

第一四条　抽查人员应就抽查之会计帐册收支凭证,盖章认证。

第一五条　抽查人员得依审计法第十三条第十四条执行职务,但须呈报本处核准。

第一六条　大件应专案呈报本处核示。

第一七条　抽查人员对于县市财务实况,得访问机关财务人员,或地方公正士绅,听取其意见以备参考。

第一八条　抽查人员对地方人士,关于县市财务改进之建议或舞弊之指控,得酌加调查报处核办,但不得直接批答或泄露。

第一九条　抽查人员不得接受任何机关或团体之供应。

第二〇条　抽查人员于抽查结果未公告前,应严守秘密。

第二一条　抽查人员在每县市驻留,至多以十日为限,如因特殊情形,呈报本处酌予展限。

## 第二章　县市地方款收入之抽查

第二二条　抽查县市地方款总会计收入帐册及其凭证,应依下列各款之规定。

一、根据按月送审之县市地方款收支月报表收入之部,所列名数,查对帐册之记载,是否符合。

二、根据收入原始凭证,(本机关之收入凭证,或经手机关之缴款书)查对登记地方收入款之会计帐册。

三、省税部份之收入,抽查时,应依省款部份送审之报表为参考。

四、抽查时应注意收入各款,是否按照预算科目规定缴收,并查明预算外之收入,是否均经省政府核定。

五、考核各种税收之税则,及其附加成数,对正税之比率,是否符合法令,有无违法及浮滥情事。

六、若有前项情事,及其他一切不合法之收入,均应提出查询并记录之。

七、查明收入各款,是否全部存储公库,或经法令指定之代理机关。

第二三条　抽查直接经征县市地方款机关帐册及其凭证,应依下列各款之规定。

一、抽查收入凭证,调查其征收标准及计算,是否正确。

二、根据各项收入原始凭证,调查会计帐册,其逐日收入,是否全部入帐。

三、查明收入机关,是否将收入各款,依照规定限期,解缴公库,有无截留及挪移情事。

四、根据缴款书及批回,查明解缴各款,是否符合。

五、酌量将收入凭证,与纳税人所持收据核对,查察经收官吏,有无额外浮收及其他不当之收入者,发现此项情弊,应提出查询,并检举证据报处核办。

六、查察公库收入税款,是否逐日登帐,有无隐匿及其他情弊。

七、注意簿籍凭证是否符合规定,有无应行改进之处。

### 第三章　县市地方款支出之抽查

第二四条　抽查县市地方款总会计支出帐册及其凭证,应依下列各款之规定。

一、根据按月送审之县市地方款,收支月报表支出之部,所列各数,查对帐册之记载,是否符合。

二、根据支出原始凭证,(支付书存根联及领款机关之领款书)查对登记县市地方支出款之会计帐册。

三、查对支拨各款,是否与预算或支出法案相符,及支付书之核签,有无内部牵制组织。

四、凡举法令不符,及与规定手续不合之支出,应提出查询,并机录之。

第二五条　抽查各单位机关团体之支出帐册及其凭证,应依下列各款之规定。

一、根据按月送审之县市地方款收支月报表,及县市地方款收支明细表,核对各机关团体之会计报告及其帐册。

二、按照普通事后审计审核方法,审核支出原始凭证。

三、根据支出原始凭证,核对帐册,如因特殊情形,未具备正式支出原始凭证者,应查明其原因,是否合理与确实。

四、注意查察有无预算外擅自开支,及冒滥侵蚀公帑情弊,若发现其情节较重大者,应提出查询,并检集证据报处核办。

五、其他一切不法或不当之支出,均应提出查询并记录之。

### 第四章　县市财产之抽查

第二六条　抽查县市财产,应依下列各款之规定。

一、查察财产之登记簿籍,是否齐备,是否符合。

二、抽查财产之保管方法,是否适当,有无易被侵占或隐匿之情弊。

三、查明财产经理之方法,及购置变卖之手续,是否均有合法之规定。

四、重要公有财产,应酌量盘查。

### 第五章　报告及公告

第二七条　抽查人员制作报告,应依下列各款之规定。

一、财务机关。

二、会计制度。

三、收支概况。

四、抽查之机关或项目(项目指某种收入如田赋或房捐某项支出如临时或预备费)。

五、抽查之方法(依第二十二至二十五条之规定,各机关或项目述其抽查帐册及凭证之次序)。

六、抽查之内容及结果(就各机关或项目述其抽查经过事实符合与否或方法不当收支之情节并得列表说明之)。

七、其他(叙述段送财务行政意见或其他建设)。

第二八条　抽查人员于抽查完毕十日内,作成报告,呈处覆核。

第二九条　前条报告,每半年呈部一次,并依照第二十七条所列之事项,分县市编制简表,一并呈核。

第三〇条　各项就抽查之结果,摘其要项,并附列各项简明收支数目及税率,制成公告,函请省政府转令各县市就地公告。

其抽查结果,确有财务上不法或不忠于职务之行为,应通知该管上级机关处分,或呈部核办,应俟决定后,于下次抽查时,由处直接在各该县市公告之。

公告之格式另订之。

### 第六章　附则

第三一条　本办法自公布日施行。

## (二)农业审计

### 1. 田赋征实及征购粮食审计规则(1943年)

#### 田赋征实及征购粮食审计规则[1]

#### 三十二年八月三十日国民政府渝文字第五五六号训令核准备案

第一条　本规则依审计法第二十七条之规定订定之。

第二条　各省每年度征收征购实物及配拨实物数额,应由财政部粮食部于定案后,随时通知审计部,分行各该管审计机关,有变更时亦同。

第三条　各省田赋征收实物计算标准,征购价格,及征收征购划拨保管变卖等方法,应由财政部粮食部各就主管范围,随时通知审计部,分行各省审计机关,有变更时亦同。

第四条　各省田赋粮食管理机关,呈报财政部粮食部之征收征购及配拨实物月报年报及库销存表,应各以一份送该管审计机关。

第五条　审计机关得派员就各级田赋粮食管理机关及仓库,抽查经收经购划拨之收据凭证簿籍及报告。

第六条　各省征收征购及配拨实物数额,应由各省田赋粮食管理机关于田赋征实年度经过三个月内,分别编具决算书表,呈送财政部粮食部查核,并各以一分送该管审计机关。

第七条　各级田赋粮食管理机关,关于实物之征购划拨保管移转变卖,审计机关得随时派员实地稽察。

第八条　各省田赋粮食管理机关经管实物,如因天灾事变遭受意外损失时,除呈报财政部或粮食部外,并应通知该管审计机关,其仓储运输及收支等损耗报表,并应以一份送该管审计机关。

第九条　征收征购实物衡量器具,须经合法检定,审计机关得随时派员抽查之。

---

[1] 审计部. 审计法令汇编[M]. 北京:商务印书馆,1948:55.

第一〇条　本规则呈经监察院转呈备案施行。

## 2. 改善核发中央粮代金办法（1945年）

### 改善核发中央粮代金办法[1]

### 行政院平拾字第一三八一〇号训令

### 三十四年六月二十八日（七月十日国民政府公报补登）

一、各省公粮代金区域系按粮价情形划定，如以后粮价有特殊变动，得由各省公粮稽核委员会（或省政府）随时报请粮食部予以调整，但一省以不超过十个区为原则。

二、公粮代金数额以各区中等熟米市价为标准，在以麦为主食物地区改照麦价标准，并依规定米麦折合率计算。

前项以麦价为标准地区，应由各省公粮稽核委员会，报请粮食部核定。

三、公粮代金由各省公粮稽核委员会，按月照前条规定开会核定，在公粮稽核会尚未成立省份，由省政府召集该省财政厅，由赋粮食管理处、审计处、会计处、省区税务管理局，高等法院监察使署（未设置各省份从略）省党部等机关开会同核定之。

四、各省公粮稽核委员会（或省政府）应于每月十五日以前召集会议，核准该月各地区之公粮代金数额，通知驻省国库分库，并通告驻省各中央机关及全省各重要地区，先行照办，以应事机关，一面电报粮食部，转报行政院备案。

五、各机关公粮代金应于每年度开始时，由财政部照上年度十二月份实发数，预拨六个月，交由各地国库存入各机关户头，各机关按照规定手续按月支领，以后再由财政部斟酌各地米价涨落情形，按月或两个月至三个月清发一次，其由主管机关统领转发，或当地无国库设立，必由各该机关直接领取者，得预拨两个月。

六、重庆区公粮代金数，由粮食部按月拟定，报请行政院核定，领发手续仍照向例办理。

七、全部渝陷省区公粮代金数额，仍由粮食部与中央秘书处商定之。

八、本办法自三十四年八月份起施行。

## （三）工程审计

### 1. 修正审计机关稽察各机关营缮工程及购置变卖财物办法（1942年）

### 修正审计机关稽察各机关营缮工程及购置变卖财物办法[2]

### 三十一年九月二十三日国府渝文字第八八八号令准予备案

第一条　本办法依审计法第二十七条之规定订定之。

第二条　各机关营缮工程及购置变卖财物之稽察，除法令另有规定外，适用本办法。

第三条　各机关办理前条事项，在下列数额以上者，其开标比价决标订约验收，应通知审计

---

[1] 国民政府审计院.民国审计院（部）公报：第29册[M].北京：国家图书馆出版社,2014：323-324.

[2] 审计部.审计法令汇编[M].北京：商务印书馆,1948：39.

机关派员验视。

一、营缮工程费在三万元以上者。

二、购置或变卖财物其价格在一万五千元以上者。

前项价款之限制，驻有审计人员之机关，不适用之。

第四条　前项价款之限制，审计部得依物价指数之变动，呈报监察院备案后增减之。

第五条　开标比价决标订约验收日期之通知，应于审计机关监视人员能到达以前送达。

第六条　凡预估价格在本办法第三条规定数额以下，而结果超越规定数额者，应补具图说价单，送审计机关备查，并通知监视验收。

第七条　招标应在主办机关门首公告七日以上，并在当地报纸广告三日以上，其公告及广告，应送审计机关备查，但当地无报发行者，不在此限。

第八条　凡营缮工程购置财物之招标或比价，须有三家以上厂商投标，方得开标，二家以上厂商之开具价单，方得比价，但有下列情形之一者，不在此限。

一、营缮工程在偏僻地区无二家以上之厂商，而其建筑费虽违第二条之规定，但非过矩者。

二、在同一地区仅一家有其财物者。

三、财物为一家所独造或专利，不能以他项物品代替，而其销售限于一行商者。

第九条　各机关依前条但书办理者，应即通知审计机关备案，审计机关得派员调查或密查之。

第一〇条　决标时如各标单均不合规定，或超越预估底价过矩，应另行招标，如连招二次以上仍无结果，应呈请主管机关核定，转审计部备查。

第一一条　开标及比价前，对于预估底价及各商号所投之标价，应严守秘密。

第一二条　各机关应通知监验工程时，应以下列格式附送工事结算表。


（机关名称）

| （工程名称） | 工事结算表 |
|---|---|
| 承造商号 | 规定期限 |
| 订立合同日期 | 根据合同扣除日数 |
| 开工日期 | 核准延期日数 |
| 完工日期 | 逾期日起 |
|  | 预计结算 |
| 原预算或原合同所订总价 | 实做工程费额 |

| 追加1. | 扣罚款额1. |
|---|---|
| 2. | 2. |

续表

| | |
|---|---|
| 3. | 3. |
| 4. | 4. |
| 共计 | 净付 |

主办机关长官　　　　　　　　主办工程人员　　　　　　　监工人员

第一三条　监验人员对于隐蔽部份,于必要时,得实行拆验或化验,作详密之检查。

第一四条　验收结束,发现与原案不符情节重大者,主办人员应负其责,监验人员如有徇私舞弊情事,应连带负责。

第一五条　验收机关于验收完毕,填具验收证明书,并由验收及监验人员,分别署名盖章。

第一六条　各机关关于紧急营缮工程或购置财物,其法案未经成立者,仍应通知审计机关派员监视,其责任仍由主管机关负之,不得以曾经审计机关监视为呈请核准或追加之理由。

第一七条　公有财物之变卖,除第一级机关单位之主管机关,各由其长官核定外,应先呈经上级主管机关核准。

前项财物之变卖,应以招标方式为之,须有三家以上之投标,方得开标,决标时,应以最高标价,并在预估底价以上为得标。

第一八条　各机关对营缮工程及购置变卖财物,未依照本办法程序办理者,审计机关事后不予核准。

第一九条　各机关意图避免稽察程序,将营缮工程及购置变卖财物,分批办理者,以未经合法程序论。

第二〇条　审计机关对县(市)机关营缮工程及购置变卖财物之稽察,准用本办法之规定,但第三条规定数额,得由审计机关视各地情形酌定。

第二一条　本办法如有未尽事宜,由审计部修正之。

第二二条　本办法呈准监察院备案后施行。

**2. 修正审计机关稽察各机关营缮工程及购置变卖财物办法(1947年)**

**修正审计机关稽察各机关营缮工程及购置变卖财物办法**

**(第五八〇次审计会议通过并奉监察院三十六年十月十一日指令**

**法字第九〇三二号准予备案)**

第一条　本办法依审计法第二十七条之规定订定之。

第二条　各机关营缮工程及购置变卖财物之稽察,除法令另有规定外,适用本办法。

第三条　各机关办理前条事项,在下列数额以上者,应公告招标,其开标决标订约验收,并应通知审计机关派员监视。

一、营缮工程费在二亿元以上者。

二、购置或变卖财物价额在六千万元以上者。

前项价额之限制驻有审计人员之机关不适用之。

第四条 前条规定数额，省及县市机关，得由该管审计机关，视当地情形酌定，呈报备案。

第五条 前二条规定限额，如因紧急需要，或不能公告招标者，得申叙理由，经审计机关之同意，改用比价办法。

第六条 第三条价额之限制，审计部得依物价指数之变动，呈报监察院备案后增减之。

第七条 预估底价在本办法第三条规定限额以下，而结果超越者，应补具图说价单，送审计机关备查，并通知监视验收。

第八条 招标应在主办机关门首公告五日以上，并在当地报纸广告三日以上，其公告及广告，应送审计机关备查，但当地无报纸发行者，不在此限。

第九条 凡营缮工程购置财物之招标或比价，须有三家以上厂商之投标，方得开标，二家以上厂商之开具价单，方得比价。但有下列情事之一者，不在此限。

一、营缮工程在偏僻地区，无二家以上之厂商。

二、在同一地区仅一家有此项财物者。

三、财物为一家所独造或专利，不能以他项物品替代，而其销售限于一行商者。

第一〇条 各机关依前条但书办理者，应检同有关文件，送审计机关备查，审计机关得派员调查或密查之，并应于工竣或货到时，通知审计机关派员监视验收。

第一一条 营缮工程及购置财物决标时，应以在预估底价内之最低标为得标原则，如因特殊情形须采用次低标，或最低标价超越预估底价在百分之十以内者，得由主办机关会同主管机关商定办法，经审计机关同意决定之，其超越预估底价在百分之十以上者，应另行招标。

第一二条 开标及比价前，对于预估底价及各商号所投之标价，应严守秘密。

第一三条 开标比价决标订约验收日期之通知，应于审计机关监视人员能到达以前送达。

第一四条 各机关通知监验营缮工程或购置财物时，应依照规定格式，（附格式一、二）填送工程结算表，或购置结算表备查。

第一五条 监验人员对于隐蔽部份，于必要时，得实行拆验或化验，作详密之检查。

第一六条 验收结果，发表与原案不符情节重大者，主办人员应负其责，监验人员如有徇私舞弊情事，应连带负责。

第一七条 验收机关于验收完毕时，应填具验收证明书，（附格式三、四）并由验收及监验人员分别署名盖章。

第一八条 各机关关于紧急营缮工程或购置财物，其法案未经成立，仍应通知审计机关派员监视，其责任仍由主办负之，不得以曾经审计机关监视，为呈请核准或追加之理由。

第一九条 公有财物之变卖，除第一级机关单位之主管机关，各由其长官核定外，应先呈经上级主管机关核准。

前项财物之变卖,应以招标方式为之,须有三家以上之投标,方得开标,决标时应以最高标价,并在预估底价以上为得标。

第二○条　各机关对营缮工程及购置变卖财物,未依照本办法程序办理,审计机关事后不予核销。

第二一条　各机关意图避免稽察程序,将营缮工程及购置变卖财物分批办理者,审计机关得依本办法第十九条,及审计法第十五条之规定办理之。

第二二条　本办法如有未尽事宜,由审计部修正之。

第二三条　本办法呈准监察院备案后施行。

（附录二:参阅第七十一页）

### 表（一）营缮工程结算表

| 主办机关 | | | | | 工程摘要 | | 规定日期 | |
|---|---|---|---|---|---|---|---|---|
| 工程名称 | | | | | | | 开工日期 | |
| 工程地点 | | | | | | | 完工日期 | |
| 承造厂商 | | | | | | | 扣除日期 | |
| 厂商地址 | | | | | | | 准延日期 | |
| 承办时所订文件 | | | | | | | 逾期日期 | |

| 原价 | | | 加账 | | | 减账 | | | 扣罚 | | |
|---|---|---|---|---|---|---|---|---|---|---|---|
| 说明 | 金额 | 核准文号 | 说明 | 金额 | 核准文号 | 说明 | 金额 | 核准文号 | 说明 | 数量 | 金额 |
| | | | | | | | | | | | |
| | | | | | | | | | | | |
| | | | | | | | | | | | |
| 合计 | | | 合计 | | | 合计 | | | 合计 | | |
| 净计 | | | | | | | | | | | |
| 备考 | | | | | | | | | | | |

　　主办机关长官　　　　主办工程人员　　　　监工人员　　　　　　　　　　　　　　　年　月　日

### 表（二）　购置结算表

| 主办机关 | | 订约日期 | |
|---|---|---|---|
| 奉准文号 | | 安货日期 | |
| 奉准预算 | | 交货日期 | |
| 承办厂商 | | 准延日数 | |
| 厂商地址 | | 逾期日数 | |

续表

| 品名 | 规范 | 单位 | 数量 | 单价 | 总价 | 附注 |
|---|---|---|---|---|---|---|
|  |  |  |  |  |  |  |
|  |  |  |  |  |  |  |
|  |  |  |  |  |  |  |
| 合计 |  |  |  |  |  |  |
| 净计 |  |  |  |  |  |  |
| 备考 |  |  |  |  |  |  |

主办机关长官　　　主办人　　　经办人　　　年　月　日

营缮工程验收证明书

| 主办机关 | 承办厂商 | 工程概况 | 工程总价 |  | 验收意见 | 中华民国 |
|---|---|---|---|---|---|---|
| 工程名称 | 收地点 验收日期 | 上列各项工程经左列各员切实监督无误 | 合同总价 | 结算总价 | 监视员 | 年 月 日 |
|  |  | 主办机关长官 主办工程员 监工员 | 加帐 | 减帐 | 验收员 |  |
| 承办时 附件 | 承办时 |  |  |  |  |  |

附注：扣除价款填于验收意见见栏
照式印四联第一联由主办机关随同会计报告送审计机关
第二联呈报其上级主管机关备查第三联存根第四联交承办厂商收执

表（三）营缮工程验收证明书

| 购置机关 | 验收地点 | 验收财务摘要 | 总价 | 原契约合同估价单 | 等所订条件之样本说明书类图标提要 | 监验人 购置意见： | 中华民国 |
|---|---|---|---|---|---|---|---|
| | | | | | | | 字第 |
| | | | | | | | 年月日 |
| | | | | | | 验收 | |
| 承办厂商 | 验收日期 | 附件 | | | | | 号 |

购置财物验收证明书

此联呈报备查

| 购置机关 | 验收地点 | 验收财务摘要 | 总价 | 原契约合同估价单 | 等所订条件之样本说明书类图标提要 | 监验人 购置意见： | 中华民国 |
|---|---|---|---|---|---|---|---|
| | | | | | | | 字第 |
| | | | | | | | 年月日 |
| | | | | | | 验收 | |
| 承办厂商 | 验收日期 | 附件 | | | | | 号 |

购置财物验收证明书

此联由主办机关随同会计报告
送审计机关

213

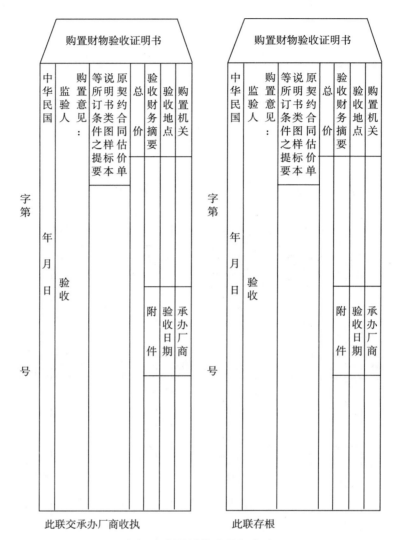

表（四）购置财物验收证明书

附录二:奉令提高本部稽察各机关营缮工程及购置变卖财物限额按照各区公教人员生活指数分别伸算案令仰遵照由。

审计部训令京稽字第○一七六号民国三十七年五月日。

案奉。

监察院三十七年五月十日法字第一一六九八号训令开:案奉国民政府三十七年四月三十日处字第四一四号训令内开:据该院三十七年四月二十日法字第一一四二九号呈:为据审计部呈称:查审计机关稽察各机关营缮工程及购置变卖财物办法第三条第一、二两款所定稽察限额,前经于三十六年五月呈准将营缮工程提高为二亿元购置变卖财物提高为六千万元,施行迄今将及一载,近月以来,各地物价波动激剧,较之去夏物价指数,增高殊多,因之各机关举办工程或购置财物,动辄超过规定限额,逐案监视,非特主办机关感觉繁复,即本部人力财力,亦觉有所未逮,现简化事前审计程序暂行办法业经国府公布施行,其第五条规定中央各机关稽察限额适用稽察各机关营缮工程及购置变卖财物办法之规定,并由审计部按物价指数随时增减之,自应遵办,兹以二十八年三月八日国府渝字第九十五号训令公布之审计部稽察中央各机关营缮工程及购置变卖各种财物实施办法第二条所定限额,(营缮工程五千元购置变卖财物三千元)为基数,迳按政府所定之各区公教人员生活指数,每逢一、四、七、十等月分别伸算增减,(省及县市机关以该省省会指数为标准)以资简便,藉省繁牍,例如本月京沪区生活费指数为十七万倍,则营缮工程费为八亿五千万元,购置变卖财物价格为五亿一千万元,(亿以下以四舍五入计算)又驻省中央机关与省级机关稽察限额,依照现行稽察办法,标准并不一致,惟在同一地区而稽察限额各异,不独与配合各地物价之立法原意不符,且于执行上亦有困难,兹拟照同一标准办理,以期法令事实,两可兼顾,则重行修正审计机关稽察各机关营缮工程及购置变卖财物办法第四条规定,暂不适用,是否可行,理合备文呈请监核示遵等情,据此,查该部所呈各节,确属实情,除指令外,理合备文呈请鉴核施行等情,应准照办,除分行外,合行令仰遵照,并转饬遵照,等因,查本案前据该部呈院,当经转呈并指令在卷,兹奉前因,合行令仰遵照,并饬属遵照,等因,奉此,除分别函令外,合行检同附表,令仰遵照。

此令。

附发全国各区稽察限额表一份。

全国各区稽察限额表。

民国三十七年四月。

| 区别 | 公教人员生活指数 | 营缮工程稽察限额 | 购置变卖财物稽察限额 | 附注 |
|---|---|---|---|---|
| 第一区 | 60万倍 | $3,000,000,000元 | $1,800,000,000元 | 本表所列限额每逢一、四、七、十月份分别按政府所定之各区公教人员生活指数调整之营缮工程以五千元为基数购置变卖财物以三千元为基数伸算亿以下四舍五入 |
| 第二区 | 55万倍 | $2,800,000,000元 | $1,700,000,000元 | |
| 第一区 | 36万倍 | $1,800,000,000元 | $1,100,000,000元 | |
| 第二区 | 32万倍 | $1,600,000,000元 | $1,000,000,000元 | |
| 第三区 | 28万倍 | $1,400,000,000元 | $800,000,000元 | |
| 第四区 | 24万倍 | $1,200,000,000元 | $700,000,000元 | |
| 第五区 | 21.5万倍 | $1,100,000,000元 | $600,000,000元 | |
| 第六区 | 18.5万倍 | $900,000,000元 | $600,000,000元 | |
| 第七区 | 15.5万倍 | $800,000,000元 | $500,000,000元 | |
| 第八区 | 13.5万倍 | $700,000,000元 | $400,000,000元 | |

### 3. 领用建设专款之中央与各省政府合办机关之会计报告

#### 领用建设专款之中央与各省政府合办机关之会计报告应由本部审核以资划一令

#### 三十二年四月五日审计部计字第一四六号部令

案准经济部(三十一)会字第一九六九七号咨以据资源委员会呈称:查本会与广东省政府合办之粤北铁工厂,及八字岭煤矿,暨与江西省政府合办之机械车船电工硫酸炼铁等五厂,均循各该省向例,将会计表据迳送审计处查核,对于本会初审权限,不无割裂之处,自应迅加纠正,除以自与本会合作之日起,所送审计处之报表单据,应逐件查明详列清单,呈会备查,嗣后应一律呈送本会核转,无需再经审计处审查等语,除分饬遵办外,理合备文呈请鉴核,并恳转咨审计部查照,据此,查所呈各节,尚不无理由,请查照见复等由,准此,除咨复及分令外,嗣后凡领用建设事业专款之中央与各省政府合办机关之会计报告,应由本部审核,以资划一,仰即遵照。

此令。

## (四)公共审计

### 1. 公有营业及公有事业机关审计条例(1943年)[1]

#### 公有营业及公有事业机关审计条例

#### 三十二年十月十四日国民政府公布施行

第一条 公有营业及公有事业机关之营业及事业,其审计除法律别有规定外,依本条例办理。

第二条 公有营业事业之审计事务,由审计部或其指定之审计机关及审计人员办理之。

第三条 每年度之营业计划或事业计划,呈经上级主管机关核定后,应抄送审计部。

第四条 各机关之分配预算,应由核定机关依法定期限,以二份送审计部备查,有变更时亦同。

第五条 各机关依法发行债券或借款时,应将发行条例,或经上级主管机关核定之借款契约,抄送审计部,有变更时亦同。

第六条 各机关未驻有审计人员者,其所开之公库支票,须经驻库审计人员核签,始得付款。

第七条 审计部对于各机关会计报告,经催送后仍不送审者,准用审计法第十五条之规定办理。

第八条 未驻有审计人员之各机关,其各项收支之原始凭证,应依法编订,妥为保管,审计机关得随时调阅或就地审核。

第九条 各机关之资本支出与营业支出,其材料人工之原始凭证,不便分割,须以拨料单或费用分析表列报者,应编列资本支出拨用材料清单或工资清单,以备审核。

第一〇条 公有营业事业每期之结算报告,应送审计部审核。

---

[1] 国民政府审计院.民国审计院(部)公报:第29册[M].北京:国家图书馆出版社,2014:80.

第一一条　公有营业事业之盈余,除依法填报亏损及提拨公积金外,应解缴国库,不得自行分配,或自行拨充资本支出。

第一二条　公有营业事业资产之估价,与折旧之摊提,应为精确计算,并应将有关记录,送审计部审核。

第一三条　审计部对于公有营业盈亏之核定,得公告之。

第一四条　公有营业事业之年度决算,应送审计部审核,审计部认为符合者,予以证明。

前项决算书表,应附送营业或事业报告书。

第一五条　公有营业事业财物之盘查,应通知审计机关派员监视,审计机关认为必要,亦得随时盘查之。

第一六条　未驻有审计人员之机关,其营缮工程,确因情形特殊,不能依法定程序办理者,得声叙理由,并将经过情形,连同图说估单合同抄件,呈由上级主管机关,转送审计机关备查,工竣验收时,仍应通知审计机关派员监视。

第一七条　未驻有审计人员之机关,其购置或变卖财物,确因情形特殊,不能依法定程序办理者,得由主办机关呈经上级主管机关核定办理,并将定购验收事项,开列清单,连同图说估单合同抄件,按月汇送审计机关备查。

第一八条　依前二条程序办理之工程购置变卖等事项,审计机关得派员抽查,并得调阅有关文件。

第一九条　县市之公有营业事业,审计部或其指定之审计机关及审计人员得抽查之。

第二〇条　本条例自公布之日施行。

附:公有营业及公有事业机关审计条例说明❶

公有营业及公有事业机关审计条例已于三十二年十月十四日经国民政府明令公布施行,凡二十条。先是审计部以过去工作侧重于普通公务机关,对于公有营业公有事业机关之审计比较尚少。自三十一年四月奉令接办建设事业专款之审核,以领用建设事业专款之机关颇多为公有营业及公有事业机关,三十一年冬复奉委员长手令规画公有营业机关盈亏之审定办法,深感现行法令对于公营事业尚少特别规定,而公有营业会计公有事业会计与普通公务会计各有其不同之特性,未便以同一方式从事审理,亦为无可否认之事实,乃有公有营业及公有事业机关审计办法草案之拟订。当时参加起草者甚多,经多次审查签注和整理,条文由少而逐渐增多,最后又删去多条,仅存二十三条,经审计会议最终议定呈院,旋奉国防最高委员会修正准予备案,改称规则,并交立法院审议。立法院奉令后,交由法制财政两委员会推定卫生等五委员于九月十一日举行初步审查会议,依照现行法规整理原则改称条例,并函由审计部派员列席说明。笔者为被派列席之一人,当时除约略说明起草之动机及经过外,并陈述起草原则三项如下:

(一)公营事业会计与普通会计之分野,暨其与总预算总决算之关系。此点最易使人误解,以

---

❶ 上海图书馆,作者王其昌,刊于《财政评论》1944年第2期。

为公有营业机关之会计只为公有营业会计,公有事业机关之会计只为公有事业会计,殊不知公库出纳,必须编入总决算,凡纳入公库之款,必须有岁入类之会计报告,普通收入无论已,即营业盈余分配纳入国库部份,亦应与普通收入同样处理,或由主管机关综合汇编。反之由公库领用之款,均须有类似经费类之会计报告,普通经费无论已,即公营事业之创业费,补助费或拨资等,均应由领用机关或主管机关依普通公务会计方式编造会计报告连同凭证单据送审,审计机关亦以审核普通会计办法及方式来处理一切,完全适用现行审计法及其施行细则之规定。至公有营业及事业会计本身,无论内容如何复杂,在会计法上仅称为附属单位会计,其与总预算总决算有关部份,既已另行处理,所有审计事务,自必不拘泥成规,可加以特别之规定,以适应事实之需要。

上项意见,曾获出席各立法委员之同意,惟嫌原案尚未能明白显示,乃有本条例第一条第二款:「前项各机关在总预算内定有岁入岁出预算者,其预算执行之审计,依审计法之规定」之增补。当时本拟更作较具体之规定,因其系属审计条例,而非会计条例,仅能作原则之规定,须会计人员设法迁就之,此次正式公布之条文,已将第一条第一第二两款合成一款,为"公有营业及公有事业机关之营业及事业,其审计除法律别有规定外,依本条例办理"。原草案第一款并"营业及事业其"六字,仍旧容纳,惟读者对此甚易忽略。兹再举例以资释明,例如政府建造铁路或公路,在建筑时领用之创业费,完全以普通会计方式处理及造报,迨建筑完成以后,则由普通会计转入营业会计。每年盈余分配纳入国库部份,仍用普通会计方式造报,惟困难之点,则在:(1)由普通会计转入营业会计或事业会计,尚鲜实例,且因对象之不同,或难为一致之规定,势须分别设计。(2)创业费有时使用甚久,固得视同继续经费,但亦有在营业开始以后尚在继续支用中者,则在会计处理上应如何避免重复手续,产生两种性质不同之会计报告,似费周章。以上两点,属于会计技术问题,留待专家设计之。然会计人员在其本身立场上或将大感不便,认为叠床架屋,似可不必,故颇有主张退一步之办法者。凡事实上两种会计报告无法分割,必须综合办理者,应加具资本支出累计表及岁入累计表,此两种报表在会计上虽仅为附属表,而在审计上颇属重要,俾审核以后得以分别处理(按资本支出一名词,现在已经习用,意谓政府给予资金之运用与会计学上收益支出 Revenue Expenditure 对称之资本支出 Capital Expenditure,实质大部份相同,但含义微有区别)。此点在原草案初稿曾经列入,嗣被删去。

(二)核销制与证明制之区别,暨营业会计不适用核销制之理由。按核销二字,本为旧时公牍上之术语,意即准其报销之谓也。现行审计法称为核准,凡月份计算经审核终结认为符合者,填发核准通知;年度结算经审理终结认为符合者,填发核准书,均开列预算实收实付剔除或更正核准各数字,用以解除出纳官吏之责任。查收支会计,及普通公务会计,其整个收支数字全部与总预算总决算有关,收入既为无条件之收入,并不因此发生债务,支出亦为消耗性之支出,即有财产之增置,仅登记财产统制帐,在总分类帐早已在岁出分配数内冲转,并无财产科目之存留,故收支会计适用收支数字之核准。至若公有营业会计则不然,其收支数字仅显示一种动态,收入既非全部领自公库,或全非领自公库,支出亦非全无代价;其管理费用虽或有预算可资拘束,营业费用恒随业务之消长而伸缩,仅控制其收支数字,实不足以概括其会计记录之全部,营业会计之重心则在动态之损益计算表与静态之资产负债表,其理至明。故审计机关对于审核营业会计以后,只能就其重要报表作文字之证明或批评,如会计师之所为,无法以一二个单纯数字概括一切,好在公营事业与总预算总决算有关部份既依普通公务会计方式采用核销制,则在审查总决算时已有充分根据,对附属单位会计部份采用证明制,在数字统计上并不发生残缺不全之憾,因有本条例第十四条之制定。

(三)本条例不采用审计法区域之理由。按现行审计制度以就地审计为原则,因而所称该管审计机关完全以机关所在地点为根据,如甲机关在重庆,则审计部为甲之该管审计机关;乙机关在内江,则四川省审计处为乙之该管审计机关;此完全为便于就地审核起见,用意本属深长。惟单位会计之下另有分会计,有时分会计跨越两省,或竟分布数省,因之枝节割裂,分交审计处办理,其综合之审计反无法办理,则审查总决算时更感觉困难,此其一。中央各院部会均在重庆附近,而其所属分支机关则遍布全国,审计法施行细则第二十四条虽有直接送审之明文,而主管机关之行政监督权往往不愿放松,有时邮递往返,颇费时日。而在审计机关尚未达到理想之健全以前,行政监督亦不便忽略,此其二。故审计部三十一年接办建设事业专款之审核,决定暂时由部集中办理,除上述两点理由外,并因各省审计处经费有限,人员不多,工作已达饱和程度;且接办伊始,诚恐各处环境及传统不符,宽严不能一致,仍须加强中枢以资管理,孰若由部直接办理,仍以各省审计处及驻外巡回审计人员为辅,由部统辖调度,较为便利。此点与审计法微有不合。查条例性质,原次于法,不能与法抵触,但在非常时期暂时试办,亦未尝不可,因此有本条例第二条之制定。著者一检审计法,"审计机关"字样不一而足,然在本条例概用审计部,此为极明显之一点。

以上为在立法院初步审计会议席上之报告,惟其时并未如此详细说明耳。此外尚有几点说明如后:

(一)凭证单据送审问题。现行审计制度以就地审计为原则,已如前述,但对于县及有特殊情形之机关,得通知其送审,为审计法第十一条所明订,并于审计法施行细则第二条规定审计机关得酌量情形逐渐推行就地审计,在未派员赴各机关办理就地审计前,仍应送审。各项会计报告送审时,应将有关之原始凭证及其他附属表册一并送审(审计法第三十九条)。其因特殊情形准予免送者,审计机关除就报告查核外,得派员赴各机关审核其簿籍凭证及案卷(审计法第三十七条)。其中因有二次转折,发生一种类似矛盾之感,特殊中之特殊者,岂非即为寻常乎?此均属过于着重理论,而又不得不兼顾事实所致,原条文因未连贯一处,尚不明显,一经说明,令人恍然,近来交通运输困难,费用浩大,各机关对于凭证送审一事,深感不便,营业事业机关收支凭证自然更多,甚者得以吨计,审计部正以最大之决心与努力,减少各机关凭证之输送,但在法令上希望仍维持审计法之原规定,以免作茧自缚。至审计法之精神,全在就地审计,为现行审计制度之基本原则,但不必重行规定。国防最高委员会及立法院对此均有修正,立法院所据之理由,并不在避免凭证输送之烦,而在维持制度。故本条例第八条硬性规定未驻有审计人员之各机关,其各项收支之原始凭证应依法编订,妥为保管,审计机关得随时调阅或就地审核。此项修正,审计部谅无异议,惟资本支出之原始凭证,依照前述第一项原则,仍应适用审计法也。

(二)自治财政审计问题。审计职权自监督预算之执行出发,至审定总决算为止,自以不分割为佳。自建设事业专款之审核归并以后,大体已告完整,但仍有党务经费,现称政权行使支出,以及中央党部直接经管之教育文化支出暨补助支出之一部,事前虽经审计机关核签支付书,事后并不经审计程序,由中央监察委员会特设稽核处司勾稽之责。三民主义青年团经费则由监察会自行审核。凡此训政时期之特殊事态,至审定总决算时将有残缺不全之感,似须设法调整或取得联系,以资补救,此其一,政绩之考核,与经费之审计,实为一事之两面,不容分割。总决算之审定,对于整个施政效能之检讨,减少不经济支出之办法,以及政治上应与应革之重大意见,必须大事发挥,用作拟订次年度施政计画及经费概算之张本,此为审计机关之积极效能,欲期发扬光大,必须将审计对象由画面扩展到实际。现在行政三联制已被采用为吾国政治上一种基本原则,他日达到宪政时期,似可将考核权属诸监察院,俾便与审计权配合行使,此其二。以上两点,仅说明审计机关之领域尚不为小,毋须故事扩展。至自治财政,应否受中央审计机关之监督,在现行审计法决算法各级政府字样之规定下,自无问题。立法委员陈长蘅先生亦云考试监察两权为由中央直贯到地方基层者。但笔者个人认为全国有如许县份,各自独立,不相统属,"麻雀虽小,肝脏俱全",而县财政之不上正轨,县总会计之幼稚凌乱,为笔者所目观。中央审计机关本已十分繁忙,似无余力再从事监督自治财政,勉强为之,难收实效,既然县各级组织纲要规定县参议会有议决预算决算之权,孰若即归其办理。本条例原草案规定于县市各机关"不适用之",嗣后立法院对此修正为"得抽查之",原无不可,不但仍不失为一颇值研究之问题。

兹当本条例公布施行伊始,特将笔者所想及者拉杂言之,借以献给计政界同仁参考,并望海内专家指正(公有营业及公有事业机关审计条例全文转本刊十卷六期汇报,读者可查阅)。

## 2. 检查官有财产暂行规程(1913年)

### 检查官有财产暂行规程❶
#### 开明细表式六种二年五月二十六日
#### 第一章 总则

第一条 本规程系根据暂行审计规则第十七条至第十九条规定之。

第二条 本规程所认为官有财产者如下

一、不供公用之官有房屋、土地、森林、矿山、船舶。

二、各官署已废弃及可收益之动产。

三、供公用之官署、学校、军营、军舰、炮台、港湾、道路,其他国防上行政上之营造物,并第一款所列举者。

---

❶ 蔡鸿源.民国法规集成:第32册[M].合肥:黄山书社,1999:57-64.

四、供公用之器械并重要物品。

前项第二款之官有财产,须每件价值或总计各件价值在五百元以上,第四款之官有财产,须每件价值或总计各件价值在五百元以上,而非普通官署所需用者。

第一项第三款第四款之官有财产至废弃不用时,应按照本规程检查第一款第二款官有财产之规定办理。

## 第二章　报告

第三条　第二条第一项第一款、第二款之官有财产,由主管衙门管理之,每年年底须造具总册连同明细表,报明审计处查核。

第四条　前条之官有财产总册,须载明种数及价值明细表式另定之。

第五条　各省须造总册及明细表,应由主管衙门造送审计分处查核后,转呈审计处复核。

## 第三章　建筑及购置

第六条　第二条第一项之官有财产或建筑或修缮或购置时,均按照审计规则第十八条之规定办理。

第七条　按照审计规则第十八条之规定,凡可用投票之法者均应由投票办理,其不能投票者,亦须经该规则第十八条第一项之程序。

第八条　第二条第一项第一款第二款之官有财产有变卖时应开列左之各款,送经审计处或分处核准。

一、种数。

二、位置(如系动产即记其保存之场所)。

三、实数。

四、附属品(无者缺)。

五、从前购置价格。

六、时价。

七、拟定售卖之最低价格。

第九条　第二条第一项第一款第二款之官有财产有变卖时非具如下之条件不得核准。

一、确系发购不用时。

二、售卖价格较之从前价格购买价格或时价并无缺损时。

前项第二款之规定如有急需现款或需重大保管费之事实得说明理由酌予变通。

第十条　第二条第一项第一款第二款之官有财产有变卖时既经核准后应由主管衙门按照审计规则第十九条或自行发卖或用投标方法分别办理但须将买卖契约送处备核。

## 第五章　拨给交换及贷借

第十一条　第二条第一项第一款第二款之官有财产有发给或交换时准用第八条第十条第九条第一项第一款之规定。

第十二条　第二条第一项第一款第二款官有财产之发给交换限于如下之时事得为之。

一、供国家机关之公用时。

二、供地方自治个体机关之公用时。

三、供其他公益个体之公用时。

第十三条　第二条第一项第一款第二款之官有财产有交换时除准用第九条第一项第一款之规定外更加以如下之条件。

一、必须性质相同之财产。

二、从前购买价格或时价彼此相当。

第十四条　第二条第一项第一款第二款之官有财产,有贷借时,如财产价格,在三千元以下者,得由主管衙门自由贷借,每月造具清册,送交审计处或分处备核。

第十五条　第二条第一项第一款第二款之官有财产有贷借时如财产价格在三千元以上者,应将贷借契约送审计处或分处核准。

贷借契约应下列之各款:

一、种类。

二、位置(如系动产即记其保存之场所)。

三、实数。

四、附属品(无者缺)。

五、财产价格。

六、贷借金额。

七、贷借期限。

八、承借人之姓名籍贯职业住址。

九、保证人之姓名籍贯职业住址。

十、修理费及其他费用之负担方法。

十一、贷借金之交付日期。

第十六条　第二条第一项第一款第二款官有财产之贷借不得越下列之期限。

一、供培养森林之土地五十年以内。

二、供农工及其他营业与建筑家屋之土地二十年以内。

三、土地森林之使用权十五年以内。

四、家屋船舶之使用权十年以内。

五、其余财产之使用权三年以内。

第十七条　第二条第一项第一款第二款官有财产之贷借如国家有非常必要之用时虽在贷借期限以内得解除贷借契约令其返还。

第十八条　第二条第一项第一款第二款官有财产之借受人若未得主管衙门之许可任意变更

财产之状态或性质时及因故意或过失致贷借财产荒废毁损消减时须自负赔偿之责。

　　第十九条　第二条第一项第一款第二款官有财产之借受人若未得主管衙门之许可不得转贷于他人。

　　第二十条　第十七条第十八条第十九条之规定于定贷借契约时具应详细载明。

## 第六章　附则

　　第二十一条　第二条第一项第一款第二款官有财产之变卖贷借主管官吏及其父子兄弟不得为买受人及借受人。

　　第二十二条　第二条第一项官有财产若因主管官吏之故意或过失致有毁损消减等情审计处或分处得酌量情形责令赔偿。

　　第二十三条　本规程未施行以前第二条第一项第一款第二款官有财产之贷借已结期限契约者在其契约期内仍照旧契约施行其贷借契约未定期限者应自本规程施行之日起按照第十六条之期限另订新契约。

　　第二十四条　关于官有财产之报告及购建变卖拨换贷借之单据应由主管长官先行检查。

　　第二十五条　自本规程施行后不经第六条第八条第十一条第十五条程序办理者所有承办人员应受违背命令之处分。

　　第二十六条　本规程自登公报之日起施行。

### 官有土地明细表

| 方数 | 地点名称 | 四至 | 买入没收年月 | 买入估计价值 | 发租主管衙门 | 租期 | 租金 | 承借人之姓氏籍贯及职业 | 中保人之姓氏籍贯及职业 | 用途 | 说明 |
|---|---|---|---|---|---|---|---|---|---|---|---|
| | | | | | | | | | | | |
| 总计 | | | | | | | | | | | |
| 考备 | | | | | | | | | | | |

### 官有动产明细表

| 种类 | 件数 | 价值 | | | | 保存场所 | 法律关系 | 说明 |
|---|---|---|---|---|---|---|---|---|
| | | 每件价值 | | 总计价值 | | | | |
| | | 原购价值 | 现在市价 | 从前价值 | 现在市价 | | | |
| | | | | | | | | |
| 考备 | 法律关系栏内应注明有无拨给贷借等项○关系<br>说明栏内应注明○件物品○前之用途 | | | | | | | |

### 官有矿产明细表

| 地点名称 | 四至 | 买入没收年月 | 买入估计价值 | ○○ | 已估○○本 | 已估○○利益若干 | 主管发租衙门 | 租金 | 租期 | 承租人姓氏籍贯及职业 | 中保人姓氏籍贯及职业 | 说明 |
|---|---|---|---|---|---|---|---|---|---|---|---|---|
| | | | | | | | | | | | | |
| 总计 | | | | | | | | | | | | |
| 考备 | | | | | | | | | | | | |

官有船舶明细表

| 号头 | 体长 | 容积 | 附属物件数 | ○成没收年月 | ○○估计价值 | 主管发租衙门 | 租金 | 承借人之姓氏籍贯及职业 | 中保人之姓氏籍贯及职业 | 用途 | 说明 |
|---|---|---|---|---|---|---|---|---|---|---|---|
| | | | | | | | | | | | |
| 总计 | | | | | | | | | | | |
| 考备 | | | | | | | | | | | |

官有森林明细表

| 方数 | 地点名称 | 四至 | 森林种数 | 森林林数 | 土地之买入地土之没收年月 | 土地买入地土估计之价值 | 森林造作年月 | 森林造作之资本 | 森林按年收益之预算 | 主管衙门 | 说明 |
|---|---|---|---|---|---|---|---|---|---|---|---|
| | | | | | | | | | | | |
| 总计 | | | | | | | | | | | |
| 考备 | | | | | | | | | | | |

官有房屋明细表

| 牌号 | 地址名称 | 台基面积 | 左右邻之姓氏 | 房间数 | 附属物件数 | 造成没收年月 | 造成估计价值 | 主管发租衙门 | 承借人之姓氏籍贯及职业 | 中保人之姓氏籍贯及职业 | 租税 | 说明 |
|---|---|---|---|---|---|---|---|---|---|---|---|---|
| | | | | | | | | | | | | |
| 总计 | | | | | | | | | | | | |
| 考备 | | | | | | | | | | | | |

### 3. 战区机关所装电灯电话等类押金准予列入计算报销并列入财产目录令

战区机关所装电灯电话等类押金准予列入计算报销并列入财产目录令

监察院庆字第一五一〇号训令[1]

国民政府本年十二月二十三日渝字第一七五七号指令：

二十七年十二月十七日庆字第一四一六号呈一件：为据审计部呈为准财政部函以战区机关所装电灯电话等押金，拟列入计算报销，并列入财产目录经复议尚属可行，请转呈备案等情，呈请鉴核备案由：呈悉，准予备案，仰即转饬知照，此令等因，奉此，合行令仰知照。

附一，呈监察院转呈国民政府文

案查前准财政部函，以各机关装设电灯电话等类付出之押金，际此非常时期，或因地方沦陷，或具其他特殊原因，以致暂时无法收回者，事所难免，如果任其长久虚悬，亦有未妥，可否准予列入支出计算书特别费项下其他目内报销，但因此项押金虽经报销，将来仍由收回之望，为便于稽考计，似应作为一种财产，列入财产增加表及财产目录，庶该项债权在报表内不致湮减无稽，俟该款收回时，视同经费结余，再以其他收入列报，惟此项办法在先并无成例，是否可行，及该项押金收据可否留存原机关，以备将来追索之凭据，请酌复等由，当以各机关电话等类押金，可作为结余保留免缴国库，至该项押金收据，似应留存原机关以备将来追索之凭据函复去后，兹复准财政部函，以所示自属正常办法，惟际此非常时期，沦陷战区之债务人及法人团体，或踪迹不明，或资产破坏，其应退还之押金，形成无法收回之呆账，如将该款长此作为结余，不独与实际结存之现金不符，且该区域内之财务机关，亦多裁撤归并，此项虚帐，辗转移交，殊多窒碍，前拟变通办法，原系顾全事实，为沦陷战区或有特殊情形之押金支款事实上难于收回者而设，且在未确定损失注销或收回以前，仍列入财产目录，于稽核上似尚无不便之处，请再酌复等由，准此，查财政部所拟办法，尚属可行，惟事关变通各机关造报办法，应力求一致，理合备文呈请钧院察转国民政府鉴核备案，实为公便。

附二，审计会议第三五四次报告事项

二、战区机关报销押金，应附押金收据抄件，原收据仍由各机关妥为保管，以备日后领回押金之用。

### 4. 中央与地方补助费划一核销办法

中央与地方补助费划一核销办法[2]

第二七三次审计会议通过

一、中央机关受有地方补助者，其补助之款项，可作为国家收入计算书类，由中央审计机关审核之，结余亦归还中央国库，但在地方补助机关，则以取得受补助机关之印领，列为地方支出。

二、地方机关受有中央补助者，其补助之款项，可作为地方收入计算书类，由地方审计机关审

---

❶ 审计部.审计法令汇编[M].北京：商务印书馆，1948：46.

❷ 审计部.审计法令汇编[M].北京：商务印书馆，1948：48.

核之,结余亦归还地方金库,但在中央补助机关,亦以取受补助机关之印领,列为中央支出。

【附注】省地方与市县补助费之核销,准照本办法办理第二八二次审计会议通过。

## (五)军事审计

### 1. 陆军审计现行规则(1913年)

#### 陆军审计现行规则[1]

#### 二年四月四日

#### 第一章 总则

第一条 本规则为审查陆军全体岁入岁出及关于一切会计实务,凡属陆军机关均应遵守。

第二条 陆军会计审查处得根据本规则向陆军各机关执行各种检查,检查后须将成绩详细报告。

#### 第二章 审查支付决算

第三条 陆军年度总预算未经成立以前,所有陆军各机关每月支付概算分册,应由主管预算机关汇送陆军会计审查处查核。

第四条 陆军各机关经费支付,应由管理支付机关,按月将实付之款项数目汇送陆军会计审查处查核。

第五条 陆军各机关每月决算分册及附列各种收据,由陆军会计审查处,按照各种收据审查决算,分别呈请准驳外,其决算分册,应按月汇送军需司办理。

第六条 陆军会计审查处审查决算有疑义时,得呈请另行该主管机关辨明或派员就地检查。

#### 第三章 检察官有财产

第七条 关于陆军官有财产,应由主管各机关调查汇送陆军会计审查处查核办理。

第八条 凡关于陆军建筑工程及购买军需物品,其需用在五百元以上者,应将合同契约或具详细说明书及价格图标,报明陆军会计审查处查核办理。

第九条 凡关于陆军官有财产作废或变价,应由陆军会计审查处查核,承认其发卖之投标监视手续,按照审计处暂行审计规则第十九条办理。

#### 第四章 检查一切会计

第十条 陆军会计审查处得派员检查各陆军机关金柜按簿表所载收支数目与现存款项及各种证据是否相符。

第十一条 陆军会计审查处得派员赴各陆军机关按审计处及本部所定之簿表程式检查其编订填写等项是否合式。

第十二条 出纳官所保管之金钱物品因不得已事故损失时陆军会计审查处得派员检查是否属实。

---

[1] 蔡鸿源.民国法规集成:第32册[M].黄山:黄山书社,1999:186.

第十三条　凡追加预算之款项数目及事由应由军需司每月汇送陆军会计审查处查核。

第十四条　凡余款补领及因误付长付缴还之款项数目事由应由陆军会计审查处查核后付送军需司办理。

第十五条　建筑工程完竣之日及购买军需物品运到之日应由陆军会计审查处按照原立合同契约或详细说明书及价格图式切实检查认可后再由主管机关接收。

### 第五章　处分

第十六条　各陆军机关应将所属出纳官姓名履历造送陆军会计审查处备查并转送审计处。

第十七条　陆军出纳官之处分除适用审计处暂行审计规则第二十五六条外凡陆军出纳官如有违背本规则及各种法令者或其他官佐确认其与出纳官有通同违法关系者得由陆军会计审查处呈请分别行使处分。

### 第六章　附则

第十八条　陆军会计审查处得适宜,呈请委托各陆军机关长官行各种检查。

第十九条　本规则自公布日施行。

中华民国二年三月日陆军部部令

## 2. 陆海军会计审查处暂行规程(1913年)

### 陆海军会计审查处暂行规程❶

#### 二年十二月三日

第一条　陆海军审计官厅官制未公布以前暂设陆海军会计审查处隶属于陆海军总长掌理监督陆海军全体岁入岁出及关于一切会计事务。

第二条　陆海军会计审查处设处长一员暂以陆军军需监充任掌理全处事务。

第三条　陆海军会计审查处暂设科长八员以陆军一二等军需正及海军军需大中监充任分为八科其职务如下。

第一科掌理陆海军审计之政令文牍审计人员之一切事宜及编订法规检查处分暨不属各科事项。

第二科掌理陆军各官衙学校局厂审计事项。

第三科掌理近畿陆军各军队审计事项。

第四科掌理奉吉黑燕鲁豫晋各省陆军审计事项。

第五科掌理湘鄂皖苏赣闽浙各省陆军审计事项。

第六科掌理粤桂滇黔秦蜀陇新各省及边远陆军审计事项。

第七科掌理海军各官衙学校营局院所审计事项。

第八科掌理海军各舰队审计事项。

第四条　陆海军会计审查处设副官三员以陆军二三等军需正及一等军需或海军军需少监及

---

❶ 蔡鸿源.民国法规集成:第7册[M].黄山:黄山书社,1999:171-172.

一等军需官充任掌理收发文牍庶务会计及陆海军审计各官厅预算决算各事项。

第五条 陆海军会计审查处设科员若干员以陆军二三等军需正及一二等军需或海军军需中少监及一二等军需官充任分理各科事项。

第六条 陆海军会计审查处设技士四员分掌各项军用品及建筑工程检查事项。

第七条 陆海军会计审查处为缮写核算得酌用雇员。

第八条 凡关于陆海军审计之法规政令以主管之部令分别行之。

第九条 陆军于各省设陆军会计审查分处海军得于总司令处及军港司令驻在地酌设海军会计审查分处。

第十条 本章程自大总统批准之日施行陆海军审计官厅官制公布之日废止。

### 3. 各省陆军机关递送每月概算决算暨领款凭单之期限及其审查程序(1913年)

#### 各省陆军机关递送每月概算决算暨领款凭单之期限及其审查程序[●]

#### 二年六月十四日

——各省陆军机关(凡师旅团营连皆属之)应于前一月初五日以前,按照审计处协定之概算格式编制概算两份,送于该省陆军会计审查分处,其有离省较远者,得由该管官厅先期催取。

——各省陆军会计审查分处接到前项概算,应迅即审查,遇有应驳应查之处,除函查原造概算之机关外,并于概算上将应驳应查之理由,逐一签注清晰,然后将概算之一份于前月二十日以前,送由该省财政司转送该省审计分处复核。

——各省审计分处将前项概算核定后,应于前月之三十日以前,知照财政司,一面知照该省陆军会计审查分处。

——各省陆军会计审查处接到前项知照后,应于每月之初五日以前,将审计分处所核定之概算数知照领款机关。

以上概算。

——每月决算陆军各机关均限于翌月二十日以前,按照审计处协定之决算格式造具决算册二份,连同军费收据送交陆军会计审查分处核办。

——各省陆军会计审查分处接到前项决算,应迅即审查,遇有疑义不符等事,逐一签注明晰后,除查询造册机关外,应即将决算册之一份,于每月之经过八十日以内,连同收据送由财政司转送该省审计分处复核。

以上决算。

——向例直接向财政司领款之陆军机关编制领款,凭单应于每月十五日以前,送由财政司转送该省审计分处,按照审计规则及审计国债用途规则分别办理。

——向例非直接财政司领款之各机关,应于每月初十日以前,将领款凭单送由各该管官厅照前条办理。

● 蔡鸿源.民国法规集成:第32册[M].黄山:黄山书社,1999:261.

——陆军各机关填具领款凭单,应按照各省审计分处,核定交由各省陆军会计审查分处转知照行之支付概算分册内项目开列,节以下略之,但员数银数得据实减少,惟不得逾于原定之额。

以上领款凭单。

——陆军各机关之概算决算暨领款凭单,除递送期限及审查程序外,余俱应照审计处所协定之各种格式内附列各种说明办理。

**4. 各省陆军审计事务暂行办法规程**

**各省陆军审计事务暂行办法规程❶**

第一条　各省陆军审计事务在陆军审计规则未修正以前,均暂依本规程办理。

第二条　前颁之陆军会计审查分处现行审计细则与现定办法不相抵触者,仍继续　有效,其应办事务,仍由将军咨部办理。

第三条　各省陆军机关每月支付预算书及追加支付预算书应编造两份,送由将军核定后汇送财政厅,于前一月初十日以前,详送陆军部。

第四条　各省陆军机关按月请款凭单填写两份,由将军按照支付预算核定后,送由巡按使核定数目,发交财政厅填给发款通知书,于每月十五日以前,请将款凭单送部。

第五条　各省陆军机关领款时所具之四联式总收据,除一联存根、一联留库以外,一联由库送巡按使存案,一联由库送部。

第六条　各省陆军机关收入计算书,应由该机关编造两份,于每月经过后,送由将军核定,于翌月二十日以前,汇送本部,其收入证据由各机关保存。

第七条　各省陆军机关支出计算书,应由各机关编造两份,连同各项证凭单据等,送由将军于翌月二十日以前,转送本部。

第八条　各省陆军机关保有之金钱物品,应由出纳官将按月出纳情形并现存之数量价格种类等,于每月经过后造具清册,送由将军咨送本部备案。

第九条　遇有必须调查检验或监视等事宜,由部随时派员或咨行将军巡按使办理。

第十条　本规程规定应由将军办理各事件,于未设将军省份,应由管辖全省之最高军政长官,行之热河绥远察哈尔等处都统行之。

第十一条　各省巡按使所管之巡防警备等队,凡支用军费者,须按本规程所定将每月各项计算表册及证据等,由巡按使咨送本部。

第十二条　本规程自文到之日施行,至修正陆军审计规则公布之日废止。

---

❶ 蔡鸿源. 民国法规集成:第32册[M]. 黄山:黄山书社,1999:189.

❷ 国民政府审计院. 民国审计院(部)公报:第29册[M]. 北京:国家图书馆出版社,2014:457.

### 5. 审计部监督审核收复区军政各机关或人员动支公款办法(1946年)

#### 审计部监督审核收复区军政各机关或人员动支公款办法❷

#### 三十四年十月十一日本部审函字第六一一号公函

一、请公库主管机关快速完成收复区公库,并由审计机关指派驻库审计人员依法监督。

二、审计部国库总库审计办事处及派驻各机关就地审计人员,分别就主管范围先行澈查,由重庆通运收复区款项数目用途及领款人衔名日期等。

报由审计部转知各驻库审计人员,其未驻有审计人员各重要机关,由部派员酌量调查。

三、请政府通令各机关转饬收复区,各军政机关或人员迅将手存现金存入公库立户支用。

四、根据二三两条查核结果,其差额即为已经支用之款,应由审计机关派员实地查核账目,如发现有挪移款项或与原定用途不符等情事者,即报部核办。

## (六)战时审计

### 1. 战时国际捐赠财务接收处理办法(1944年)

#### 战时国际捐赠财务接收处理办法❷

#### 三十三年九月十八日行政院公布施行

第一条　战时国际团体或个人捐赠我国政府或人民团体之财务除非法律另有规定外依本办法处理之。

第二条　为统一接收监理国际团体或个人捐赠之财务并答谢起见设置国际捐赠财务接收监理委员会隶属于行政院其组织规程另定之。

第三条　国际捐赠财务指明捐赠某一机关团体者应由各该机关团体于接收后一月内将情由种类数量等报告主管官署转知接收监理委员会答谢其为指明捐赠某一机关团体者款项应由财政部接收通知接收监理委员会物品应由接收监理委员会接收统由接收监理委员会答谢按其性质分配交由各机关收用。

国际委托个人接收并指定捐赠为公益用之财务亦适用上项规定办理。

第四条　凡政府机关人民团体申请国际团体或个人捐赠财务者其计划内容及宣传文件须报经主管机关核转接收监理委员会备查。

第五条　主管机关对于所属机关或事业团体接收之国际捐赠财务行使下列各项职权。

(一)关于捐赠财务支配使用之监督事项。

(二)关于捐赠财务所办事业之考核事项。

(三)关于捐赠财务收支之审核事项。

(四)其他有关事项。

---

❷ 国民政府审计院.民国审计院(部)公报:第29册[M].北京:国家图书馆出版社,2014:457.

❷ 国民政府审计院.民国审计院(部)公报:第29册[M].北京:国家图书馆出版社,2014:242.

接收监理委员会对于上列各项亦得调查其状况并向主管机关建议其管理改进意见。

第六条　本办法自公布之日施行。

**2. 财政部战时授权各省财政厅长处理国家财务办法（1945年）**

**财政部战时授权各省财政厅长处理国家财务办法**❶

**三十四年六月十三日财政部渝参字第二六二〇号令公布**

第一条　财政部为适应战时需要特授权各省财政厅长依本办法处理各该省内国家财政事务。

第二条　各省财政厅长承财政部长之命办理下列事务。

一、关于国库行政之处理事项。

二、关于国有财产之清理事项。

三、关于国税稽征之协助事项。

四、关于金融管理之协助事项。

五、关于县银行之监督管理事项。

六、关于公债捐献劝募事项。

七、其他部令交办事项。

第三条　财政厅长处理前条第一款之事务除依照国库统一处理各省收支办法办理外并依本部命令行之。

第四条　财政厅长处理第二条第二款之事务应依清查国有财产暂行办法及其他有关法令清理报之并将其收益解教国库。

第五条　财政厅长处理第二条第三款之事务应就政策法令广为宣导并随时予以有效之协助。

第六条　财政厅长处理第二条第四款之事务依现行法令切实协助主管机关办理之。

第七条　财政厅长处理第二条第五款之事务依现行法令对于地方县银行实施管理检查并为必要之指示及处分。

第八条　财政厅长处理第二条第六款之事务应就中央规定之配额依照有关法令办理。

第九条　财政厅长处理第二条第七款之事务应依部令之指示办理其定有限期者并依限办理。

第十条　财政厅长对于本办法规定各事务之必要与革暨办理人员之功过应随时切实考查密呈财政部核办。

第十一条　财政厅长处理本办法规定事务所需之必要经费除另有规定外应就该厅原有办公费内统筹分配但因数额过大原有预算确属不敷时得由财政部视实际需要情形呈请行政院核给之。

---

❶ 国民政府审计院.民国审计院（部）公报：第29册[M].北京：国家图书馆,2014：322-323.

第十二条　财政厅长为处理事务之便利应按期召集当地财政部所属机关举行业务会报并以其结果呈报财政部遇有与地方财政有关者并得报告省政府会议。

第十三条　财政部厅长处理本办法规定之事务按年由财政部长于以考成其考成规则另定之。

第十四条　本办法自公布之日起施行。

### 3. 战时罚金镪提高标准条例（1945年）

#### 战时罚金镪提高标准条例[1]
#### 三十四年六月十三日国府明令公布

第一条　依刑法或其他法律应处罚金者在战时就其原定数额提高至五十倍但法律已依一定比率规定罚金之倍数者依其规定。

第二条　依刑法第四十一条易将器金或第四十二条第二项易服差役者在战时均已一百元以上五百元以下折算一日。

第三条　依法律应科罚镪者在战时就其原定数额提高至五十倍但法律已规定得依一定比率加赠罚镪之数额者依其规定。

依违警罚法科罚镪者在战时就原定数额提高至二十倍。

足者在战时得就原定数额提高二十倍。

第四条　科罚镪之案件除违警法或其他法律已规定为警察机关或其他机关科罚者外概由法院裁定之。

对于前项裁定得于五日内抗告但不得在抗告。

第五条　本条例至公布日施行。

### 4. 各机关以机关名义对公益或慈善事业捐款暂准核销令（1941年）

#### 各机关以机关名义对公益或慈善事业捐款暂准核销令[2]
#### 国民政府训令渝文字第一七三号三十年三月十一日

为令饬事,案据本府文官处签呈称:

准国防最高委员会秘书厅三十年三月五日国纪字第一三零六六号函开,案准贵处二十九年十月四日渝文字三八五一号公函,为奉交监察院呈据审计部拟订各机关以机关名义对公益或慈善事业捐款限制标准三项,转请核示一案,奉批先送国防最高委员会备案,函达查照转陈等由,附抄原呈一件,原附各机关以机关名义对公益或慈善事业捐款限制标准一份。经陈奉批交法制财政两专门委员会审查,据报告称,奉交审查审计部拟订各机关以机关名义对公益或慈善事业捐款限制标准三项一案,遵于二月十八日召开法制财政两专门委员会联席会审查,金谓公益或慈善事业之赖有捐款,原为不可否认之事实,但募捐若漫无限制,流弊亦多,尤以对于各级机关及公务人

---

[1] 国民政府审计院.民国审计院(部)公报:第29册[M].北京:国家图书馆出版社,2014:323.

[2] 审计部.审计法令汇编[M].北京:商务印书馆,1948:52.

员之影响为大,其在机关方面足以使公帑挹注于职掌以外之事务,而违反其法定之用途,在公务员个人方面,则以其有限之薪俸,应众多之捐输,值兹生活昂贵之时,尤感困苦,职是种种,募捐之举,殊有亟为限制之必要,至于各机关已以机关名义捐出之款,势亦不能不准其为有条件之报销,本此意义,拟具办法两项,(一)请钧会令行政院转饬社会部迅拟向党政军各机关募捐限制办法,呈候核行,(二)在尚未制定限制募捐办法以前,各机关捐出之款项,如在该机关节除范围以内者,暂准核销,以上意见,是否有当,谨呈裁决等语。复奉谕,照审查意见办理。除录案函送行政院转饬遵办外,相应复请查照转陈饬知等由。理合签呈鉴核。

等情,据此,应即照办。除饬复外,合行令仰该院即便转饬审计部知照。

此令。

### 5. 一切由机关拨捐之款项不得率用长官个人名义令(1939年)

#### 一切由机关拨捐之款项不得率用长官个人名义令[1]

#### 国民政府训令渝字第一〇一号二十八年三月十日

为令饬事案据本府文官处签呈称:

准国防最高委员会秘书厅二十八年三月六日国核字第八七号公函开:案奉国防最高委员会交下本会委员兼监察院院长于右任呈内称:据监察委员朱雷章呈略称:近顷各机关捐输款项或补助团体或赈济灾民,往往率用长官个人名义,拟请依法建议,嗣后各机关长官除依法令所得自由支配之特别费用外,一切由机关拨捐之款项,不得率用长官个人名义,请通令遵照等语。据此,理合附件呈请鉴核施行等由,奉批准如所请送请国民政府通令遵照等因。相应抄附原建议书函请查照转陈等由。准此,理合签请鉴核。

等情,据此,应即照办。除饬处函复并分令外,合行抄发原附件令仰遵照,并转饬所属一体遵照。此令。

## 七、审计惩戒规则

### (一)对审计官员工作失职的惩戒规则

### 1. 审计官惩戒法(1915年)

#### 审计官惩戒法[2]

#### 法律第六号四年十月十六日

#### 第一章　总则

第一条　审计官协审官有下列行为之一者依本法惩戒之。

---

[1] 审计部.审计法令汇编[M].北京:商务印书馆,1948:46.

[2] 蔡鸿源.民国法规集成:第十册[M].黄山:黄山书社,1999:169-172.

一、违背或废弛职务。

二、有失官职上威严或信用。

第二条　审计官协审官之惩戒由审计官惩戒委员会议决行之。

第三条　同一事件在刑事诉讼程序实施中对于被付惩戒人不得开始惩戒会议。

同一事件在惩戒委员会议决前对于被付惩戒人开始刑事诉讼程序时应暂停止惩戒会议程序。

第四条　同一行为依刑事裁判宣告无罪或驳回公诉或免诉时仍得实施惩戒会议程序其依刑事裁判宣告之刑不至丧失官职者亦同。

第五条　惩戒委员会为惩戒之议决不得侵及刑事或民事法院之职权。

## 第二章　惩戒处分

第六条　惩戒处分之种类如下：

一、夺官。

二、褫职。

三、降官。

四、降等。

五、减俸。

六、记过。

第七条　夺官剥夺其现在之官秩。

夺官应并褫其职。

第八条　褫职丧失现职。

褫职得并降其官。

受褫职处分者不得复任为审计官协审官但自受处分之日起经过二年得任他职。

第九条　降官降为该职初叙官以下之官者并降其职。

第十条　受降等处分者自受处分之日起非经过一年不得再叙进。

受降等处分无等可降者得罚半俸其期间为二年以下一年以上。

第十一条　减俸期间为一年以下一个月以上其额数为月俸三分之一以下十分之一以上。

第十二条　记过至三次者应受降等处分。

## 第三章　惩戒委员会

第十三条　审计官惩戒委员会以委员长一人委员八人于有惩戒事件时组织之。

第十四条　惩戒委员长由大总统于下列各职中遴选任命之。

一、司法总长。

二、平政院长。

三、大理院长。

第十五条　惩戒委员由大总统于下列各职中遴选任命之。

一、平政院评事。

二、大理院推事。

三、总检察厅检察长及检察官。

四其他三等荐任文官。

第十六条　关于审计官惩戒委员会之预备或补助事宜由审计院办理。

第十七条　审计官惩戒会议非合委员长委员七人以上列席不得开议非有列席委员三分之二以上之同意不得议决。

委员长有事故不能列席时得由首席委员临时代理。

第十八条　被任为惩戒委员长或委员者与惩戒事件有关系时应声明回避。

## 第四章　惩戒程序

第十九条　审计院长认审计官协审官有第一条之行为时得列举事实呈请大总统交审计官惩戒委员会审查之。

第二十条　肃政厅对于审计官协审官提起纠弹经大总统认为应付惩戒或由大总统交平政院审理后呈明应付惩戒者由大总统特交审计官惩戒委员会审查之。

第二十一条　审计官惩戒委员会奉大总统交议惩戒事件应将原呈及原纠弹或裁决之文件钞交被付惩戒人指定期日令其申辩。

第二十二条　审计官惩戒委员会于接受惩戒事件后得指定委员二人以上调查之。

第二十三条　审计官惩戒委员会于经过被付惩戒人申辩期间后应指定期日令被付惩戒人到会面加询问。

第二十四条　依前条规定询问被付惩戒人后或被付惩戒人已逾指事期日并未到会者审计官惩戒委员会得为惩戒之议决。

第二十五条　审计官惩戒委员会依前条之规定为惩戒之议决后应具惩戒议决报告书呈覆大总统。

第二十六条　审计官惩戒委员会之惩戒议决报告书经大总统核准后由大总统交由审计院长依法定程序执行之。

## 第五章　附则

第二十七条　本法自公布日施行。

---

❶ 审计部.审计法令汇编[M].北京:商务印书馆,1948:210.

## 2. 公务员惩戒法(1933年)

### 公务员惩戒法●

二十年六月八日公布

二十二年十二月一日修正

#### 第一章 通则

第一条 公务员非受本法不受惩戒,但法律别有规定者,不在此限。

第二条 公务员有下列(原文下列)各款情事之一者,应受惩戒。

一、违法。

二、废弛职务或其他失职行为。

#### 第二章 惩戒处分

第三条 惩戒处分如下:

一、免职。

二、降职。

三、减俸。

四、记过。

五、申戒。

前项第二款至第四款处分,于选任政务官立法委员、监察委员不适用之,第二款处分于特任特派之政务官不适用之。

第四条 免职除免其现职外,并于一定期间停止任用。

前项停止任用期间,至少为一年。

第五条 降职依其现职之官级降一级或二级,改叙自叙之日起,非经过二年,不得改进。

受降级处分而无级可降者,比照无级差额,减其月俸,期间为二年。

第六条 减俸依其现在之月俸减百分之十或百分之二十支给,其期间为一月以上一年以下。

第七条 记过者自记过日起,一年内不得进级,一年内记过三次者,由主管长官依前条之规定减俸。

第八条 申戒以书面或言词为之。

第九条 惩戒处分为中央公务员惩戒委员会议决者,应于议决后七日内,连同议决书三份报告司法院,被惩戒人为荐任职以上告司法院及铨叙部。

#### 第三章 惩戒机关

第十条 监察院认为公务员有第二条所定情事应付惩戒者,应将弹劾案连同证据,依下列各款规定,移送惩戒机关。

一、被弹劾人为国民政府委员者,送中央党部监察委员会。

---

● 审计部. 审计法令汇编[M]. 北京:商务印书馆,1948:210.

二、被弹劾人为前款以外之政务官者,送国民政府。

三、被弹劾人为事务官者,送公务员惩戒委员会。

第十一条　各院部会长官或地方最高行政长官,认为所属公务员有第二条所定情事者,应备文声叙事由,连同证据送请监察院审查,但对于所属荐任职以下公务员,得迳送公务员惩戒委员会审议。

第十二条　荐任职以下公务员之记过或申诫,得迳由主管长官行之。

### 第四章　惩戒程序

第十三条　惩戒机关于必要时,对于受移送之惩戒事件,得指定委员调查之。

第十四条　惩戒机关对于受移送之惩戒事件,除依职权自行调查外,并得委托行政或司法官署调查之。

第十五条　惩戒机关应将原送文件抄交被付惩戒人,并指定期间命其提出申辩书,于必要时,并得命其到场质询。

被付惩戒人不于指定期间内提出申辩书,或不遵命令到场者,惩戒机关得迳为惩戒之议决。

第十六条　惩戒机关对于受移送之惩戒事件,认为情节重大者,得通知该管长官先行停止被付惩戒人之职务。

依前二项规定停止职务之公务员,未受免职处分或科刑之判决者,应许其复职补给停职时之俸给。

第十七条　公务员有如下(原文如左)各款情形之一者,其职务当然停止。

一、刑事诉讼程序实施中被羁押者。

二、依刑事确定判决受剥夺公权之宣告者。

三、依刑事确定判决受拘役以上之宣告在执行中者。

第十八条　依前二条停职中,所为之职务上行为,不生效力。

第十九条　公务员受惩戒委员会委员之回避,准用刑事诉讼关于推事回避之规定。

第二十条　惩戒机关之议决,以出席委员过半数之同意定之,出席委员之意见三分说以上,不能得过半数之同意时,应将各说排列,由最不利于被付惩戒人之意见顺次算人数,不利于被付惩戒人之意见至人数达过半数为止。

第二十一条　惩戒机关之议决,应作成议决书,由出席委员全体签名。

前款议决书,应由惩戒机关送达被付惩戒人,通知监察院及被付惩戒人所属官署,并送登国民政府公报,或省市政府公报。

### 第五章　惩戒处分与刑事裁判之关系

第二十二条　惩戒机关对于惩戒事件,认为有刑事嫌疑者,应即移送该管法院审理。

第二十三条　同一行为已在刑事侦查或审判中者,不得开始惩戒程序。

第二十四条　同一行为在惩戒程序中,开始刑事诉讼程序时,于刑事确定裁判前,停止其惩戒程序。

第二十五条 就同一行为,已为不起诉处分或免诉或无罪之宣告时,仍得为惩戒处分。

第二十六条 同一行为虽受刑之宣告而未剥夺公权者,仍得为惩戒。

### 第五章 附则

第二十七条 应受惩戒之行为,虽在本法施行前者,亦得依本法惩戒之。

第二十八条 本法之公布之日施行。

### 3. 各机关所派出席代表不得接收出席费令

#### 各机关所派出席代表不得接收出席费令[1]
#### 国府二十六年五月六日第九五四号指令

案奉。

监院院字第一九五二号训令内开:为令知事,奉国民政府二十六年五月六日第九五四号指令内开:呈为据审计部呈请通令各机关,嗣后所有公务员代表其机关出席任何委员会,或其他组织,除应需之旅费,或其他必要费用,得报支外,不得接受出席费,或任何类似费用一案,转请鉴核通令饬遵由,呈悉,均应照办,业已另令通行饬遵矣,此令,等因,奉此,查此案前据该部呈请核转到院,当经备文呈请国民政府鉴核通令饬遵在案,资奉前因,合行令仰知照此令,等因,奉此,合行令仰知照此令:

## (二)对审计职员遗失证章的惩戒规则

### 1. 审计部职员遗失证章惩戒规则(1933年)

#### 审计部职员遗失证章惩戒规则[2]
#### 二十二年七月十一日

一、职员均需佩带本部证章,倘有遗失情事,即应将事由通知总务处并登报声明。

二、职员遗失证章第一次罚俸百分之二;第二次罚俸百分之五;第三次罚俸百分之十。

三、职员遗失证章第三次,仍复疏忽致再遗失者,应呈请部长处分。

四、职员如因特殊情形或无法避免致遗失证章者,得酌量情形从轻办理。

五、本规则自公布日施行。

### 2. 审计部江苏省审计处职员遗失证章惩戒规则草案

#### 审计部江苏省审计处职员遗失证章惩戒规则草案[3]

一、职员均需佩带本处证章,倘有遗失情事,即应将事由通知总务处并登报声明。

二、职员遗失证章,第一次罚俸百分之二;第二次罚俸百分之五;第三次罚俸百分之十。

---

[1] 审计部. 审计法令汇编[M].北京:商务印书馆,1948:47.

[2] 源自《审计部公报》1933年第25-26期,第64页。

[3]《审计部江苏省审计处公报[J]. 1935(1):37.

三、职员遗失证章第三次,仍复疏忽致再遗失者,应呈请处长处分。

四、职员如因特殊情形或无法避免致遗失证章者,得酌量情形从轻办理。

五、本规则自呈准备案后施行。

# 八、审计资料处理规则

## (一)审计院保管案卷暂行规则(1928年)

### 审计院保管案卷暂行规则❶

第一条　本院保管案卷事项均遵照本规则行之。

第二条　本院案卷依照机关及其性质分类保管主管机关以罗马数字标识之其附属各机关系统以二位数标识之该系统之某地机关则以其地名分之。

第三条　凡案卷保管应依照规定表格在卷宗(格式附后)后页左角登记该卷所属机关之标识数字及其地名等并右角登记该卷性质之标识数字依照规定表格之次序归档凡同类案卷后到者列前。

第四条　凡案卷有附件者除正件依照第三条办理外其附件应依照规定之表格之次序存置卷架并于案卷片(表格附后)上逐项填写依次置放屉内以备调阅。

第五条　各卷宗应每月整理一次每年清理一次已办结之件满五年者另行封存以免堆积。

第六条　凡调阅案卷须先填调卷单(格式附后)保管员将该件检交后应置调卷片(红色)于档内并登记于调卷簿(格式附后)前项调卷片俟原件归档时抽换之。

第七条　凡案卷于订定日期交还时保管员应将调卷单缴还并在调卷簿内注明归还日期。

第八条　凡调卷逾期未还者保管员应于过期后三日填调卷催还书(格式附后)催还之。

第九条　调卷单须按归还日期排列于调卷单屉内。

第十条　凡不依照规定手续调卷者保管员得拒绝之。

第十一条　凡调阅之案卷不得转借他人或携出院外。

第十二条　管卷室应采用防火设备。

第十三条　保管员应常川住院。

第十四条　本规则如有未尽事宜得随时提交院务会议修订之。

第十五条　本规则自公布日施行。

附调卷簿、调卷单、及片卷案。

---

❶ 国民政府审计院. 审计院(部)公报:第1册[M]. 北京:国家图书馆出版社,2014:169.

**调卷簿**

| 调卷号次 | 调卷种类 | 调卷 | | | 调卷人 | 归卷 | | | 备考 |
|---|---|---|---|---|---|---|---|---|---|
| | | 年 | 月 | 日 | | 年 | 月 | 日 | |
| | | | | | | | | | |
| | | | | | | | | | |

**调卷单**

年　月　日

种类

案由

归还日期　年　月　日

| 处厅 | | 科　　调卷人 | |
|---|---|---|---|

**片卷案**

| 案卷种类 | 案由 |
|---|---|
| | |
| 管卷室第　号 | |
| | |
| 正件第柜第屉 | |
| | 备考 |
| 附件第架第格 | |
| | 年　月　日　　归档 |

**调查卷归还书**

查　月　日 调卷　件

业经逾期务希速还

便归卷此致

先生

管卷室启　月　日

```
┌─────────────────────────────────┐
│         调 查 归 还 书          │
│                                 │
│ 查  业   便                      │
│ 月  经   归                      │
│     逾   卷     先      管        │
│ 日  期   此     生      卷        │
│     务   致            室        │
│ 日  希                 启        │
│ 调  速               月          │
│ 卷  还                           │
│                       日        │
│ 件                              │
└─────────────────────────────────┘
```

## (二)审计部编辑公报规则

### 审计部编辑公报规则

第一条　审计部公报编辑事务由秘书处统计科掌理之。

第二条　本报编辑主任由统计科科长兼任之。

第三条　本部公报每月刊行一期遇有必要时得发特刊。

第四条　本部公报登载事项以本部及与本部有关系者为限。

第五条　本部公报刊载内容分下列各项。

一、插图。

二、命令国民政府令。

监察院令。

审计部令。

三、法规。

四、公牍。

五、调查。

六、统计。

七、专载。

八、杂载。

第六条　本部各处厅特别文件图表应公布者各处厅酌定于稿面加盖登报戳记送由编辑主任按期登载。

第七条　本部各处厅普通文件预算计算支付命令之准驳文件由编辑主任徵集分别次序列表登载。

第八条　本报因徵集材料得向各处厅调阅文卷。

第九条　本部职员有关于审计方面之译著调查图表等件须经各主管处厅审定后送由主任付刊。

第十条　本报每期发刊前应将稿件汇送部长核阅付刊。

第十一条　本报得选载外来稿件但只限于审计作品。

第十二条　本规则如有未尽事宜得随时修订之。

第十三条　本规则呈由部长核定施行。

# 九、审计相关证件规则

## （一）审计院发给核准状规则（1915年）

### 审计院发给核准状规则❶
#### 四年三月二十九日四年十一月二十八日修正第六条

第一条　审计院依据审计法第九条及审计法施行规则第十二条填发核准状。

审计院发给核准状依本规则行之。

第二条　审计院审定各该官署支出计算除随时通知外，应就核准金额填发核准状。

第三条　核准状之发给于各会计年度之支出计算审查完结后行之，但关于临时机关经费，继续经费之核准状，得由审计院酌定颁发时期。

第四条　核准状由审计院填发各官署，其有上级官署者，送由该管上级官署转发。

第五条　各官署收到核准状，除保存备案外，应分别通知各该出纳官吏遵照。

第六条　出纳官吏遇有交待，应俟审计院发给核准状后，取回保释金，但由后任出具切结并经长官证明者，得于接到审计院按月审定通知时，先行发还保证金。

第七条　核准状发给后，除发见审计法第十五条所列情事外，得作为各该出纳官吏解除责任之证明。

第八条　本规则自公布日施行。

中华民国四年三月二十七日。

## （二）单据证明规则

### 1. 调卷簿支出单据证明规则（1915年）
#### 调卷簿支出单据证明规则

审计院咨京外各机关本院拟定支出单据证明规则呈奉批准龚录批令刷印规则通行遵照文（附规则）。

为咨行事案照审计法第十一条内载审计院编定关于审计上之各种证明规则等语歷经遵办在案兹查本院拟定支出单据证明规则呈请批准通行以资遵守一案于四年六月十八日大总统批令准如所拟办理即由该院通行遵照单存此批等因奉此除通行外相应龚录批令及规则一分咨请贵。

---

❶ 蔡鸿源. 民国法规集成：第32册［M］. 黄山：黄山书社，1999：158.

遵照办理并刷印通行所属一证遵照可也此咨。

院印。

中华民国四年六月。

**支出单据证明规则**❶

第一条　各官署支出单据之证明除法令别由规定外依本规则行之。

第二条　凡支出以正当受款人或其代理人之收据为主要证明其他单据均为参考附件。

第三条　凡支出非有收据不能证明但事实上不能取得收据者得由经手人声叙理由开单证明

第四条　凡收据须由正当受款人或其代理人亲笔署名后签字或盖印但工役及不议识文字者得由经手人开具清单使其画押或盖印证明。

第五条　凡收据须填明实收之数目收款年月日并付款机关之名称。

第六条　购买物品应由商号于发货单上注明实收现金数目及日期并某机关查照字样作为收据其另具收据者应仍应附具发货单。

前项实收数目上须盖用商号印章。

第七条　凡官吏出差经费均依财政部呈准旅费规则办理但关于下列事项仍应特加声明。

一、出差事由。

二、起讫日期。

三、停留地点（指更换舟车之地点而言）。

四、关于轮船火车之舱位车位等级及其他舟车之种类价目。

五、关于因公发电之事由。

六、关于延滞期限之事由。

第八条　凡工程经费除单据外应加具工程估计书各项图说即监工官吏技师等之证明书件其订有合同及招商投标者并应钞送合同及投标文件。

第九条　各项单据均应由出纳官吏签字或盖印并将用途简单注明。

第十条　按照印花税法应贴印花之单据均须贴用印花。

第十一条　各单据上有杂列各种货币者应注明折合国币总数及折合率。

第十二条　凡非汉文之单据应由经手人将其中重要条件附译汉文。

第十三条　原单据所开名目价值数量如有不甚明晰之处并不能使受款人补填完备者应由经手人另加注明于数目上盖印并附说明。

第十四条　各官署应备单据粘存簿将各单据区分项目节依次编号粘存并于单据上注明所属项目节。

第十五条　凡参考单据均应注明系某号单据之附件按号附列于后并于该号单据上注明附件总数。

第十六条　本规则未尽事宜由审计院随时行文定之。

---

❶源自国家图书馆民国法规数据库，北洋政府公布。

### 2. 修正支出凭证单据证明规则(1941 年)

#### 修正支出凭证单据证明规则❶

**民国三十年十月二十五日国府渝文字第一二六六号指令准予备案**

第一条　各机关支出凭证单据之证明,除法令别有规定外,依本规则之规定。

第二条　各机关支付款项,应提出受款人或其代理人之收据,收据以外之凭证单据,有参考必要时,应一并提出。

因特殊情形不能取得受款人或其代理人收据时,付款人应声叙原由,开列清单,签名或盖章,呈由该管长官证明之。

第三条　收据应由受款人或其代理人亲自签名。

如有用印章代签名者,其盖章与签名生同等之效力,如以指印十字或其他符号代签名者,经二人以上之证明,亦与签名生同等之效力。

第四条　收据应记明下列事项。

一、收受款项之原因。

二、实收金额。

三、收受年月日。

四、付款机关名称。

第五条　各机关提出商店之印章,应记明下列事项。

一、商店名称地址有门牌及号数。

二、物品名称及数量。

三、单价及总价。

四、发货日期。

五、机关名称。

前项第二第三两款,如记载不明,应令补正,不能补正者,应由经手人注明其原因,签名或盖章证明之。

第六条　各机关于提出前条之发货单据外,并应提出该商店之收款收据,其以发货单据代替收据者,并应记明下列事项,于收受金额上加盖该商店收受货款之印章。

一、实收金额。

二、收受年月日。

第七条　各种支出凭证单据,应由会计人员及负责长官签名或盖章,购置物品之单据,并应记明用途,由经手购置人点收人签名或盖章。修缮费之单据,应由经手付款人验收人签名或盖章,附具工程估计书,其订有合约或招标者,合约抄本投标文件各项关税及验收证件,应一并附送。

第八条　各机关俸薪工饷收据或俸薪工饷表,均应将职别等级姓名俸薪或工饷金额折支成

---

❶ 审计部.审计法令汇编[M].北京:商务印书馆,1948:51.

数及实发金额等项,分别填明,其有进退升降等情事,并应附具说明。

第九条　电报费之收据,应书明发电事由。

第一〇条　各机关人员出差旅费,应依照出差旅费规则办理,并应附具领据。

第一一条　各机关人员因紧急公务,搭乘飞机者,应于旅费报告表内,详注事由,另附送搭乘飞机之证件。

第一二条　广告费及印刷费收据,均应附送样本或样张,其订有合约者,并应抄送合约。

第一三条　营缮工程及购置财物之支出,应依审计部稽察中央各机关营缮工程及购置变卖财物实施办法办理,但营缮工程价格在该办法规定限制以下之支出凭证单据,应附具工程估计书各项图说及验收证件,其订有合约及招商投标者,合约抄本投标文件应一并附送。

第一四条　分批付款之支出凭证单据,应将全部金额已付金额及未付金额等项分别注明,其订有合约者,并应抄送合约。

第一五条　由数机关分摊之费用,其支出凭证单据,应由主办机关汇总附入支出凭证簿,并将其他分摊机关名称及摊金额分别注明,其他分摊机关应附具详细说明,以主办机关之收据列报。

第一六条　各机关会计人员编制之支出凭证簿,应就各项凭证单据,依照款项目节之次序编号粘贴,于每张右角加盖骑缝印章,并于簿上依款项目之次序,记明凭证单之号数及其款项之总数。

装订成册之凭证单据,不得折散另粘,其不能全册列入者,得在应粘栏中注明另附原册。

提出供参考之凭证单据,应注明系某号凭证单据之附件,按号附列,并于该号凭证单据上填明其件数。

第一七条　支出凭证单据上之数字,应用大写数字书写,并不得涂改挖补,其有改正者,应由作成人在改正处签名或盖章。

第一八条　支出凭证单据,应按照印花税法之规定,贴足印花税票。

第一九条　支出凭证单据上列有其他货币者,应注明折合国币总数及兑换率,其能取得兑换水单者,并应附送。

第二〇条　非本国文之凭证单据,应由经手人将其内容择要译成本国文,一并附送。

第二一条　本规则有未尽事宜,得由审计部修正之。

第二二条　本规则由审计部呈请监察院转呈国民政府备案后施行。

## (三)审计院发给审核证明书(国民政府)

### 1.审计院发给审核证明书须知[1]

#### 审计院发给审核证明书须知

第一条　审计院审核各机关每月收支计算书及证明单据认为尚属符合者发给审核证明书。

第二条　证明书由审计院填发各机关其有主管机关者送由该主管机关转发。

---

[1] 国民政府审计院.民国审计院(部)公报:第1册[M].北京:国家图书馆出版社,2014:321.

第三条　各机关收到证明书后除保存备案外应知照各该出纳官吏。

第四条　审计院审核各机关全会计年度之收支计算书及证明书据认为正当者另发给核准状以解除出纳官吏之责任。

第五条　审计院发给证明书后对于审查完竣事项发现其中有错误遗漏重复等情事者或发现诈伪之证据者得为再审查其原发证明书应即缴销。

**2. 国民政府审计院审核证明书样本**

根　存

机关名称

审核书类

书类月份

预算数额　经常门

计算数额　经常门　临时门

审计　审核算　审核人协审　填发人

中华民国　年　月　日填发

**存根**

国民政府审计院审核证明书　证字第　号

机关名称

审核书类

书类月份　　经常门　临时门　民国　年　月份

发预算数　经常门　临时门

计算数额

右列书类业经审核完竣后尚属符合此证　国民政府审计院

中华民国　年　月　日

**国民政府审计院审核证明书**

### 3．审计院发给审核证明书及审核通知书公文格式❶

（1）呈国民政府转发审核证明书公文格式。

呈为审查某机关　年度　月份经费　答复书声叙各节　尚无不合填具审核证明书谨请

另转事案奉

钧府第　号令开云云　等因并检发某机关　年度　月份经费支出计算书册收支队照表件单据粘存　答复书

簿册　件　奉此　即依法审核完竣　将答复书声叙各节详加审核认为　回无不合理填具　年　月份审核证明书呈请

鉴核转饬查照实为公便谨呈

国民政府

院长

计附呈审核证明书一件　字第　号附件

字第　号

❶国民政府审计院．民国审计院（部）公报：第3册［M］．北京：国家图书馆出版社，2014：161-173.

审计院审核证明书　证字第　号

机关名称

审核书类

书类月份　民国　年　月份

预算数额　经常门　临时门

计算数　经常门　临时门

右列书类业经审核完竣尚属符合此证

**审计院稿**

审计兼厅长。

审计协审科长核算科员缮稿。

（2）咨函各会、院、部发给审核证明书公文格式。

为迳启复者　准

贵院部第○○号咨函开云云等由并附○答年度○月份经费支出计算○书册收支对照表○件单据粘存簿件册准此当

经依法审核完将答复书声序各节详加审核认为　尚无不合相应填具　年　月份审核证明书送请

查照为荷此咨致

○○会院部

计附送审核证明书一件○字第○○号

院长

（3）咨函各会、院、部转发附属机关审核证明书公文格式。

为迳启复者　准

贵合院部第○○○号咨函开云云等由并附某机关○年度○月份经费支出计算○册书收支对照表○件单据粘存○件册

准此当经依法审核完竣将答复书声序各节详加审核认为　尚无不合相应填具　年　月份审核证明书送请

查照转发为荷此咨致

○○○会院部

计附送审核证明书一件○　字第○○号

院长

（4）呈国府转发审核通知书公文格式。

| | | | | | | |
|---|---|---|---|---|---|---|
| 院长　字第　号附件 | 计附送审核证明书一件○　字第○○号 | 国民政府 | 监核转饬遵照办理实为公便谨呈 | 审核通知书呈请 | 遵即依法审核完竣有应行（处分）（剔除）（查询）（更正）（补送）（发还）（注意）事项合理缮具将答复书声序各节详加审核认为仍有 | 钧府第○○号令开云云等因并检发某机关○答年度○月份经费支出计算○书册书收支对照表○件单据粘存○件册 | 呈为审查某机关答覆书声叙各节经费缮具审核通知书谨请令转事案奉○年度○月份经费缮具审核通知书谨请令转事案奉 |

250

审计院审核通知书○字第○○号

机关名称

审核书类

书类年月　　民国○○○年○○○月份

预算数额　经常门　临时门

计算数额　经常门　临时门

右列书类业经审核完竣内有应行○○○○事项开列于后

处分事项

剔除事项

查询事项

更正事项

补送事项

发送事项

注意事项

右列各项相应通知即希

查照办理此致

○○○

院长○○○

**审计院稿**

（5）咨函各会、院、部发给审核通知书公文格式。

| | | | | | | |
|---|---|---|---|---|---|---|
| 院长 | 计附送审核证明书一件〇 字第〇〇号 | 〇〇〇会院部 | 查照办理为荷此咨致 | 即依法审核完竣有将答复书声序各节详加审核认为仍有<br><br>应行<br>（处分）<br>（剔除）<br>（查询）<br>（补送）<br>（更正）<br>（发还）<br>（注意）<br>事项相应缮具审核通知书即请 | 贵合院部第〇〇号咨函开云云等由并附〇年度〇月份经费支出计算〇册书书收支对照表〇件单据粘存〇件册此当准 | 为迳启复者 案准<br>咨复事 |

（审核通知书稿见前）。

（6）咨函各会、院、部转发附属机关审核通知书公文格式。

为迳启复者
咨复事
案准

贵院部
合
第○○号咨函开云云等由并附某机关
○年度○月份经费支出计算○册书收支对照表○件单据粘存○

经依法审核完竣内有
将答复书声序各节详加审核认为仍有
应行
（处分）
（剔除）
（查询）
（补送）
（更正）
（发还）
（注意）
事项相应缮具审核通知书即请

查照转饬办理为荷此咨致

○○○
会院部

计附送审核证明书一件○　字第○○号

院长

件册
此当准

对外用审核证明书格式附下。

| 存根 | | | | | | |
|---|---|---|---|---|---|---|
| 机关名称 | 审核书类 审核兼厅长 | 书类月份 审计 | 预算数 经常门 临时门 协审 | 计算数 经常门 临时门 核算人 | 填发人 | 中华民国 年 月 日填发 |

| 审计院审核证明书 证字第 号 | 机关名称 | 审核书类 | 书类月份 民国年 月份 | 预算数 经常门 临时门 | 计算数 经常门 临时门 | 右列书类业经审核完竣尚属符合此证 | 审计院长 | 中华民国 年 月 日 |
|---|---|---|---|---|---|---|---|---|

**审核证明书格式（对外用）**

对外用审核通知书格式附下

通知书格式对外用

| 字第　号附件　年　月　日　时到 | 备考 | 批示 | 拟办 | 事由 | |
|---|---|---|---|---|---|
| | | | | | |
| | | | | | 附件 |
| | 收支　字第　号 | | | | |

| 审计院审核通知书○字第　号 | 机关名称 | 审核书类 | 书类年月　民国○○年○○月份 | 预算数额　临时门　常门 | 计算数额　临时门　常门 | 右列书类业经审核完竣内有应行○○事项 | 开列于后 | 处分事项 | 剔除事项 | 查询事项 | 更正事项 | 补送事项 | 发还事项 | 注意事项 | 右列各项相应通知即希 | 查照办理此致 | ○○○ | 院长 | 中华民国　年　月　日 |
|---|---|---|---|---|---|---|---|---|---|---|---|---|---|---|---|---|---|---|---|
| | | | | | | | | | | | | | | | | | | | |

审计院审核通知书

### 4. 各机关购用邮票证明办法

#### 各机关购用邮票证明办法
#### 交通部第七八五号咨❶

案据邮政总局报称,近据各区邮政管理局报告,京内外各机关以审计关系,须稽核邮票用途,

---

❶ 审计部.审计法令汇编[M].北京:商务印书馆,1948:47-48.

咸将所寄邮件,开具清单或登列送信簿,详载邮件种类件数,并每件所贴邮票数额,送请邮局盖戳证明,以凭报销,查此项单簿,如须逐一详细查对,费时颇多,邮局柜台人员,应付公众至为繁忙,倘对各机关送来是项单簿加以查对,则他人到局购票寄信者,必耽延甚久,殊与公众不便,若每局另派专人办理,则增添人员,开支过矩,公帑亦受损失,且各局柜台地位有限,为免拥挤起见,故于各处遍设信筒信箱,以便公众投寄邮件,如均发列单簿,仍应送至邮局,则拥挤情形仍不能免,邮局应付亦感困难,又查各类邮件,照章除挂号者外,概不给予收据,如于送信单簿上加盖邮戳,不啻给予收据,亦有未妥,设若邮局人员,因时间匆促,不问簿所载是否与实际交寄邮件相符,贸然加盖邮戳,尤恐易滋弊实,有失证明本旨,为求各机关稽核便利及邮局节省例外工作起见,似可于各机关于购买邮票时,缮备购用邮票清单一纸,载明拟购之邮票种类数目及总共价值,请由邮局查核加盖戳记,并由经手人员签字证明,至其所购邮票用途,则由各机关自行开具详单,随购用邮票清单送核,盖各机关寄递公文,照章均应挂号,并可享双挂号之利益,自可将挂号等收据号码注明备查,其属于普通邮件为数不多,关系邮资数目尚小,似可由经手贴用邮票人员之上级长官,加以核对证明,以免邮局因协助稽核各机关邮票用途,而增加种种困难,似此统筹兼顾之办法,是否可行,理合报请查核办理见复为荷。

# 十、特殊地方审计法规

## (一)审计部江苏省审计处

### 1. 审计部江苏省审计处第二组暂行办事细则草案

#### 审计部江苏省审计处第二组暂行办事细则草案❶

##### 第一章 总则

第一条 本组一切事务,除适用本处办事通则及审计程序外,均依本细则办理。

第二条 本组织员依事务之繁简,得由组主任随时指派兼理其他事务。

##### 第二章 办理文件

第三条 各承办人员办理重要文件,应先签请长官核示,办法再行拟稿。

第四条 各承办人员承办文件,自应撰拟正稿,经股长转呈主任核阅后,送秘书室转呈处长判行。

第五条 正稿经处长判行,发还本组,经主任复阅后,应由本组收发员用移送簿,迳送总务组文书股缮校印发。

第六条 处收发将已发出文件之正稿,连同来文及附件送还本组后,本组收发员应即点明件数照收,并即将收到各原件送承办人员负责保管,俟本案办理完结后,再行归卷移送总务组档案

---

❶ 源自《审计部江苏省审计处公报》1935年第2期,第29-32页。

室归档。

第七条　本组文件有应送登公报,或有关于统计材料者,于必要时,均由股长商承组主任抄送总务组。

第八条　本组有与他组互相关联之案件,由主管股长陈明组主任与他组协商办理,意见不同时,取决于处长,或复审会议。

第九条　各股有互相关联之案件,由有关系之各股长随时接洽,意见不同时,取决于组主任,或开组务会议决定之。

组务会议规则另定之。

## 第三章　收发文件

第十条　本组收发文件,采集中收发制,由组主任指定办事员及书记办理之,各股不另设收发。

第十一条　本组收文簿,应附两册,分为第一股收文簿(用审字编号),第二股收文簿(用计字编号),文件到组,收发员须查明本处暂行办事通则第四条规定分掌事项,或本组职员工作分配表,分别办理。

第十二条　凡文件到组,应由组收发员查明件数,点收无误后,即盖第二组收讫戳记于来文簿内,由原手将簿带回;如件数不符,得拒绝接收,否则须于来文簿内注明实收件数,以明责任。

第十三条　文件收讫后,应由收发员即时登记收文簿,簿内规定之收到时间,编号机关名称,来文类别,字号,年月日,附件,事由,均须逐一登记,不得缺漏。

来文及计算书,亦须编号,并填明收到年月日时,均应与收文簿内所登记者相符,以便检查。

第十四条　收发员于收文手续办理完竣后,应即将文簿连同来文及附件送呈组主任核阅交股办理。股长暨承办人员承办时,均须于收文簿内或来文上亲自签名,如系代收者,须签某某代收字样。

第十五条　承办人员收到计算书类时,须即将第二组审核计算书类检查单之各种规定详细填注,并将此单粘贴于计算书上面,然后将收文簿直接退还组收发员,如书内件数不符,应即告知收发员,并于检查单备考内详细注明,否则由承办人员负责。

第十六条　本组办毕案件,应送总务组转呈处长核阅判行者,收发员须详细登记送签簿,如移送第一三两组暨总务组案件,收发员须详细登记移送簿,其案件送出后,由收文者在本组送文簿内盖戳为凭,否则如有遗失情事,检查送签簿或移送簿有登记不明者,本组收发员,应与他组同负责任。

## 第四章　审核计算决算

第十七条　本组依审计法及审计法施行细则之规定,审核计算决算。

第十八条　审核计算时,须查对月份支付预算数,或岁出预算分配数,其支付金额,亦应查对。

第十九条　审核计算书类,如认为有问题者除遵照各种审计法令外,应依据下列各事项处理。

（一）处分事项。

（二）剔除事项。

（三）查询事项。

（四）补送事项。

（五）发还事项。

（六）更正事项。

（七）注意事项。

（八）备查事项。

（九）其他事项。

上列各事项,承办人员拟具审核报告暨填发审核通知书,均须照次序办理。

第二十条　审核计算书类,如审核结果,认为毫无问题者,除报告送核等程序应照本细则规定办理外,属于二十三年度以前支出之经费,按月发给审核证明书,二十四年度七月一日起,除按月函之核准外,应俟年度结束后汇案发给核准状。

第二十一条　佐理员审核计算书类,须将审核结果,拟具审核报告,送由股长审核签註具体意见转呈组主任复核。

审核报告,经组主任复核决定后,交还原股办理。

第二十二条　计算书类审核完竣后,承办人员随时须将审核收支计算备查簿分别详细登记,并即将全案移送本组总登记员详细总登记,然后送组收发送出。

第二十三条　前条规定备查簿及总登记簿之登记,如有遗漏或错误情事,有碍审核工作,或因此发生其他重要事故,登记及审核人员,均应负责。

第二十四条　审核计算书类,如审核结果发生第十九条所规定之处理事项,其事项简单者,缮具四页审核通知书,事项繁伙者,缮具六页审核通知书。

第二十五条　各机关答复书审核结果,倘仍认为发生第十九条规定之处理事项,一切办理手续,仍参照以前各条规定办理之。

第二十六条　本组审核计算书类,尚未了结者,其案卷暂归承办佐理员负责保管,待结束后,送由组管卷员归卷,再行送档案室归档。

第二十七条　本组各佐理员审核计算书类,应随到随办,于收到后,至迟不得逾两星期以上。如有特殊情形者,不在次限。

## 第五章　编制表册

第二十八条　本组编制各种表册,均由佐理员办事员或书记分别负责办理。

第二十九条　本组每月应编造呈送审计部之工作报告表四份,中央统计处政绩统计表二份,主计处报告一份,均应于每月经过后三日以内编成,送由总务组汇编呈部。

第三十条　本组应于每月经过后十日以内,编制每月审核支出计算一览表二份,送由总务组分送省政府及财政厅。

第三十一条　本组应于每月经过后十五日以内编制年度审核经费一览表,并由编表人负责保管整理,以为编印年度事后审计报告之准备。

第二十八条至第三十条规定每月应编制各种表册,其负编制之责者,须按照规定期限办理,如无不得已情形,不得延误。

第三十二条　本组全体职员,应各备工作日记簿一本,(用十行红格簿)依据事实按日逐点笔记,其应记要点如下:

(一)本日收到案件若干。

(二)本日已办案件若干。

(三)本日未办案件若干。

(四)本日经办案件所得之重要意见。

此种工作日记簿,组主任得随时调阅。

### 第六章　附则

第三十三条　本细则如有未尽事宜,得随时修订呈请处长核准。

第三十四条　本细则自处长核准之日施行。

**2. 审计部江苏省审计处第二组组务会议规则草案**

#### 审计部江苏省审计处第二组组务会议规则草案[1]

第一条　本组为审核计算决算及行政事务统一起见,特设下列两种会议:

一、审核会议。

二、普通会议。

第二条　审核会议,解决各股不能单独解决之审核事项。

第三条　普通会议,解决本组一切重要组务事项。

第四条　审核会议,以组主任各股股长及与议案有关系之佐理员组织之,但为集思广益起见,得由组主任就各股指定佐理员一人至三人出席,其应出席人数,至少须到有三人以上方得开会。

第五条　普通会议,本组全体职员均应出席,以总数三分之二以上到会为法定人数。

第六条　审核会议及普通会议须由组准主任指定职员负责编印议事日程,担任记录,保管议案等事项,开会时亦得列席。

第七条　审核会议及普通会议,均以组主任为主席,组主任因事不能出席时,以第一股股长为主席,第一股股长不能出席时,以第二股股长为主席。

---

[1] 源自《审计部江苏省审计处公报》1935年第2期,第32-34页。

第八条　审核会议,组主任认为必要时,或经股长二人以上之提案,均得召集。

普通会议,每半年举行一次,但于必要时,经五人以上之提议,得开临时普通会议。

第九条　审核会议议事程序如下:

一、宣读上次会议记录。

二、报告上次决议案执行情形及其他事项。

三、讨论议案。

四、临时动议。

第十条　普通会议议事程序如下:

一、宣读上次会议记录。

二、报告上次决议案执行情形及其他事项。

三、各股工作报告。

四、讨论议案。

五、临时动议。

第十一条　举行审核会议与普通会议,其应提交会议之议案,均须于会议前一日送由组主任发交负责人员编印议事日程。

第十二条　审核会议与普通会议决议之事项,如组主任认为有慎重执行之必要者,得由组主任请示处长或提复审会议决定之。

第十三条　本规则如有未尽事宜,得随时修订之,呈请处长核准。

第十四条　本规则自呈奉处长核准后施行。

### 3. 审计部江苏省审计处工作人员党义研究会简章

#### 审计部江苏省审计处工作人员党义研究会简章

##### 第一章　总则

第一条　本会定名为审计部江苏省审计处工作人员党义研究会。

第二条　本会为阐明党义,使本处全体工作人员对于本党义有系统之研究,以期彻底明了为宗旨。

第三条　本会会址设于审计处。

##### 第二章　组织

第四条　凡本处职员均为本会会员。

第五条　本会开会时,以处长为主席,处长因故不能出席时,指定干事一人代理之。

第六条　本会设干事五人至七人组织干事会。承主席之命,办理一切会务,其人还由处长指定二人至三人,其余由每组各推一人。

##### 第三章　研究方法与时间

第七条　本组研究党义方法分下列三种:

一、阅读由本处工作人员个别阅读。

二、讲述。

甲、由干事会在本期研究范围内择定段落或重要问题编号抽签依序讲述。

乙、讲述会每星期举行一次其时间随时酌定。

三、讲演规定时间招请同志举行讲演。

第八条　研究党义暂分六期行之。

一、第一期研究三民主义及民权初步。

二、第二期研究五权宪法及实业计划。

三、第三期研究建国大纲及孙文学说。

四、第四期研究本党歴次重要宣言及决议。

五、第五期研究帝国主义侵略中国史及不平等条约。

六、第六期研究其他关于发挥党义之重要书籍及刊物。

第九条　研究时期暂定一年,每期二月,必要时由主席酌量延长之。

### 第四章　考查

第十条　由主席随时口试或检查笔记。

第十一条　每星期研究完毕时举行测验。

### 第五章　附则

第十二条　本简章如有未尽事宜得由本会会员四分之一以上签请主席修改之。

第十三条　本简章自公布日施行。

### 4．审计部江苏省审计处会客规则❶

#### 审计部江苏省审计处会客规则

一、本处传达室内备有会客单,来宾务请逐项填明。

二、会客单内列有事由一项,务请将具体事实填写明白。

三、来宾如确因特殊情形,不便明白填写事由者,至少亦当注明或公事私事字样。

四、来宾接谈,请用极简单之语言说明事实,时间至多不得逾十分钟,但因公事非长时间谈话不可者,不在此限。

五、本处各组办公室均有重要工作,除因事实的必要经各主管职员许可者,不得擅行入内。

六、本处会客时间规定:上午十时至十二时,下午三时至四时。

七、本规则如有未尽事宜,得随时修改之。

八、本规则自公布日施行。

---

❶ 源自《审计部江苏省审计处公报》1935年第1期,第38页。

### 5. 审计部江苏省审计处图书室借阅图书暂行规则

#### 审计部江苏省审计处图书室借阅图书暂行规则❶

第一条　本处职员借阅图书均依本规则办理。

第二条　借阅图书须填具借书单,还书时图书室应将借书单发还,并在存根联注明归还月日,借书单式样另定之。

第三条　借阅图书每次不得超过六册,若一函内册数不止六册者,得借全函。

第四条　借阅图书每次不得逾二星期,期满应即送还图书室,如声请续借至多以一星期为限。

第五条　借阅图书遇必要时,图书室得随时收回。

第六条　借阅图书须加爱护,如借出后损坏或遗失者照价赔偿。

第七条　本规则如有未尽事宜,得随时呈准修改之。

第八条　本规则自承奉处长核准后公布施行。

### 6. 审计部江苏省审计处暂行复审会议规则草案

#### 审计部江苏省审计处暂行复审会议规则草案❷

第一条　本会议由处长及一、二、三、各组主任组织之,秘书得列席会议。

第二条　本会议应行议决之事项如下:

一、处长交议之事项。

二、一、二、三、各组主任提议之事项。

第三条　本会议于每星期四开会一次,但处长认为必要时,得召集临时会议。

第四条　本会议须有法定人员过半数之出席方得开议。

第五条　本会于必要时得由处长指定有关系之佐理员列席会议。

第六条　本会议议决之案,处长认为不能执行时,得交复议。

第七条　本会议之记录事务由处长指定一人担任。

第八条　本规则如有未尽事宜,得随时提交会议修订之,但须呈部备案。

第九条　本规则自呈准后公布施行。

## (二)湖北省审计机关法规

### 1. 湖北审计委员会条例

#### 湖北审计委员会条例❸

第一条　本条例依湖北省政府第二十一次政务会议议决案制定之。

---

❶ 源自《审计部江苏省审计处公报》1935年第2期,第25—26页。

❷ 源自《审计部江苏省审计处公报》1935年第2期,第28—29页。

❸ 源自《财政旬刊(汉口)》1928年第10期。

第二条　本会设委员长一人委员四人,由湖北省政府政务会议推定之。

第三条　委员长如有事故不能出席时,得由各委员互推一人为临时主席。

第四条　本委员会依过半数委员出席之决议执行会务。

第五条　本委员会关于审计事项依湖北暂行审计条例之规定。

第六条　自本委员会成立之日起,湖北省政府所属各机关之预算,应一律交付审查并得核减之,本委员会不得增加预算。

第七条　本委员会设下列各科:

第一科掌理文书收发监印管卷庶务统计及本会之会计又其他不属于各科之事项。

第二科掌理预算事项。

第三科掌理审计事项。

各科设科长一人科员书记若干人。

第八条　本委员会得自定办事细则处理会内事务,本委员会得制定关于预算及审计上之各项规则及书式。

第九条　自省政府决议呈请武汉政治分会核准公布之日施行。

**2. 湖北省政府暂行审计条例**

### 湖北省政府暂行审计条例❶

第一条　在省审计分院未成立以前,关于本省政府范围以内一切收支款项审计事宜,均依本条例之规定执行之。

第二条　凡主管财政机关之支付命令,除系按照审计委员会审定之月支经常费预算填发者外,所有关于一切临时工程等费,须先经审计委员核准,其支付命令与预算案或支出法案不符时,审计委员会应拒绝之。

第三条　审计委员会对于支付命令之应否核准,应从速决定,除有不得已之事由外,自收受之日起,不得逾三日。

第四条　凡未经审计委员会核准之支付命令,省库不得付款,违背本条规定者,应自负其责任。

第五条　下列预算及收支计算,应由审计委员会审查。

一、省政府岁出入之总决算。

二、省政府所属各机关每月之收支计算。

三、特别会计之收支计算。

四、官有物之收支计算。

五、由省政府发给补助费或特与保证各事业之收支计算。

六、其他经法令明定应由审计委员会审核之收支计算。

❶ 源自《财政旬刊(汉口)》1928年第10期。

第六条　审计委员会为前条审核时,应就下列各项编制审计报告书,呈报省政府。

一、总决算及各主管机关决算报告书之金额与省库之出纳金额是否相符。

二、岁入之征收岁出之支用官有物之买卖让与及利用,是否与法令之规定及预算相符。

三、有无超越预算及预算外之支出。

第七条　凡各机关各项建筑工程,须将省政府议决案及工程计划书并工程预算书或估单报告,审计委员会备案,如发见与法令预算不符或虚浮情事,应分别请求原机关说明或迳呈省政府核示。

第八条　凡各机关购置各项物品,其综合价格超过一千元者,须检同货单报告,审计委员会以便派员前往实地调查。

第九条　各机关大宗购置其物品,每件价格超过一千元者,须先取具最廉之三家商号订货单报告,审计委员会审定后,方可照价购买。

第十条　审计委员会应将每会计年度审计之结果呈报省政府,并得将法令上或行政上应行改正之事项,附陈其意见。

第十一条　经管征税或他项收入之各机关,应于每月经过后,编造上月收入支出计算书,送审计委员会审查。

第十二条　各机关应于每月经过后,编造上月收入支出计算书贷借对照表财政目录,连同凭证单据,送审计委员会审查,但因官营事业之便利及其他有特别情事者,其凭证单据得由各机关保存,前项各机关保存之凭证单据,审计委员会得随时检查。

第十三条　审计委员会审查各机关收支计算书,如有疑义,得行文查询限期答复或派员调查。

第十四条　审计委员会因审计上之必要,得向各机关调阅证据或该主管长官证明书。

第十五条　审计委员会对于第五条所列决算及计算之审查,由审计委员会会议决定前项会议规则,审计委员会另行订定。

第十六条　审计委员会审查各项决算及计算时,对于不经济之支出,虽与预算案或支出法案相符,亦得驳覆。

第十七条　审计委员会审查各机关之收入支出计算书及证明单据,认为正当者,应发给核准状,解除出纳官吏之责任,认为不正当者,应通知各主管长官执行处分或呈省政府处分之,但出纳官吏得提出办明书,请求审计委员会再议。

第十八条　审计委员会认定应负赔偿之责任者,应通知该主管长官限期追缴,前项赔偿事件之重大者,应由审计委员会呈报省政府。

第十九条　审计委员会得编定关于审计上之各种规则及书式,各机关现用簿记,审计委员会得派员检查,其有认为不合者,应通知该机关更正。

第二十条　各机关故意违背计算书或决算报告书之送达期限及审计委员会所定查询书之答

覆期限,得由审计委员会通知该主管长官执行处分或呈请省政府处分之,其故意违背审计委员会所定之各种规则及书式者亦同。

第二十一条　各机关现行会计章程应送审计委员会备案,其会计章程有与审计法规抵触者,应通知各该机关停止执行,并依法定程序修改。

第二十二条　审计委员会对于审查完竣事项,自决定之日起五年以内,发现其中有错误遗漏等情事者,得再审查,若发现诈伪之证据者,虽经五年后仍得为再审查。

第二十三条　审计委员会对于审查事项认为必要时,得行委托审查受委托之人,或机关须报告其审查结果于审计委员会。

第二十四条　审计委员会对于预算案不得增加岁出或增加款项。

第二十五条　本条例所定应行审核之各机关预算计算书表单据等项,均应送由主管财政机关核明,转送审计委员会。

第二十六条　本条例施行细则由审计委员会另行规定,但须呈请省政府批准公布。

第二十七条　本条例如有未尽或应行修改事宜,由湖北省政府政务会议补充或修改之。

第二十八条　本条例自湖北省政府政务会议议决呈请武汉政治分会核准公布之日施行。

**3. 湖北省政府预算编制暂行条例**[1]

### 湖北省政府预算编制暂行条例
#### 第一章　总则

第一条　省政府会计年度依照国民政府财政部颁布会计则例之规定,以每年七月一日开始,次年六月三十日终止。

第二条　省之租税及其他收入为岁入,一切经费为岁出,岁入岁出均应编入总预算。

第三条　各年度岁出定额不得移充他年度之经费。

第四条　预算案之款项经政务会议议决后,不得移作他用。

#### 第二章　预算

第五条　岁入岁出总预算应于上年度提交审计委员会,除因必不可免之经费及本于法律或契约所必需之经费致生不足外,不得提出追加预算。

第六条　岁入岁出总预算分经常临时二门,每门须分款分项,总预算于提出审计委员会时,附送参照书类如左:

一、各官署所管岁入预计书区分为款项目。

二、各官署主管岁出预计书区分为款项目。

三、截至上年六月三十日截止者。

第七条　省政府本机关各款项编制岁入岁出经常门或临时门预算书,经政务会议审查后,迳交审计委员会审定,并交由财政厅汇编。

---

[1] 源自《财政旬刊(汉口)》1928年第10期。

第八条　省政府所属各机关就应收应支各款编制岁入岁出经常门或临时门预算书,呈送各该主管官署审定。

第九条　各主管官署审定所属各机关编送预算书后,即将本机关所编收支各款预算书,连同所属各机关预算书,一并送财政厅核编,总预算书转送审计委员会核定。

第十条　支用预备金时,须先期报告审计委员会核定,方可动用。

### 第三章　附则

第十一条　省政府于岁计必要时,得发行短期省库证券或省公债。

第十二条　本条例如有未尽事宜,得随时由湖北省政府政务会议修正或补足。

第十三条　本条例自湖北省政府政务会议议决呈请武汉政治分会核准公布之日施行。

## (三)安徽审计委员会办法

### 安徽审计委员会办法(1930年)❶
#### 十九年十月日公布

一、安徽审计委员会直隶安徽省政府。

二、本会委员定为三人至五人,由省政府聘任。

三、凡政府及省政府所属大小各机关所有一切收支均归本会审核,经本会依照定章办完后,主管及经手人员方能解除责任。

四、本会预算详细规章及办事细则,由各委员会拟呈请省政府提交委员会核定,由省政府呈请,中央备案。

## (四)云南省政府审计处组织规程

### 云南省政府审计处组织规程❷

第一条　本省为执行审计,依云南省政府暂行审计条例第二条之规定,于省政府内设置审计处。

第二条　审计处系对省政府负责,办事概不对外。

第三条　审计处设处长一人,承省政府之命综理处务并指挥监督所属职员。

第四条　审计处设审计二人,协助处长推行一切审计事务,处长及审计均由省政府遴员任命之。

第五条　审计处设下列四组办理处务:

第一组掌理关于一切事前审计及预算之审核各事务。

第二组掌理关于一切事后审计及决算之审核各事务。

---

❶ 源自《安徽财经公报》1930年第1期。

❷ 源自《云南民政月刊》1934年第2期。

第三组掌理关于一切稽查调查各事务。

第四组掌理文书统计会计庶务收发及不属于其他各组事务。

第六条　各组设组长一人，禀承处长督率属员办理本组一切事务，均由处长遴员呈请省政府任命之。

第七条　前条各组组长得酌量事务繁简由审计兼任之。

第八条　各组视事务繁简各设一二三等组员及学习员，承组长之命分别办理一切事务。

各级组员由处长遴员呈请省政府委任，学习员由处长委派之。

第九条　审计处因缮写文件及其他事务得酌用录事。

第十条　审计处遇必要时，得聘用专门人员。

第十一条　审计处关于审核稽查重要事务，得举行处务会议商决之。

处务会议以处长审计及各组长组织之。

第十二条　各组关于重要事项得举行组务会议，由组长随时召集之。

第十三条　审计处办事细则另订之。

第十四条　本规程自核准之日施行。

# 下篇　审计案例

## 一、北洋政府时期审计决算心得例举

### （一）审查决算心得（1913年）

**审查决算心得**[1]
二年六月十一日

第一条　审查决算应照本心得所列各条办理各官署与未辩决算以前所送处之报销应一律照办。

第二条　各股收到决算书后应先将收支两门之逐项逐款数目与概算预算所列之逐项逐款数目一一核对有超过及科目无错等情遇有超过者应查起是否根锯法律抑因特别事故遇有无错者应察其是否的得以更正抑系有意蒙混当逐条签注后分别办理。

第三条　决算书中有杂列多种货币或银两者应先将各种货币或银两平色一一按照价值折合银元后再行逐款核对概算预算。

第四条　前项决算书与概算预算核对核对签注后再行将各散数累总核项各项数累总核款其有开列多款者并累款已核全书总数设有不符之处除头系笔误得已证明者由股声明更正外遇有可疑之处应摘录清单行文察复。

第五条　审查岁入决算遇有所列数目与预算原额多寡悬殊者应行文各直接收入机关令其从实声明理由。

第六条　审查岁出决算所列经费有领自他机关者应与他项机关之各种书类互查但他项机关书类有未经送处时得由本处行文查复一并核对。

第七条　凡经费之属于工程者需费较大之款项应同该管官署所送达之详细说明书价格表式等于收据一一核对前项说明书有未送到者应即行文催令补送。

第八条　凡经费之属于旅费者所有旅行事由旅行日数经过里程均应与水陆舟车及宾馆等所具收据一一核对查有无不符之处。

第九条　审查决算以核对证据第一要义但收入各款之间无证支出之间无收据者审查上年及本年三月以前之决算时得斟酌情形量予通。

---

[1] 蔡鸿源.民国法规集成：第32册［M］.黄山：黄山书社,1999：66.

第十条　审查证单据不完之决算书遇有疑义时得调阅其帐簿或派员往查酌量办理。

第十一条　上年九月以前之决算会编有概算者按照第二条所载核对概算其并无概算者则详查事实应分别办理。

第十二条　前项审查之决算书应将审查结果详细编制报告送请办付会议决之。

## （二）审计院解释营业机关编制结算报告之心得及实例（1917年）

### 审计院解释营业机关编制结算报告之心得及实例❶
### 附表民国六年一月十九日审计院公布一月二十七登政府公报

查本院前以整理营业机关之结算报告会就财政部所管印刷局编送之结算报告表加以修订刷印成册通行京外参考在案近查各营业机关照式编造之结算报告表虽较以前大有进步而不免仍有误会之处兹特再加解释以免误会。

一、前次颁发之实例系专就印刷局经过之复杂情形结算整理以便类推其他营业机关之另有特别情形者所用会计科目及计算方法自宜因事变通不得拘泥实例之形式胶柱鼓瑟转致不能明了。

二、结算报告表之程式系由收支对照表资产负债表损益表之三份表集合而成其用意在使彼此便于对照而所列款目数字实较三份表为简括必须先将三份表作成转记于总表方免错误嗣后各营业机关届结算报告之期应先作成收支对照表资产负债表损益表之三分表然后挈领提纲造成总结算报告表汇送本院审查其有不能作总表者准其仅以三分表为结算报告表。

三、凡现存财务之种类繁杂者应查照本院前次颁行之实例造一查存表以便清查其财务之种类单简者可于资产负债表内分别注明不必作查存表。

四、编制结算报告表之方法虽繁难然系每一结算期（一年或半年）编制一次并非每月编制。

今欲证明以上解释爰就鲁省工业专门学校附设理化器械厂所送之结算报告表稍加修订并就该厂声明之事实代为补作资产负债表损益表一并刷印颁行以便参考至于编造收支对照表之方法本院成立时颁行之普通官厅用簿记内已列有实例兹不赘列所有修订之表如下。

一、资产负债表。

二、损益表。

三、结算报告总表。

审计院修订

山东公立工业专门学校附设理化器械厂

资产负债表

自民国三年八月开办起至四年六月三十日止

---

❶ 蔡鸿源. 民国法规集成：第32册［M］. 黄山：黄山书社, 1999：263-264.

| 摘要 | | | | 资产 | | 负债 | |
|---|---|---|---|---|---|---|---|
| 资产之部 | 各种材料 | 售存 | 2421.500 | 2894 | 780 | | |
| | 估价 | 新收 | 473.280 | | | | |
| | 各种理化 | 售存 | 4657.600 | 4682 | 600 | | |
| | 器械估价 | 新收 | 25.—— | | | | |
| | 普通制品 | 售存 | 74.—— | 568 | 650 | | |
| | 估价 | 新收 | 494.650 | | | | |
| | 农蚕器械 估价 | | | 94 | 100 | | |
| | 器具 | 售存 | 2906.020 | 2933 | 650 | | |
| | 估价 | 新收 | 27.630 | | | | |
| | 购买机械 | | | 109 | 230 | | |
| | 贩卖仪器 余存数 | | | 920 | 630 | | |
| | 结存现金 | | | 1749 | 400 | | |
| 负债 之部 | 资本金 | 1. 接收前理化器械制造所之器械及普通制品 | 5214.480 | | | | |
| | | 2. 同上材料 | 2663.650 | | | | |
| | | 3. 同上普通制品 | 2906.020 | | | | |
| | | 4. 收本校辅助费 | 4518.—— | | | | |
| | 资产总数 | | | 13953 | 050 | | |
| | 纯损失 | | | 1349 | 100 | | |
| | | | | 15302 | 150 | | |

## 二、国民政府时期审计案例

　　本案例也称"审计成例"❶基于以下几点说明：(一)本成例之取材以审计会议决议案及本部各厅室处理案件有解释法令具成例性质者为限；(二)本成例之搜集系截至三十五年十二月(1946年12月)底止；(三)本编系汇集各期成例合刊其有失时效或与现行法令不符者经审定删去以利参

---

❶ 审计部. 审计法令汇编[M]. 北京:商务印书馆,1948:313-351.

考;(四)本成例经第六零四次审计会议审定。

## (一)事前审计部分

### 1. 审字第一号

无支付法案之支付书未便核签(一)。

财政部送签二十八年度湘岸淮商中西南三路贴边补助费,查二八年度总预算未列该科目,未便核签,原支付书退还。

参照审计法第三十二条。

### 2. 审字第二号

无支付法案之支付书未便核签(二)。

财政部送签某税务局二十九年一月份经常费支付书,查二十九年度总预算未列此项经费,已否办理追加预算,本部无案可稽,除将支付书暂存外,函请查复。

参照审计法第三十二条。

### 3. 审字第三号

支付书金额超越法定预算未便核签(一)。

财政部送签某专科学校二十八年度由湘迁桂临时费支付书,列数三千元,查与核定数二千八百元不符,原支付书退还。

参照审计法第三十二条。

### 4. 审字第四号

支付书金额超越法定预算未便核签(二)。

财政部送签某项基金美金借款二十八年六九月份到期利息支付书,查预算余额已不敷动支,未便核签,原支付书退还。

参照审计法第三十二条。

### 5. 审字第五号

送签支付书已逾国库收支结束期限未便核签。

财政部送签某处等二十六年度经临各费支付书,查二十六年度国库收支结束期限已过,未便核签,原支付书退还。

按二十六年度国库收支结束办法第四条规定,国库收支限于二十八年三月底整理完结。

### 6. 审字第六号

支付书科目变更未便核签。

财政部送签二十八年度某项开办费,经常费,暨某局某某二分处二十八年度三四月经常费支付书,查上项各经费核定后,曾奉国府渝文字第九〇号训令,移在某部第一预备费项下动支,案经变更,科目各异,未便核签,原支付书退还。

参照审计法第三十二条。

**7．审字第七号**

支付书重复未便核签。

财政部送签某学院二十九年度三月份增级经费支付书,查二十九年一月份该校增级经费支付书业经核签,此次送签支付书,系属重复,未便核签,原支付书退还。

参照审计法第三十二条。

**8．审字第八号**

支付书机关名称与法定预算不符未便核签。

财政部送签某税务局二十九年二月份经常费支付书,查所开请领机关,与二十九年度总预算岁出经常门常时部份第十五款第七项第二十七目机关名称不符,未便核签,原支付书退还。

参照审计法第三十二条。

**9．审字第九号**

预算分配表俸给费未附说明应请补送。

某委员会函送其所属机关之经常费预算分配表,在俸给费项下未附说明,无从审核,当经函请补送。

参照审计法第三十二条。

**10．审字第十号**

机关经费未经中央核准不能核签。

某省成立火柴公卖处,请以借支名义核签支付书一案,应于未经中央核准前,暂缓核签。

按以借支名义核签支付书,法无明文规定,至以暂付款名义送签,则依审计法施行细则第二十条之规定,须有预算法第六十八条所列各款情形为条件,该机关并无预算法第六十八条各款情事,自难核签。

**11．审字第十一号**

支付书用途与原案不符未便核签。

财政部函送某号支付书,经依法审核其用途与原案不符,未便核签,原件退还。

按支付书所列用途栏与原案不符,依审计法第三十二条之规定,自应拒签退还。

**12．审字第十二号**

法定预算内之支出不适用紧急命令。

财政部所开救济及保育支出,暨以外币折合之外交费二种紧急支付,均在预算范围之内,核与紧急命令之意义不符,应函财政部另填支付书送签。

按公库法第十三条规定,紧急命令支出款,仍应于支出后补行追加预算,其已在预算范围内之支出,自可照通常程序填发支付书,无适用紧急命令之必要。

### 13. 审字第十三号

未派驻审计人员之机关其公库支票不得以审计人员名义签证。

依公库法第十五条之规定,公库支票应由各机关长官或其授权人签发主办会计人员会签,其设有事前审计人员者,并应经其核定签证后,代理公库之银行始得支付,在本部未派驻审计人员办理事前审计之机关,其公库支票及领款书,不得以审计人员名义签证。

按会计法第六十二条公库法第十五条之规定,在设有事前审计人员之各机关,其公库支票应由审计人员核定签证,其未设有审计人员者,各机关公库支票,自不得以审计人员名义签证,而审计法第三条规定,审计职权由监察院审计部行使之,所谓审计人员,当系指在审计机关执行审计职权之人员而言,在法律上自有其严格之界说也。

### 14. 审字第十四号

款请保留转入下年度之支出案件应送部备查。

咨财政部,请将核明各机关已发生之债务或契约责任部份,于会计年度终了后二十日内,声请保留之案件,送部备查。

参照预算法第六二条及公库法施行细则第三十一条。

### 15. 审字第十五号

概算内容之变更应由主管机关核定转请备案。

某省某厅印制县各级组织纲要及实施计划,所需价款,在未成立各县土地推收所经费余款内移支,作为行政支出科目,查列入总概算科目,系依照预算法第七十四条手续核定,如有变更流用情事,不能依照预算法第七十七条手续办理,本案事关总概算之项目流用,应呈请主管机关转请备案。

按该省总概算尚未经中央核定概算之最高机关核定,事实上系依照该省呈准之救济办法执行,其概算内容如有变更,应呈请主管机关审定后转请备案。

### 16. 审字第十六号

铨叙及考绩手续尚未完备俸给费未便核签。

某机关所送支出传票第一〇五号,计俸给费支出三万九千八百四十二元九角四分,并附公库支票送签,查内有未经铨叙或铨叙未合格员人之俸给,未便核签,又二十七二十八年考绩后加薪人员其加薪部份,尚未经铨叙部核定登记,应声请叙原委以凭核签。

参照公务员任用法第七条考绩法第四条。

### 17. 审字第十七号

预算分配与法定预算不符发还重编。

某机关所送二十八年度预算分配表,内列数字超越该机关岁出经常费法定预算数,发还重编。

参照预算法第四十八条及审计法第二十九条。

### 18．审字第十八号

各县地方预算准予存查。

某省政府所送该省二十七年度各县地方预算，准予存查。

参照预算法第八十四条。

### 19．审字第十九号

预算科目不符支付书退还。

财政部前送直字第二○七五号支付书，系付该部电报费，当以事由不明退还在案，查与预算科目不符，仍予退还。

按支付书之用途科目与法定预算相符，审计机关监督预算之执行，对于与法定预算不符之支出，自应于事前拒签支付书。

### 20．审字第二十号

挪用经费剩余未缴还国库之处分。

某机关挪用所属机关经费剩余八四、二九六、五六元，前经呈院转呈国府转如数缴还国库，近经调查，仍未照办，应即停签该机关支付书。

参照预算法第六十一条中央各机关经管收支款项由国库统一处理办法第九条审计法第二十条。

### 21．审字第二十一号

上年度经费剩余不得留用为本年度新增业务费用。

某院函为某会二十九年度所领战地补助费剩余八万三千八百八十八元二角四分，准予留用为三十年度临时增添业务之需一案，查留用上年度经费剩余与预算法之规定不符，复函请另办追加预算。

参照预算法第六十二条。

### 22．审字第二十二号

常时部份与临时部份不得互相流用。

同门各科目之经费，虽有可以流用之规定，但限于同门部份内所列各科目之经费，至于常时部份与临时部份不得互相流用。

按预算法第五十四条之规定，其岁出用途别同门各科目中有一科目之经费不足，而他科目有剩余时，经原核定分配预算之长官或机关核准得流用之，因此有将经常门之临时部份，流用于经常门之常时部份，但经常支出与临时支出性质迥殊，可否亦得流用，当经主计处三十一年八月三日渝岁字第一六○八号函复解释仅限于同门同部份内所列各科目之经费，至常时部份与临时部份并不得互相流用。以示限制。

### 23．审字第二十三号

分配预算无案可稽不予存查。

某中央专门学校函送三十一年度岁出经临费预算分配表各二份,当以总预算内未有是项预算,而又无核定之法案,未予存查。

参照预算法第四十八条。

### 24．审字第二十四号

兼任人员不得兼领津贴。

某机关函送所属某机关经费及各兼任人员津贴数目表一案,查兼任人员兼支津贴于法不合,未便备查。

参照国府二十七年渝字第四四二号训令兼职不得兼薪及支领类似之费用。之规定。

### 25．审字第二十五号

半年考级晋级加俸于法无据不准暂付。

某机关为加强人事考核起见,举行半年考核,所有应行晋级加俸人员薪俸,自该年七月份起,按照新晋级俸支给,查半年考绩晋级加俸于法无据,不准暂付。

按半年考绩晋级加俸,核与公务员考绩法例不符,不得支领。

### 26．审字第二十六号

追加法案未成立前由岁入项下借垫暂付之记帐凭证应予拒签。

某市政府某局主管各项经费,本年度内均已支用罄尽,其余追加法案未成立前岁入项下借垫暂付款之记帐凭证,应予拒签。

参照审计法第三十二条及本部第四六三次审计会议决议案。

### 27．审字第二十七号

各机关借垫经费之记帐凭证应依法拒签。

关于各机关借垫经费虽有时亦为事实所需,但法令及会计现制均无认可之规定,各地就地审计人员应依法拒签其记帐凭证。

参照审计法第三十二条及本部第四六七次审计会议决议案。

### 28．审字第二十八号

包车汽油费记帐凭证应予拒签。

某省审计处为该省某局长某某赴渝出席某会议包车,汽油费若干元,照当时汽油售价实不经济,且中途可乘火车,当可更廉,拒签其记帐凭证,嗣准声复呈请核示一案,仍应拒签。

参照审计法第三十二条及本部第四七七次审计会议决议案。

### 29．审字第二十九号

照市价折发员工米代金及定量分配实物代金均未便准予照支未领有平价米及定量分配实物之机关,对于员工按照市价折发代金其记帐凭证,应予拒签。

按各机关如未领有平价米,其发给员工米代金,自应照行政院核定之当地米代金数额计算,如按市价发给,显于非常时期改善公务员生活办法不符,至公务员及家属生活必需品之定量分售,因特殊关系核发如有未敷,其折发代金于法无据无例可援,均未便准予照支。

参照本部第四八○次审计会议决议案。

**30. 审字第三十号**

分配预算不及如期送达照全年度预算十二分之一先划拨经费准予存查。

边疆机关僻处各地,公文邮递现尚未通,其现年度分配预算,系托商人代转,恐不及如期送达,照其全年度预算十二分之一,先行按月划拨经费,准予存查。

参照财政部划拨中央各机关经费办法第七条。

**31. 审字第三十一号**

主管机关统筹预算保留之未分配数应比照动支第一预备金办法请准动支。

某主管机关支出法案,对于统筹分配之预算科目所保留百分之五之未分配数,未经比照动支第一预备金办法请准动支,退请依法办理。

参照各机关分配预算编制办法,及行政院三十二年五月十五日仁嘉字第一○六六○号公函。

**32. 审字第三十二号**

经费保留之相当余额未列入或注明岁出预算分配表退请更正。

某机关就其本身经费保留之相当余额,未在岁出预算分配表新增保留额栏内列入,又某机关并计保留之相当余额于各月份分配数内,未在备考栏内注明,均退请更正。

参照各机关分配预算编制办法,及主计处三十二四月五日渝岁字第七八五号公函。

**33. 审字第三十三号**

聘任人员员额与组织法不符其俸薪应予拒签。

某部送签某月份职员俸薪等记帐凭证一案,以所列聘任人员名额与组织法不符,其俸薪应予拒签。

参照审计法第三十二条。

**34. 审字第三十四号**

调任人员不得追溯既往报支眷属旅费。

某机关协理眷属由沪至崇内迁,系在修正国内出差旅费规则实行以前,旧有规则对于调任人员眷属既无辅助舟车费之规定,自未便追溯既往,准予报支,至该协理调任赴崇安时,虽在上项规则实行以后,但其眷属并非由原来服务地方随同前往,亦系事实昭然,查与上项规则第十二条之规定未符,应予拒签。

参照审计法第三十二条。

**35. 审字第三十五号**

某省主席列支超额月俸仍应依法办理。

某省政府主席月俸八百元,与现行官俸额之规定不符,虽系例支仍应依法办理。

参照文官官等官俸表之规定及四九一次审计会议决议案。

**36．审字第三十六号**

机密查队各项开支仍应取具单据送审。

某局密查队各级密查人员及通讯人员所需之膳宿杂费舟车费，暨密告引线人员之招待费，以及谍报邮费等项，虽工作含有机密性质，仍应取具单据送审。

参照审计法第三十二条。

**37．审字第三十七号**

超收自治部份税款仍应依法缴库。

准某院函以某直辖市政府，拟将超收自治部份税款专存拨用一案，依照公库法之规定，各项税收款应行缴库，不得擅自拨用，本案仍应依法办理。

参照公库法第十一十二条及五一〇次审计会议决议案。

**38．审字第三十八号**

银行超支总务费在追加预算未核准前仍予拒签。

某银行超支总务费用，在追加预算未呈奉核准以前，仍予拒签。

参照预算法第六十五条及五一〇次审计会议决议案。

**39．审字第三十九号**

依照国内出差旅费规则加倍发给旅费应予拒签。

某铁路管理局工务处某区勘查队旅费，均照国内出差旅费规则所定数额加倍发给，核与规定不符，应予拒签。

参照审计法第三十二条。

**40．审字第四十号**

确属上年度应办未办事项得以该年度岁出应付款列报。

某省政府农林处将三十四年度冬耕旅费流入三十五年度支用一案，查年度流用于法不合，倘督导冬耕业务确实三十四年度应办未办事项，得以三十四年度岁出应付款列报。

参照预算法第六十一条第六十二条。

**41．审字第四十一号**

调差旅费由原服务机关支付不予核签。

某署调用其所属工厂职员调差旅费及补助眷属旅费，由原服务机关支付，查与陆军暂行给与规则应由调用机关支给之规定不符，不予核签。

参照陆军暂行给与规则第一章第五十五条。

**42．审字第四十二号**

经费缩减资遣一部份职员准比照机关裁并例办理。

某储运局之经费缩减资遣一部份职员，拟请准予比照机关裁并例办理一案，查该局既因经费缩减遣散职员，准予比照机关裁并例发给遣散费。

参照机关结束费发给办法。

### 43．审字第四十三号

超过年度结束期限之经临费支出,如确有合法财源准转作现年度支出予以核签。

某审计处请示,以田赋粮食管理处奉令,清发三十三年度及以前各年度县级田粮机关经临费,已超过年度结束期限,应否予以核签一案,查超过年度结束期限之该项支出,如确有合法财源,准转作现年度支出,予以核签。

参照预算法第六十二条。

### (二)事后审计部分

#### 1．计字第一号

审计机关认定事实不受司法机关认定事实影响。

查监察权中之审计职权,系有审计机关独立行使,审计机关依法对受审机关稽察其财务上之行为,如经审核调查结果认为毫无疑义时,当生法律上之效力,无再经司法机关重行认定后,再由审计机关采证之理,受审机关对被调查人提起诉讼,则属另一法律行为,与本案不生影响至司法机关查阅存在审计机关之单据文件,尚属可行。

参照审计法第三条第九条。

#### 2．计字第二号

不忠于职务之处分。

某机关二十四年度董庄堵口开挖引河及善后工程经费内,报支审计机关派赴该处稽查之佐理员某某所领两个月奖金四百元,当奖金剔除,并处分该员。

参照审计法第十五条。

#### 3．计字第三号

委托调查。

关于浙江某局长被控侵占图款吞没息金私刻图章一案,委托杭县地方法院代为调查。

参照审计法第五十三条及施行细则第四十五条。

#### 4．计字第四号

伪造单据应予惩处。

某重伤医院二十二年三月份由京至平开拔费计算案内,有伪造单据情事,业经依法剔除,并函请军政部查明惩处。

参照审计法第十五条。

#### 5．计字第五号

兼课超过限定钟点费应予剔除。

国立某大学某教授自某年二月份起充任某委员会委员,其兼课超越每星期四小时之薪金,应如数剔除。

参照十七年十一月国府训令第六八号三项。

**6. 计字第六号**

免送收支凭证之机关随时派员审核。

准某会所请免将收支凭证送审,由本部随时派员到会审核。

参照审计法第三十七条。

**7. 计字第七号**

溢支俸给应予剔除(一)。

某会秘书某某等十二员俸薪,超过国难时期各项支出紧缩办法规定,应予剔除。

参照国难时期各项支出紧缩办法第五条。

**8. 计字第八号**

溢支俸给应予剔除(二)。

某机关所属查勘队及工程处关于职员溢支俸薪,因该队等奉派前往战区赶筑军用公路及战地掩避工程,纯属军务国防性质,照国难时期各项支出紧缩办法第五条规定,军务国防不在扣减之列,请免剔除一案,查国难时期各项支出紧缩办法第六条规定应支原薪八成之人员,显然包括派往前方工作者在内,第五条规定除外免扣者,系指军务国防等本身经费而言,业经国防最高会议解释有案,本案溢支俸给仍应剔除。

参照国难时期各项支出紧缩办法第六条,及监察院庆字第五六二八号训令转国防最高会议解释令。

**9. 计字第九号**

分配预算内未有列入之官俸不能支给。

某部简任技正兼某所所长由某所支给技正薪俸,该所分配预算并未列入简任官俸给,该技正应仍由某部支薪。

按该所分配预算既无简任官俸自不应支给。

**10. 计字第十号**

分配预算未列有特别办公费者不能支给。

支领特别办公费之人员,应以分配预算列有特别办公费者为限。

按各机关预算之执行,一以核定之分配预算为准,而审计机关亦即以此为审核之依据,特别办公费之审核,亦系照此原则办理。

**11. 计字第十一号**

职员未到职前不得支薪。

某研究所俸字第一号单据支专任研究员郭某二月份下半月俸薪一三三.○○元,嗣查该所四月份单据旅字第二号附件郭某赴昆明报到旅行日记内载三月一日赴所报到等语,是该员二月份下半月尚未到所办公,在到职前支俸,于法不合,应予如数剔除。

按职员俸给依通例自到职之日起支,未到职前支俸自属不合,应予剔除。

### 12．计字第十二号

在两个机关分支应得薪俸并非兼薪。

某机关所属各区兼任督察工程师由本处支付之一部份薪俸,即包括于各该员在原服务机关应得薪俸数目范围之内,自不能认为兼薪,应免剔除。

按公务员服务所得薪俸,应依照暂行文官官等官俸表支给,由本机关及兼任机关分支,其应得俸额,自非兼薪。

### 13．计字第十三号

兼职兼薪应支剔除。

某会南京办事处专员李某,与某会办事处李某同为一人,实系更名兼职,经调查属实,应自兼薪之日起照数剔除。

参照国府十七年十月十九日限制兼职令,同年十一月训令六八号限制事务官兼职范围令。

### 14．计字第十四号

兼领两职特别办公费应予剔除。

甲省政府某厅长免职调任乙省,在甲省后任厅长未到任之先,事实上兼任两省厅长职务,同时支领两省厅长之特别办公费,核与国防最高会议第九十二次决议不符,应予剔除。

参照国府二十七年八月渝字四四三号训令规定兼职不得兼薪案决议办法。

### 15．计字第十五号

特别办公费未依法支领应予剔除。

某部所属某会主任秘书某某超支特别办公费,其超支数目,应予剔除。

参照国府密字第一零九号训令非常时期各机关长官特别办公费应按七成支给。

### 16．计字第十六号

免送之收支凭证由受审机关保存。

就地审核之收支凭证簿,暂由受审机关保存。

按审计法第三九条规定,经审计机关通知送审之机关于造送各项会计报告时,应将有关之原始凭证,及其他属附表册一并送审,反是其未经通知送审办理就地审计之机关,于造送各项会计报告时,其原始凭证经审核后,由受审机关保存。

### 17．计字第十七号

机关调验公务员之费用准予列报。

公务机关职员住院检验鸦片烟毒及医药费准予列报。

按调验公务员有无吸食鸦片,系属国家对该公务员之行政行为,所有费用不应由该公务员负担,准由调验机关列报。

### 18．计字第十八号

会计记录不全不依法定期限送审应请处分。

关于清查某部所属各机关帐目一案，其北平某场北平某所北平某处既无计算书类送部审核，又无帐册可稽正定某场领款未记入账簿，均应呈请处分各该机关长官及主管长官。

参照审计法第十五条审计法施行细则第二十六条。

### 19．计字第十九号

送审期限仍依法定办理。

某高等法院转据某分院请将各机关收支计算书类，于每月经过后十五日内送审改自领到经费之日起十五日内送审，函复仍依法定期限办理。

参照审计法第三十六条及审计法施行细则第二十五条。

### 20．计字第二十号

计算书数字不符次序紊乱发还重编。

某机关支出计算书收支对照表列报数目，与附属表单据簿以散合总数字全不相符，且单据粘存簿次序紊乱，将原件发还重编。

参照支出凭证单据证明规则第十二条。

### 21．计字第二十一号

雇员支薪不依雇员名称薪额限制办法规定应请查复。

查雇员名称薪额限制办法，凡雇员支薪超过五十四元，应于本办法施行后两个月内，将其姓名薪额及职务名称分报审计铨叙两部备查，而某会薪俸表内所列雇员十四员薪额均超过五十四元，迄未照规定手续办理，应请查复。

参照国府二十九年三月渝文字二三零号训令雇员名称薪额限制办法。（按现已修改为八十元）

### 22．计字第二十二号

未送印刷品样本应予补送。

某机关印字第一号单据列报石印支出传票等共计七十二元未附印刷样张，应予补送，以凭审核。

按印刷品样张系以之证明印刷支出之属实，可视为支出凭证单据证明规定第十二条所称之参考凭证。

### 23．计字第二十三号

未附广告样张应予补送。

某机关一月份杂费单据五一号支广告费一百四十元，及二月份杂费单据一七三号支广告费十六元八角，均未附送样张，应予补送。

按补送广告样张在明瞭广告之内容，藉以断定是否确为因公支出，该项样张亦可视为支出凭证单据证明规则第十二条所称之参考凭证。

### 24．计字第二十四号

战区机关押金报销办法。

某机关报支押租电话保证金五〇.〇〇元，未附押金收据抄件，应通知补送，并列入财产目录。

参照国民政府二十七年十二月二十三日渝字一七五七号指令备案之战区机关押金报销办法，并经三一五次审计会议决议战区机关押金应付押金收据抄件，原收据仍由各机关妥为保管。

### 25．计字第二十五号

计算错误多列之数目应予剔除。

某机关邮字第三号支出凭证共粘邮票费四单，内二十元一单，二元一单，十元一单，五元一单，合计三十七元，原凭证簿列作五十五元，总计邮费单据由第一号至第四号各单据应共为五十四元五角二分，凭证簿及累计表实付数栏该月支出数均列为七十二元五角二分，计多报十八元，应予如数剔除。

按支出凭证单据证明规则第十二条之规定，单据上应注明项目节，并于每项目节之后填一总数，其所填总数错误不问是否出于故意，在审核上认为计算错误，自应剔除其浮报之数以纠正之。

### 26．计字第二十六号

受公款补助机关团体之会计斟酌情形为全部收支之审核。

某协会系受政府补助之团体，本部审核该会会计报告就其全部审查。

按审计法第五十四条规定审计机关对于受公款补助之团体或私人应行审计事务，得依本法之规定执行之。该条文并未明定，仅限于公款补助部份之审核，事实上该会经费来源有别在支用未必能显然划分，审计机关得斟酌情形为全部收支之审核。

### 27．计字第二十七号

暂付款不能列报。

某机关计算书说明栏注明垫发赵某八至十二月份膳宿杂费月支一百五十元，该款系暂付款性质不应列入计算报支，应予剔除。

按暂付款与实际支付有别，列报之款既系暂付性质并非实付，自属不能列报。

### 28．计字第二十八号

任用不合格人员俸给经复审合格准予追认。

铨叙部函请解释任用不合格人员经复审或甄审合格者，所支俸薪是否追认一案，函复准予追认。

按任用不合格人员经复审认为合格者，当可认为自始即已合格，所支俸薪亦可认为合法，予以追认。

### 29．计字第二十九号

铨叙不合格人员之俸薪应分别核销或剔除。

某某分所所长某某经铨叙不合格，除法定代理期间三个月免予置议外，其余五六月份共薪俸一百六十八元应予剔除。

参照公务员任用法第七条及铨叙部造送审计部任用审查合格公务员名册办法第三条。

### 30．计字第三十号

未经覆审合格前所支俸薪应予剔除。

某机关会计员某某本月份仍报实支俸九十元，虽已声复补具证件由主计处转送铨叙部请求复审，但在未经复审合格以前，所支俸薪仍应剔除。

参照公务员任用法第七条及铨叙部造送审计部任用审查合格公务员名册办法第三条。

### 31．计字第三十一号

铨叙情形不明请予查复。

某机关技正某某技佐某某十一十二两月俸薪表内均未填列等级，是否曾经铨叙有案，应请查复。

按俸薪表列有等级一项，应依照铨叙等级填列。

### 32．计字第三十二号

级俸不符溢支数剔除。

某机关科员某某经铨叙部核准为委任一级，应实支俸薪一百七十元，而俸薪表内列为荐任十级，报支一百八十六元，计溢支一十六元，应予如数剔除。

参照暂行文官官等官俸表。

### 33．计字第三十三号

未经铨叙人员薪俸不能列报。

某市某局委任以上人员均未经铨叙，其俸薪不能作正列报。

参照公务员任用法第七条。

### 34．计字第三十四号

涂改单据所列款项应予剔除。

某机关一月份所属第某队单据第四〇三号支灯油四元零二分，第四〇五号支文具二元四角七分，第四一一号支白布一元，又第某队单据第六七四号支灯油茶水六元二角，其上年月份均经涂改，共计支十三元六角九分应予剔除。

参照会计法第六十二条第四项。

### 35．计字第三十五号

疏散人员领遣散费后未依照该办法第四条之规定月支疏散费而另谋业者，不以兼薪论。

某机关主任某某于被疏散时具领之三个月俸薪，系援照行政院三三八次决议办理，该处对于被疏散人员并非依照非常时期中央党政军机构调整及人员疏散办法关于疏散人员第四条之规定办理，是该员所领之薪俸实质上为遣散费，该员于遣散之后应有另谋职业之自由，其在某院所支聘任薪水,自不能以兼薪论应予核销。

参照非常时期中央党政军机构及人员疏散办法。

### 36．计字第三十六号

额外人员俸给应予剔除。

某机关报支候补参事三名俸薪,查该机关组织法无候补参事名称,碍难核销应予剔除。

参照国府十七年十二月指令二四四号各机关不得于法定之外多添一员妄费一款。

### 37．计字第三十七号

因公值班或值夜膳费准予列报。

职员膳费以确系因公值班或加开夜班为限,准予报销,不合上开条件者,一律剔除。

按职员值班或值夜其服务时间因而延长由机关供给膳食,尚属合理,应予核销,其未合此条件者,自不能滥行支给。

### 38．计字第三十八号

旅费报表不全应予补送。

某机关报支某某赴渝往返费用,未附旅费报告表及工作日记簿,应予补送。

参照修正国内出差旅费规则第五条。

### 39．计字第三十九号

出差人员对于车船等级不依规定报支应予剔除。

某机关所报旅费列支上尉副官某某军需某某旅费二二九.四七元,内列由广州湾至香港,由香港返广州湾头等船费一四〇.二八元,查尉官规定不能乘搭头等舱位,应照旅费规定以三等论列,计应剔除七〇.一四元。

参照军政部旅费给与暂行规则旅费给与表。

### 40．计字第四十号

溢支旅费应予剔除(一)。

某机关列支雇员某某出差旅费十月十六日膳宿杂费共七元六角,十九日膳宿杂费共四元四角,查雇员出差其膳宿杂费不得超过四元,计共溢支四元应予剔除。

参照修正国内出差旅费规则第二条。

### 41．计字第四十一号

溢支旅费应予剔除(二)。

某机关列支某某旅费驻留广州凡二十八日,自第十六日起应支驻留费,不得报领膳宿杂费,共应剔除三十五元一角正。

参照军政部旅费给予暂行规则第十四条。

### 42．计字第四十二号

已领旅费不得再领出席费。

某处职员某某前奉部令派赴长沙出席湖南省建设公债基金保管委员会,该会致送出席费六十元,旅费一百元,应将出席费退还。

按已领旅费,自不能再领出席费,致涉重支旅费之嫌。(又既领其他机关致送之旅费,自不能在原机关再领旅费,适用本例时应加注意。)

### 43. 计字第四十三号

借调人员得以调任论。

不相统属之机关借调人员,得适用修正国内出差旅费规则第一条第二项但书之规定,但须将原服务机关及调用机关之证明文件送审计机关备查。

按各机关借调他机关人员经原机关同意者,自可认为调任,适用修正国内出差旅费规则第一条第二项但书之规定支给旅费。

### 44. 计字第四十四号

声请覆议以一次为限。

某部转据某会声复二十八年九月份经费内报支捐款缘由,复请免予剔除,查声请覆议以一次为限,关于此项剔除款,业经本部以计字二四八五号详叙剔除理由,并扣除剔除数,填发核准通知,未便再予审理。

参照审计法第二十三条。

### 45. 计字第四十五号

声请复议一次为限请求再审查须适合法定条件。

某局某主任于二十四、五、六年度兼职期内,均系以津贴或外勤费名义领支兼薪,某审计处以其与命令抵触,予以剔除,该局不服原决定,本部依法予以覆核,认为所支津贴及外勤费,不能比照特别办公费,依法仍应剔除,该局复称该主任所领支者系属特别办公费,何以自始不用特别办公费名义领支,而于审计处剔除之后,始改称为特别办公费,况审计法第二十四条系以错误遗漏重复为再审查之条件,本部对该主任强行比照特别办公费,图领类似兼薪之津贴及外勤费之事实认定并无错误,该局请求再予审查一节,核与审计法第二十四条之条件不合,自难引用该条再予审查。

参照审计法第二十三条第二十四条。

### 46. 计字第四十六号

添菜费不得列报。

某所报支教员添菜费各三十元,注称教员授课时间上下午均有午餐由所方招待。等语,查教员既均支有薪俸,此种餐费应由教员本人负担,不得报支公帑,应予如数剔除。

参照审计法第二十一条。

### 47. 计字第四十七号

非因公值班或值夜之膳费不得列报。

某部五月份三四两号凭证报支职工津贴伙食临时客饭,及办公室上饭下饭,暨各司处科室各月份公膳等费,共计五千五百三十元九角七分,既非因公值班或值夜而开支,自属不当支出,应如数剔除。

参照审计法第二十一条及第四〇五次审计会议决议关于职员膳费,以确系因公值班或开夜班为限,准予核销,不合上开条件者,一律剔除。

### 48．计字第四十八号

私人拍发之电报费不得列报。

某机关列支电报费一元三角六分,查其发电事由系属私人事务,不应报支公款,应予如数剔除。

参照审计法第二十一条。

### 49．计字第四十九号

私人住宅电灯费不得列报。

某机关列报电灯费六元四角四分,公司收据上用户姓名填明某局长私人住宅,其住宅电灯费由公列报,殊属不合,应予如数剔除。

参照审计法第二十一条。

### 50．计字第五十号

私人所用物品之价款不得列报。

某机关列支雨衣一件系属私人用品,不得由公款报销,应予剔除。

参照审计法第二十一条。

### 51．计字第五十一号

私人所用物品之价款不得列报。

某机关列支香水二.四二元,系属私人用品,不得由公款列报,应予剔除。

参照审计法第二十一条。

### 52．计字第五十二号

私人酬酢费用不得列报。

某机关列报招待视察员点心费二元四角,查系私人酬酢,不应在办公费项下列支,应予剔除。

参照审计法第二十一条。

### 53．计字第五十三号

年节犒赏不得列报。

某机关列报年节犒赏费七一五.〇〇元,此系私人赏赐,不得列报公款,应予剔除。

参照审计法第二十一条。

### 54．计字第五十四号

以私人名义之捐赠不得列报。

某机关列报某院长捐助某处青年会女青年会合办冬令救济募捐游艺大会经费五十元,既系用某院长私人名义,不应由公款报销,应予如数剔除。

参照审计法第二十一条。

**55．计字第五十五号**

遗失证章广告费不得列报。

某机关列支主任某某遗失证章启事广告费一元二角,系属私人费用,不应由公款开支,应予如数剔除。

参照审计法第二十一条。

**56．计字第五十六号**

团体保险费不得列报。

上海某院列报教职员团体保险费,系属私人费用,应予剔除。

参照审计法第二十一条。

**57．计字第五十七号**

非因推行政务必要之酒席等费不得列报。

某机关报支酒席香烟等费二十元零四角三分,该机关驻某处保管案卷无联络各机关之必要,此项支出,系属不当,应予剔除。

参照审计法第二十一条。

**58．计字第五十八号**

津贴差役费不得列报。

某机关列报传达津贴费十元,及公差赏洋十元,系属不当支出,应予如数剔除。

参照审计法第二十一条。

**59．计字第五十九号**

烟酒费不得列报。

某机关报支大炮台烟四元四角,飞机牌雪茄烟一盒七元五角,黄锡包三元六角,白金龙一元七角,大前门一元一角,又酒五元,查烟酒支出,显属不当,应予剔除。

参照审计法第二十一条。

**60．计字第六十号**

茶点招待费不得列报。

某机关报支扩大纪念周茶点招待费一百二十元,系属不当支出,应予剔除。

参照审计法第二十一条。

**61．计字第六十一号**

私人长途电话费不得列报。

某机关报支某公馆叫香港某太太电话费五十元另九角,系属私人支出,不应由公馆开销,应予剔除。

参照审计法第二十一条。

### 62．计字第六十二号

俸薪收据应贴印花费,不得列报。

某机关于利息项下列支国帑五十三元,在备考栏内注明此款系购印花税票以备粘贴俸薪收据之用,按俸薪收据应贴之印花,应由领薪人自行出资,不得由公款开支,应予剔除。

参照审计法第二十一条。

### 63．计字第六十三号

枪械车辆等应列入财产目录。

某部队函请解释枪械车辆应否列入财产目录一案,依照预算科目细则岁出科目第一款第三项第一二两目规定,枪械车辆子弹服装等军用品应列入财产目录。

参照二十二年修正办理预算收支分类标准预算科目细则,及二十七年九月国府备案之暂行预算科目实例。

### 64．计字第六十四号

会计凭证缺少参考文件应予补送。

某机关函送建筑费单据,未附工程估价书,工程说明书,合同图样投标等证明文件,应予补送。

参照支出凭证单据证明规则第六条。

### 65．计字第六十五号

单据未附译文应通知注意。

某机关所送购买德士谷汽油西文单据未附译文,不合规定,应通知注意。

参照支出凭证单据证明规则第十条。

### 66．计字第六十六号

会计凭证缺少说明应请查复。

某机关报支租赁某处楼房付一季房租一百六十元,原据未注明起讫日期,应请查复。

参照支出凭证单据证明规则第十一条。

### 67．计字第六十七号

车费单据未注明地点及乘车事由应请查复。

某机关报支职员赵某出差车费国帑三十七元五角,出差事由及到达地点均未注明,应请查复。

参照支出凭证单据证明规则第七条。

### 68．计字第六十八号

收据无付款机关名称及未注明用途列报之款应予剔除

某机关单据列支刘某住万国旅馆房饭等费五九元七角二分,既未注明事由及该员姓名,且无机关名称,应予剔除。

参照支出凭证单据证明规则第三条及第七条。

### 69．计字第六十九号

缺少主要书据应予补送(一)。

某机关单据列支苗某杨某两留德学生津贴,计国币四千一百一十四元二角八分,均未附受款人收据,应请补送。

参照会计法第六十二条第一项,及支出凭证单据证明规则第二条。

### 70．计字第七十号

缺少主要书据应予补送(二)。

某机关某号单据列报某主任由汉乘机来渝,未附票款收据,应请补送。

参照会计法第六十二条第一项,及支出凭证单据证明规则第二条。

### 71．计字第七十一号

缺少主要书据应予补送(三)。

某机关列支购卡车费国币一万一千元,仅附送发票,应请补送正式收据。

参照会计法第六十二条第一项,及支出凭证单据证明规则第二条。

### 72．计字第七十二号

缺少主要书据应予补送(四)。

某部队列支士兵吴某钱某归队费,漏附归队证,应补送。

参照会计法第六十二条第一项。

### 73．计字第七十三号

缺少主要书据应予补送(五)。

某部队列支士兵埋葬费,未附死亡证明书及符号,应请补送。

参照会计法第六十二条第一项。

### 74．计字第七十四号

因公殒命预支旅费缺少支出单据由主管机关证明后准以借据列报。

某机关某主任因公殒命,预支旅费五百元,准以该故员预借旅费收据列报,并由主管机关负责证明。

按出差旅费依照旅费规则之规定,于出差事竣后造报,该员因公殒命,自无法依法定手续办理,其预借之收据,经主管机关证明后,自可认为支出之主要证据。

### 75．计字第七十五号

收支凭证不全应予补送。

某机关列报银行利息十二元一角,仅粘送某银行某处分行通知函,未附结算单,应请补送。

参照会计法第六十二条第一项。

**76. 计字第七十六号**

出差边疆无法取得收据应声叙理由列单证明。

某边疆机关因出差边疆,制取单据困难,准由经手人声叙理由,列单并署名盖章,以资证明。

参照支出凭证单据证明规则第二条。

**77. 计字第七十七号**

单据遗失应由主管机关调查遗失之事实并提出遗失之证据。

某机关某技正奉派赴某处研究疟病黑热症,计支旅费三千六百三十元,据称单据在某地遗失,应由主管机关切实调查,并由该员另提证明文件。

按支出凭证单据证明规则规定,凡支出以正当受款人或其代理人之收据为主要证明。若单据遗失自属无法提出,惟对于遗失之事实,主管机关应负责调查,并由该员提出证据,以资审核。

**78. 计字第七十八号**

商号名称与图章不符列支货款应予剔除。

某机关列支货款一〇.三四元,为某贸易行发票,而印章则为某厂商号名称,与图章不符,应予如数剔除。

参照支出凭证单据证明规则第二条。

**79. 计字第七十九号**

科目紊乱应通知注意。

某机关经费累计表将购置费支出并入办公费项内列报,未另设购置费一项,不合规定,应请注意。

参照办理预算收支分类标准预算科目细则岁出科目及中央各机关暨所属普通公务单位会计制度之一致规定经费累计表之格式及说明。

**80. 计字第八十号**

报表遗漏应予补送(一)。

某机关年度终了会计报告,未附财产目录,应请补送。

参照会计法第二十六条第三项中央各机关暨所属普通公务单位会计制度之一致规定,及审计法施行细则第二十七条及附表。

**81. 计字第八十一号**

报表遗漏应予补送(二)。

某机关会计报告未附经费类平衡表,暨现金出纳表,应请补送。

参照会计法第二十六条第二十七条第三项中央各机关暨所属普通公务单位会计制度之一致规定,及审计法施行细则第二十七条及附表。

### 82．计字第八十二号

报表遗漏应予补送(三)。

某机关关于购置费之支出,未编送财产增减表,应请补送。

参照会计法第二十七条第三项中央各机关,暨所属普通公务单位会计制度之一致规定,及审计法施行细则第二十七条及附表。

### 83．计字第八十三号

薪饷册据未盖印章应发还补盖。

某部队某月份薪饷证明册,均未经领款人盖章,应发还补盖。

参照会计法第六十二条,及支出凭证单据证明规则第二条。

### 84．计字第八十四号

薪饷册据所盖印章不合应予剔除。

某部队证明册内列支兵饷,其中名章有于挖补后另剪印章粘贴者,又有印章以腊纸模仿油印者,均应剔除。

参照会计法第六十二条。

### 85．计字第八十五号

单据未盖骑缝章应通知注意。

某机关所送各项单据,俱未加盖骑缝章,应请注意。

参照支出凭证单据证明规则第十二条。

### 86．计字第八十六号

涂改单据应予全数剔除。

某机关经常费计算案内,关于涂改邮票单据,前经依法剔除,兹据复称请准照半数呈缴,仍应全数剔除。

参照会计法第六十二条。

### 87．计字第八十七号

抚恤费棺殓费准予列报。

各机关报支抚恤棺殓费,准予核销。

参照预算科目细则岁出科目。

### 88．计字第八十八号

各科目经费流用应查明其是否依照法定程序办理

某机关办公费超支分配数计六五.九七元,是否依照预算法第五十四条规定办理,应请声复。

参照预算法第五十四条。

### 89．计字第八十九号

超过预算之支出应予剔除。

某机关全年度预算数九一、一六〇.〇〇元,计算数九一、七〇六.三一元,超越数五四六.三一元,应予剔除。

按审计法第二条第一项为监督预算之执行,凡超越法定预算之支出,自应剔除。

### 90．计字第九十号

超过月份分配预算应通知注意。

某国立学校三十年度各月份实付数,均超过截至各该月份止之分配预算,核与预算法第五十三条第二款已定按月按期之分配预算,其经费不得先期支用之规定不合,应通知注意。

参照预算法第五十三条第二款。

### 91．计字第九十一号

临时费核准书亦应俟编送决算后再行核发

按审计法第四十条规定,发给核准书之一般条件,而施行细则第三十二条系规定审计处或审计办事处,对各省市中央机关认为应发核准书时应经之程序,此种程序之实行,当以具备审计法第四十条所定条件为前提,所有临时费核准书,亦应俟编送决算后,再行核发。

参照审计法第四十条。

### 92．计字第九十二号

普通公务机关不得适用专为公有营业机关而设之特别规定。

某地航政局系属普通公务机关,与公有营业机关之电政机关不同,不得适用专为公有营业机关而设之特别规定。

按公有营业机关常有订定特别规则,以期适应其营业上需要,此种特别规定,只限于该项营业机关始得适用,其他普通公务机关,自不能援用。

### 93．计字第九十三号

单据须形式及内容各均属真实始生效力。

某省审计处对于某局二十八年一至八月份支出计算内伪造单据部份,计款额五百九十一元一角四分,决定予以剔除,并通知该局将款缴库,旋准该局覆称碍难遵办,声请复议一案,查该局伪造单据,有商店笔录证明,予以剔除,自是正当,该局一再声请复议,其理由谓每月不能不需用物品办公,全数剔除殊难从命等语,按购买物品,应由商号出具单据,系支出凭证单据证明规则所明定,而单据之发生效力,当以形式及内容均属真实为要件,形式与内容苟有瑕疵,即难谓为有效,该局徒借口事实,以蔑视法规,显属非是,该审计处依照法例认定单据之虚伪剔除货款,委无不合,原决定应予维持。

参照支出凭证单据证明规则第四条。

### 94．计字第九十四号

负责人员行迹不明应由主管机关负责查追。

据某省审计处呈为某局计算书类系某前任内经办,现前任行迹不明,无从声复一案,查负责人员行迹不明,应依审计法第二十六条之规定,由主管机关负责追查。

参照审计法第二十六条。

### 95．计字第九十五号

逾限不声复案件迳行决定。

剔除某总队部二十七年度岁出应付款不当支出,逾限未据声复,依审计法第二十二条迳行决定如数剔除。

参照审计法第二十二条。

### 96．计字第九十六号

购置物品扣折付款就原价浮报应予处分。

某机关二十八年度各月份列报某印刷所单据,其价格均超出市价常态,经派员赴各商号查得,均按照原价九折付现,就原价浮报部份,应予剔除,并依照审计法第十五条规定,检同调查报告及证据,送请该机关长官处分之。

参照审计法第十五条。

### 97．计字第九十七号

各机关分担劳军事务经费准予列报。

某部函准各界推行出钱劳军竞赛运动委员会函,请分担该会经费一千元,请查照见复一案,事关办理劳军事务,应准列报。

按劳军事务亦属公益事业之一种,其经费依照国防最高委员会解释,得由各机关捐助之。

### 98．计字第九十八号

非有缉获盗匪职责之机关对于私人被窃不得悬赏又私人被窃不应由机关补偿损失。

某机关列支破获某宿舍某主任被窃赃物奖金,及列支补偿该主任被窃损失费一案,不予核销。

按警察或其他公安机关为奖励人民协助缉获盗匪起见,常有悬赏之例,其他并无缉获盗匪职责之机关,对于私人物品被窃自无悬赏之必要,又补偿该主任被窃损失费,于法无据,自亦不能准其列报。

### 99．计字第九十九号

折旧费只予备案。

某机关列入折旧费八、四零六.二四元,系提存性质,实际并未支出,应行扣除,准予备案。

按会计法第四十五条之规定,折旧科目仅适用于营业会计,对于普通公务单位会计依照暂行预算科目实例岁出用途别并无折旧科目之设置,且非实际之支出,自不得列报。

### 100．计字第一〇〇号

违反编制支领津贴应予剔除。

某部函送某团二十四年七月至二十五年三月份经常费案内,汽车中队队长梁某在薪俸外每月另支津贴七十元一案,查该团编制大队长为中校阶级,因其为技术人员以上校阶级聘用,于编制已有未合,且于聘用之后,除支中校俸薪外,另支津贴,显系违反法令,该项津贴应予剔除。

参照陆军平时给与条例及国府禁止兼薪令。

**101. 计字第一○一号**

调用人员在旅途中薪俸得由调用机关支给。

某省卫生院缺乏卫师,向他省某卫生机关调用医师一员,该医师于一月底离职,在某处候车至二月十日始到差,该员在旅途中之薪俸如何支给,分甲乙两说,甲说谓该医师自二月十日到院工作,应按日支薪,所有多支二月一日至九日之薪应予追缴,乙说谓该医师在某处候车不是私事,其自二月一日支薪,亦为事理之常,应予核销,请解释一案,查两说之中,以乙说为是。

按公务员不能因被调用而丧失其合法之权益,如非故意逗留,其旅途中应得之薪俸,自可照支。

**102. 计字第一○二号**

在职不满一个月者其薪俸每月均以三十日计算依其在职日数支给之。

在职不满一个月者应支薪俸数额,当依会计法第二十一条第六项,及民法第一百二十三条第二项之规定,每月均以三十日计算,依其在职日数支给之。

参照会计法第二十一条第六项,及民法第一百二十三条第二项。

**103. 计字第一○三号**

公务员资历铨叙不合格未确定以前所领生活费免予置议公务员资历虽铨叙不合格,在未确定以前所领生活费,免予置议。

按生活费对于一般公务人员普通发给,即雇员亦得领支,铨叙不合格之公务员,在铨叙不合格未确定前,可比照雇员之例,准予领支。

**104. 计字第一○四号**

超支薪俸应予剔除不得以生活补助费扣抵。

某局课长李某超级支俸经予剔除,复以未领生活补助费为词,请以核销一案,查该员级俸既经铨叙部核定有案,自不能任意超支,至生活补助费之核销,系属另一问题,不能以补支手续繁难为理由,予以扣抵,该项超支级俸仍应剔除。

参照暂行文官官等官俸表。

**105. 计字第一○五号**

未领薪俸只领公费应免置议。

某会声复二十六年度张某等委员溢支公费,以此项公费实际上等于薪俸,与其他兼领公费者不同,自政费紧缩后,按照俸薪折扣以八成发给,以示体恤,请免剔除一案,查既不领俸薪只领公费,应免置议。

按该项公费实际上与俸薪相类得援照薪俸之例办理。

**106．计字第一〇六号**

坐船期内不得报支宿费。

某署某工厂列支职员曾某办理建筑对保事赴汉旅费,报由九江至汉口乘坐轮船,途中宿费一元六角,查乘船途中不应报支宿费,为国内出差旅费规则所明定,应予如数剔除。

参照修正国内出差旅费规则第七条。

**107．计字第一〇七号**

逾限私人行李运费不得列报。

某院报支某医师行李票费四十三元三角,查出差人员随带行李,应照修正国内出差旅费规则第九条之规定办理,该医师所报行李票费既属逾限,行李费用未便准予核销。

参照修正国内出差旅费规则第九条。

**108．计字第一〇八号**

招雇技工之到工旅费准予列报。

某机关报支技工到工旅费,据声复因在非常时期,各方需要技工甚般,且求过于供,甚难招致,为谋工作进行顺利,并易于求得有经验之技工计,除给工资外,许以到工之旅费一案,查既系招雇技工,其到工旅费,准予列报。

按招雇技工与公务人员赴任性质不同,自不适用修正国内出差旅费规则第一条第二项之限制,其旅费准予列报。

**109．计字第一〇九号**

某部对疏散人员令其复职酌给来渝旅费一案,查疏散人员原系奉令听候调遣,尚难谓为与原机关脱离关系,原机关令其复职,而该员遵令来渝所支旅费,自可准予列报。

参照修正国内出差旅费规则第一条第二项。

**110．计字第一一〇号**

无宿费单据报核者其驻留日期及地点应由主管长官负责证明之。

某机关会计主任因报支出差旅费每日各列膳费二元,杂费六元,声请覆议准予核销一案,查修正国内出差旅费规则第七条但书之规定,系限于坐车船期内适用因膳宿两费已包括在票价之内,故将其扣除,以免重支,至在其他情形之下,从无宿费支出,自不适用该项限制,本案准予核销,惟无宿费据报核者,其驻留地点及驻留日数,应由主管长官负责证明,以凭查核。

参照修正国内出差旅费规则第七条。

**111．计字第一一一号**

小组会议远足旅费餐费不得列报。

某会二十八年十月份单据内列支点心费七十一元八角八分,工友聚餐费九元,职员聚餐费八元八角三分,各单据均注明小组会议远足旅行用,查无先例可援,应予剔除。

参照审计法第二十一条。

### 112.　计字第一一二号

公膳费不得列报声复理由既欠充分依法迳予决定剔除之。

某某部于二十七年度应付款项下列报职员公膳费五千余元,经通知剔除,旋准声复谓该项公膳费或属例有支出,或为应付非常不可少之正当支付,请予核销一案,经依法覆核,其因公值班或值夜之膳费,自可准予核销,其他午餐半餐临时客饭等费,虽复称系为加紧工作赶办要公而设,惟此项情形非该部人员所独有,而遵守办公时间为一般公务员之义务,自不能以此为理由开支膳费,该项费用仍应剔除,并依审计法第二十三条规定办理。

参照审计法第二十一条及第二十三条。

### 113.　计字第一一三号

非值班值夜关系不能予法令许可范围以外再行补助。

某会以该会留城办事员工太少,不易组织公共食堂,自二十九年十月份起经主管长官核准酌予补助,函请准予备案一案,查各机关职员于一般生活补助费之外,虽有因值班或值夜而支给膳费,若无值班值夜关系,当不能于法令许可范围以外,再行补助,本案仍难准予备案。

参照计字第五十一号成例及公务员生活补助费办法。

### 114.　计字第一一四号

午膳费于法无据不得列报。

某机关以办公处所被炸疏散办公支给职员午膳费一案,查为增进工作效能计可酌设公共食堂,由机关供给煤水工资,以便各职员就食,若在经费内开支各职员午膳费,于法无据,未便准予列报。

按膳食费一项除因公值夜或值班外,向例不得列报,本案无值夜值班关系,自不得报支。

### 115.　计字第一一五号

购运平价米之工资准予列报。

某机关函询对于购运平价米所需之人工挑力能否列报,嘱查核见复一案,查购运平价米之工资,得作为公共食堂工资,准予列报,其他非由政府供给之非平价物品,不得援以为例。

按各机关酌设公共食堂及食堂内所需之煤水工资,得由各机关供给,为现行办法所准许,购运平价米之工资,当可视为公共食堂之工资,准予列报。

### 116.　计字第一一六号

机关公用汽车司机伤人赔偿恤金准予列报惟司机如有过失仍得对之行使求偿权。

某局造送某年某月份补支局长来渝述职不敷旅费一案,查内有该局长车伤行人动支公帑赔偿恤金一款,依民法第一八八条受雇人因执行职务查本案局长因公来渝,乘坐该局公用汽车,则雇用人为该局而非该局局长,至为显著,再据被害人及当地甲长所立无事字据,书明车主为某某局,并无局长姓名字样,亦足为上项雇用人身份之佐证,雇用人既为该局,依法须连带负赔偿责任,该局给与赔偿恤金,尚无不合,应准核销,惟受雇司机如有过失,该局仍得对之行使求偿权。

参照民法第一八八条。

### 117．计字第一一七号

女教员生育请假代理人俸给应由学校呈请主管教育行政机关另行支给。

教育部函解释教员因病请假托人代理薪金,应由教员薪水内支付,至女教员在生育请假期内,代理人俸给,应由学校呈请主管教育行政机关另行支给。

参照教育部复函参字第二六四二五号。

### 118．计字第一一八号

简荐委任各级待遇人员旅费应按照简荐委任登记办理但以经铨叙合格者为限。

某院会计处函转据某署会计员呈请核示关于简荐委任各待遇人员,究应如何支给出差旅费一案,当经函复简荐委任各级待遇人员支给旅费,应按照其简荐委任等级办理,但以曾经依法铨叙合格之待遇人员为限。

按待遇人员所支俸薪,既受简荐委各级之待遇,则出差旅费自亦可依其受待遇之等级支给之。参照简荐委任待遇支给办法第一条。

### 119．计字第一一九号

审计人员发觉各机关人员有财务上之不法或不忠于职务之行为经报告主管审计机关而通知处分时审计人员不受传讯或莅庭谕告。

某省审计处某主任暨某股长办理某机关抽查审计,发觉该处庶务有财务上不法行为,报由审计处据情请予处分,军委会行辕军法处传讯该主任股长,以该主任等有检举之责任,即有到庭之义务,纵有司法官身份,亦应莅庭谕告一案,查主任等发觉财务上之不法事实,报由审计机关通知处分,不能认为告发人,予以传讯,又查代表国家诉追者,其职权专属于检察官,无检查官身份之其他公务员,实无此项职权,主任股长等均系审计人员,依法未便执行检察官之职务,而莅庭谕告。

参照审计法第十五条刑事诉讼法第二百二十条二百二十一条。

### 120．计字第一二〇号

振济机关对各方捐款不能自收自支仍应依法送审。

某省审计处请示该省振委会拟变更振款收支报销手续,其收入国内或国外华侨团体私人捐款用途,由该会拟定后开支会计报表呈缴振济委员会及省府备查,支出单据凭证由该会核销一案,查该会所有海内外华侨捐款,按照规定应归入收入总存款,或各种基金存款户帐使用时,并应依照规定程序,其收支凭证亦应由驻审人员或审计机关审核,该会所拟自收自支并由该会核销各节,核与法定抵触,应予纠正。

参照统一捐款献金收支处理办法第六条及第七条审计法第五条及第三十一条。

### 121．计字第一二一号

各省保安团队报销可按照陆军部队计算平时编造办法办理。

军政部函解释各省保安团队其经常费支出计算与作战部队不同,惟保安团队编组情形与陆军部队相仿,可按照陆军部队计算平时编造办法办理。

参照军政部？三十年审渝字第四二五六〇号咨。

### 122．计字第一二二号

修正支出凭证单据证明规则第三条证明人之解释。

某省审计处请解释修正支出凭证单据证明规则第三条条文意义一案,查该规则第三条所称之证明人员无身份之限制,惟须有行为能力,并对于该项事实确系见知,而无直接关系者,始有证明资格。

参照民法第七十五条。

### 123．计字第一二三号

专科以上学校教职员兼课每星期以四小时为限。

教育部函解释专科以上学校职员兼课限制,略以凡教员兼课,除不得超过每星期四小时外,即在原校之内,亦得按时给予兼薪,以示薄酬,至职员兼课虽未明定办法,自应比照公务人员办理,亦以一星期四小时为限,以符功令。

参照教育部会字第三八四九号复函。

### 124．计字第一二四号

证件遗失经管人应负赔偿之责。

某会声复某职员等薪俸之汇款证件遗留南京,无法补送一案,查是项证件之遗失,系因经管人怠忽职务所致,原经管人应负赔偿之责,该款应予如数剔除。

参照审计法第四十八条第二项。

### 125．计字第一二五号

逃亡工人工资不应列报。

某铁矿三十年十至十二月份折运建设费工饷表内列支逃亡工人工资一千一百零四元,查工人已经逃亡,其应得工资,既非本人出据经领,自不应列报,应予如数剔除。

参照修正支出凭证单据证明规则第二条。

### 126．计字第一二六号

职员溢支生活补助费应予剔除。

某厂二十九年四至十二月份事业费列报九至十二月各职员生活补助费,未照规定数额支给,共溢支二千二百一十元〇八角九分,应予剔除。

参照非常时期发给公务员生活补助费办法,及公务员临时生活补助费办法。

### 127．计字第一二七号

职工米贴须本人盖章证明方准列报。

某院声复三十年一月份经费,以职工米贴因多离职星散,无法补送盖章,清册请由膳食管理委员会负责人盖章核销一案,查该项米贴是否已由职工领受,当以职工盖章方足证明,由膳食委员会负责人盖章,自难认为有效,该款应予剔除。

参照会计法第六十二条第一项修正支出凭证单据证明规则第二条。

### 128．计字第一二八号

租用地皮建筑房屋期满建筑物为地主所有可准备案。

某部函为租用地皮建筑房屋,租约期满所建房屋约定为地主所有,是否可行,请查照见复一案,函复可准备案。

按此项约定与民法第八四〇条但书规定所符,自可准予备案。

### 129．计字第一二九号

考试及格转分人员可比照国内出差旅费规则报支调任或赴任旅费。

某部咨为考试及格转分人员,可否比照国内出差旅费规则所称调任或赴任人员请查复一案,查分发人员至被分机关报到后,始由被分机关转派其所属机关服务者,应以调任论,其未至被分机关报到,迳行转分其所属机关或其他机关者,应以赴任论。

按既经报到然后转分,自应视为到差后调任,其迳行转分则与赴任无殊,故以赴任论,参照修正出差旅费规则第七条第二及第三项。

### 130．计字第一三〇号

非委任以上人员亦可领支赴任舟船费。

某院函以据某某署呈请解释国内出差旅费规则第一条所称之赴任人员有无限制,转请查复一案,查修正国内出差旅费规则所称赴任人员,并无委任以上人员方得支给之限制,非委任以上人员亦可照支赴任舟船费。

参照修正国内出差旅费规则第一条第三项。

### 131．计字第一三一号

已领旅费不得再领交通费。

某会议三十一年二至六月份经费案内,某委员既报支旅费,又月支交通费二百元,核与支领旅费不得兼支交通费通案不符,其各月份支领之交通费,应予如数剔除。

按旅费与交通费系名异而实同,已领旅费自不得兼领交通费。

### 132．计字第一三二号

已支固定差费不得再报短程旅费。

某局转某处某室三十年七至十月份经费,已每月列报该室某技佐固定差费一百元,又报支短程旅费共一五八元三角,查已领固定差费,自不应再支短程旅费,该款应予如数剔除。

按固定差费原为常须因公来往而支给,再报短程旅费自应视为重支不准列报。

### 133．计字第一三三号

未规定官等人员出差旅费应以俸薪比照等级支给。

某处主任月薪三百零二元,其出差旅费系照简任报支,查该主任既未规定官等,自应比照荐任支给旅费,计溢支七十元零三角,应予如数剔除。

参照修正国内出差旅费规则第二条。

### 134．计字第一三四号

未规定出差旅费之学校应比照专科以上学校教职员国内出差旅费规则办理。

国立某中学三十年四月份经费列支某会计员出差十四日旅费内报膳宿杂费共九十六元,该员比照专科以上学校教职员国内出差旅费规则规定,每日应支膳宿杂费六元,十四日共应支八十四元,溢支十二元,应予如数剔除。

参照国立专科以上学校教职员国内出差旅费规则旅费表。(该规则已于三十年八月底废止,九月一日起教职员出差旅费之支给,适用修正国内出差旅费规则)。

### 135．计字第一三五号

合作社采购物品膳点舟车轿运等费不应由机关经费报支。

某处三十年十二月份经费列支合作社采购物品膳点舟车轿运等费共七百四十元零四角,查合作社系属私人组成之社团,营业之损益应在社员负担,其费用自不能由机关经费报支,该款应予如数剔除。

参照审计法第二十一条。

### 136．计字第一三六号

商讨业务之筵席费不得列报。

某会议三十年三月份经费,列支公宴各组正副主任等商讨业务筵席费四一八.九二元,查商讨业务系职务上应有之事,不当开支公款,该费应予如数剔除。

参照审计法第二十一条。

### 137．计字第一三七号

遣散费内不得支报特别办公费。

某会遣散费内列报某主任委员支领遣散特别办公费六百元,查机关结束于遣散费内列报特别办公费,于法无据,应予如数剔除。

按特别办公费原为机关长官办公费用,既经解散自不能与遣散费同领,依审计法第二十一条规定应予剔除。

### 138．计字第一三八号

职员救济费不准列报。

某部某司三十年四月份临时费,列报某科员救济费五百元,以丁父艰困窘,由部长特准给予,查因丁父艰而给救济费,于法无据,应予如数剔除。

参照审计法第二十一条。

**139．计字第一三九号**

经费内报支工程设计准予核销。

中央某学校二十八年度七月份经费，报支中正亭等设计费六百三十七元五角八分，准予核销。

按设计费虽属工程费性质，但通常于决定建筑之前办理，该项费用不必限于在建筑费内开支，尚无不合。

**140．计字第一四○号**

汇款凭证不能作正式收据。

某处声复三十年三月份经费内关于补送某会受托代修卡车费八百五十元二角之正式收据，以有汇条为凭，请免补送一案，查前送之汇条，虽可证明有汇款之事实，但尚难证明其所汇款项系为清付代修卡车之费，该项正式收据，仍应补送。

参照会计法第六十三条第一项，及修正支出凭证单据证明规则第二条。

**141．计字第一四一号**

营业管理及其他费用应受预算之拘束。

某厂三十年度营业类会计报告，截至十二月份止管理及其他费用超过预算五万九千余元，查营业管理及其他费用，应受核定预算之拘束，超支部分曾否呈准有案，应行查询。

参照公有营业预算暂行标准第五项，及办理营业预算应行注意事项第八项。

**142．计字第一四二号**

未经稽察程序之工程费准先造报计算再行依法审核。

某省审计处呈以该省某县长所办县道工程费，未经稽察程序，请变通办理，准予造报计算请核示一案，查原案未经稽察程序，自属不合，惟必先将计算造报始有审核之对象，而确定其应负之责任，本案应先准造报计算，再依法办理。

按审计部稽察各机关营缮工程及购置变卖各种财物实施法规定凡营缮工程及购置变卖各种财物，未按照本办法办理者，审计部事后不予核销。故必须其将计算造报，始能依法办理。

**143．计字第一四三号**

支出跨连两个年度而未明定所属时期者归入支付时期开始日所属之年度。

某部列报二十八年十二月至二十九年四月旅费一万一千四百七十三元四角三分，支付时期跨连两个年度，而未明定所属时期，应归入支付时期开始日所属之年度。

参照预算法第十五条第二项。

**144．计字第一四四号**

技工薪饷收据免贴印花。

财政部函解释技工薪饷收据，仅属技工凭以支取工资之用，自可比照工人凭以支取工资之账簿册例，免贴印花。

参照财政部渝直字营业三三五三四号复函。

### 145. 计字第一四五号

补送印花以现金为代发还改送。

某署声复三十年四月份经费一案,其所补送印花二元一角,系以现金代缴,如数发还,请改送印花。

按补送印花以现金为代,与修正支出凭证单据证明规则第十八条之规定不符故发还改送。

### 146. 计字第一四六号

临时费会计报告编送期限可视为半年报告或年度报告。

某处函询临时费会计报告编送期限,法无明文,应如何办理一案,可比照半年报告,或年度报告之规定办理。

参照会计法第三十七条第五款。

### 147. 计字第一四七号

营业支出属于业务费用者得依实际之需要由主管机关核定伸缩之。

某电厂三十一年十二月份营业支出累计表内列业务费超出年度预算数四四六八、二一○.○一元,此项超支数,已否依照规定呈经主管机关核准有案,应予查询。

参照公有营业预算暂行标准第五条及战时营业预算编审办法第七条。

### 148. 计字第一四八号

缺送振票单据案件有多种财源者应按国库实发数准予备案。

某救济会二十七年度曾由振委会拨发冬振款十万元委托该会代为查放,兹据报支共十万二千二百元,并据支出表注明内有蒋某等捐款共二千二百元,复据称振票单据表册等件,因质量过重,邮寄不便,留会备查等情,查本案业经送请会计师审核,并出具证明书,应按国库实发数十万元,准予备案。

非国库拨付之款,应不编入总决算之内,本案准用补助费支出核准办法,按实发数准予备案。

### 149. 计字第一四九号

补送单据与原案不符未便核销。

某机关二十九年一至七月份经常费审核通知关于剔除照像费二十五元,其单据年月日均经涂改,依法不生效力一案,以原照像馆为祥记号,现改名大东照像馆,故另补大东照像馆收据一纸,请审核等情,查补具收据,既与原报商号名称不符,又无确切证明,未便核销。

参照会计法第六十二条第四项及第六项。

### 150. 计字第一五○号

以曾经事前审计人员拒签之支出列报者事后不予核销。

某署以曾经事前审计人员拒签之支出登帐编入报表,依法不生效力,应予如数剔除。

参照会计法第六十二条。

**151．计字第一五一号**

振票不填金额依法不生效力。

某机关二十九年发放振款案，灾民李某之振票均未填实放金额，应将清册内所列发放李某等振款，如数剔除。

参照会计法第六十二条第一项。

**152．计字第一五二号**

缺少单据不能因为时过久人事变迁请免补送。

某军事学校声复某费所缺单据，因为时过久，人事变迁，请免补送一案，于法不合，该项无单据之支出，应予剔除。

参照修正支出凭证单据证明规则第二条。

**153．计字第一五三号**

租赁房屋被炸补偿费应予剔除。

某机关转导队二十九年十二月份经费列支房租费一千元，内有被炸补偿费四百元，询据声复以该队租赁某中学校舍被炸拨给损失费用示体恤一节，查租赁房屋遇有不可抗力之意外损失时，房客并无补偿费之责任，仍应予剔除。

按非契约规定之责任，及不可抗力之意外损失，毋庸补偿。

**154．计字第一五四号**

雇员逾额支薪声复已提升为委任职者作新派人员处理。

某市某局雇员唐某逾额支薪，经将超支部份剔除，嗣据声复已提升为委任职，经查明未经依法送铨，除代理期间外，应剔除其所支薪给之全部。

参照公务人员任用送审期限，及其支给薪俸暂行办法。

**155．计字第一五五号**

军事交通赶工奖励费用准予列报。

某工程机关报支职工赶筑军事交通工程犒赏四二八．八五元，准予列报。

按此项犒赏费，系奖励员工赶建工程，以应付军事运输，自与其他年节犒赏有别。

**156．计字第一五六号**

月饼费不得列报。

某军事训练班声复所购月饼，为讲解复与民族故事所需，具有教育意味，请免剔除一案，核系不当支出，仍予剔除。

参照审计法第二十一条。

**157．计字第一五七号**

赴任人员到分发机关报到后前往者准作调任论。

某处二十九年度工务所开办费列报职员赴任旅费，除迳行赴任者外，先到分发机关报到后前往并随带公物者,准作调任列报。

按因先赴分发机关报到,较诸直接赴任者,不见多用旅费,实与转分发无殊,得作调任论。

### 158. 计字第一五八号

赴任人员奉令办理公务绕道到差者准以出差论。

某工程机关报支某员由桂林往东兰赴职,并随主任绕道往百色接收车辆膳宿杂费一四二元,准予列报。

按该员奉委,复随同主任绕道前往百色接收车辆,是已执行职务,虽未至机关所在地报到,自应以因公出差论,所支膳宿杂费准予列报。

### 159. 计字第一五九号

非公务员不能适用公务员出差旅费规则。

某校送三十一年七月份经费类会计报告所报学生旅费,均比照委任职最高额列报,当以学生并非公务员,更不能比照委任职支领旅费,应予如数剔除。

参照国内出差旅费规则第二条。

### 160. 计字第一六〇号

分配预算无长官特别办公费者,其因推动业务所支之招待费用准予列报。

某处三十年度工程费内列支因工程会议继续讨论所支餐费,经核该处并无特别办公费,准予核销。

按特别办公费原为各机关长官因公必需之费用而支给,分配预算内既无此项科目,其因推动业务之费用,准予列报。

### 161. 计字第一六一号

为推进公务联络边民感情之费用准予列报。

某公路勘测队三十年度经费,列报赠送边民党国旗总裁肖像等,又某视察团三十年度视察费列支招待蒙藏土司头人香烟费用,准予核销。

查边疆情形特殊,上项开支含有宣扬中央德政,启发边民文化之意义,且与公务推进有关,自可作正开支。

### 162. 计字第一六二号

出席会议人员既已分别报支膳费不得再由公报支客饭菜费。

某处三十一年度经费内列报客饭菜费及酒席费,查参加人员已另报膳费,经予剔除,嗣准声复系因继续开会故予招待,惟未能提出并非重报之确证,予以剔除。

参照审计法第二十一条。

### 163. 计字第一六三号

职员伙食差额津贴应予剔除。

某处三十一年度经费列报职员伙食差额津贴,据声复因该员等调在处外办公,未能享受处内津贴,故予以差额津贴,查以上办法在非常时期改善公务员生活办法并无规定,仍予剔除。

参照非常时期改善公务员生活办法。

**164．计字第一六四号**

职员战时生活贷金于法无据应予剔除。

某工厂三十一年度十二月份其他营业外支出项下,列支一至十二月份职员战时生活贷金三三八九一○○.八○元,于法无据,应予剔除。

参照非常时期改善公务员生活办法。

**165．计字第一六五号**

经费剩余应通知缴库。

某机关为三十一年度开办费剩余尚未缴库,注称系呈奉某部核准暂充周转金,经核三十一年十月底该机关现金存留数已达二十余万元,实无流充周转必要,应即通知迅行如数缴库。

参照公库法第十七条预算法第六十一条。

**166．计字第一六六号**

公有营业事业机关业务未依原定计划进展应予查询。

某厂筹备处三十一年度资本支出内事务费超越预算,其事业费除图书设备外,原定勘探及试验计划,均未动用,业务究系如何筹备推动,应予查询。

参照决算法第二十五条审计法第五十二条。

**167．计字第一六七号**

私购汽油应予剔除。

某工厂三十年度十一月份资本支出内列报汽油酒精价款一、二○○.○○元,注明私购在某处与某车购买应予剔除。

按汽油等早经政府统制,私购既属不法行为,列报全数应予剔除。

**168．计字第一六八号**

主要帐册采用活页并未装册应予纠正。

就地审核某工厂三十一年度收支时,发现该厂会计课主要帐册,均系活页,并未装册,应通知纠正。

参照会计法第一百条。

**169．计字第一六九号**

外币支出应以国币伸算列报。

某机关某仓库工程费会计报告列报缅币二二、六九四盾七安四派,未以国币伸算列报,经通知更正送审并补送银行兑换水单。

参照会计法第二十二条。

### 170. 计字第一七○号

各银行借款已否呈经上级主管机关核准应予查询并请补送借款契约。

某事业机关三十二年二月份现金出纳表,列有向农民银行息借购地费四十万元,以后月份并按期付息,当经查询其已否呈经上级主管机关核准,并请补送核准原案,及借款契约以资审核。

参照审计法施行细则第四十二条。

### 171. 计字第一七一号

周转金不得作正开支应予扣减。

某工厂三十一年事业费内列报周转金十六万元,查周转金系充周转之用,不能作正开支,应予如数扣减。

按周转金既非实付,自不能列报。

### 172. 计字第一七二号

代其他机关支付款项不得由本机关列报。

某局驻印机关三十一年度八月份经费内列支代某部某局及某银行拍发电报费,其单据并已分别送交各该机关,应予剔除,并应仍向各该机关催收。

参照审计法第二十一条。

### 173. 计字第一七三号

职员借支所生汇兑差额损失应由借款人负担。

某机关二十八年度经临费内,列报职员借支所生汇兑差额及因公购越币之汇兑亏损,除因公部份准予核销外,职员借支所生汇兑差额,应予剔除。

参照审计法第二十一条。

### 174. 计字第一七四号

公有营业机关剔除数应通知缴库。

某省审计处呈请核示公有营业机关剔除数之处理办法一案,应通知追缴解库,查不法不当支出之剔除,系惩处性质,公有营业机关资金虽为营业基金,仍应通知缴库。

### 175. 计字第一七五号

修正支出凭证单据证明规则第三条之证明人应于该凭证上签名或盖章。

某省审计处请示依据修正支出凭证单据证明规则第三条之规定,证明人仍以十字或其他符号代签章者,是否合法一案,查该规则第三条所称之证明人,必须在该凭证上签名或盖章,方为合法。

参照民法第三条第二三两项。

### 176. 计字第一七六号

因公出差参观各处旅费不得列报。

某学院列报某教授因公出差在渝逗留参观各处旅费,查参观各处并非原派出差任务,乃系私人行动所支旅费,应予剔除。

参照审计法第二十一条。

### 177. 计字第一七七号

列报职工寿险费全部金额四分之三于法不合应予剔除。

某部送审三十一及三十二年度员工寿险临时费会计报告,列支职工全部保险费四分之三,于法不合,应予剔除。

参照审计法第二十一条中央公务员雇员工役遭受空袭损害暂行救济办法第五条。

### 178. 计字第一七八号

办理定量分售事宜之借款利息不得列报。

某会声复请免剔除办理定量分售事宜之借款利息一案,查各机关定量分售事宜,系属代办性质,而非本身业务,其借款利息不得在公款列报,应予剔除。

参照审计法第二十一条。

### 179. 计字第一七九号

资本支出凭证已送审者其拨用材料清单应补送备查。

某工厂声复请免补送资本支出拨用材料清单一案,查该厂资本支出会计报告及凭证均已送部审核,其以材料单列报各项材料支出,于就地审核该厂营业帐目时,有互相核对之必要,仍应补送备查。

参照公有营业及公有事业机关审计条例第九条。

### 180. 计字第一八〇号

交代人员于交代期间不得支领定期薪津。

某处函询公务员于交代期间,应否酌支定期薪津一案,查法定交代期间,系指交代人员办理交代事务之限期,原职如已由新任接充,其卸任人员不应再领定期薪津。

参照交代条例第四条。

### 181. 计字第一八一号

支出证明单可免贴印花税票。

某处函询支出证明单,应否贴用印花税票一案,查支出证明单非受款人所出之原始凭证,而系机关内部自具之证明单据,可免贴用印花税票。

参照印花税法第三条第八条。

### 182. 计字第一八二号

机关成立周年纪念会招待来宾及职员茶点酒席等费不得列报。

某处列报成立若干周年纪念招待来宾及职员茶点酒席等费若干元,查机关成立周年纪念应举行简朴仪式,实无以茶点酒席招待来宾及职员之必要,核系不当支出,应予剔除。

参照审计法第二十一条。

### 183．计字第一八三号

机关未成立前之经费分配预算不得动支。

某机关在年度开始若干月后成立,照核定全年度十二个月经算预算编造会计报告送审,并动支未成立前各月份之分配预算数,应发还改编,并将已动支部份,如数剔除。

按机关在未成立前,尚未取得法定之地位,自无对外对内权责之发生,不应动支未成立之月份分配预算。

### 184．计字第一八四号

动支上年度经费剩余部份逾限不声复,应依法迳行决定。

某办事处三十年购黄包车费一千五百元,系动支二十九年节余经费,逾限未据声复,而该处业已结束,本案动支二十九年度经费剩余部份,既于法未合,复逾限不声复,应迳行决定剔除,并追缴解库。

参照审计法第二十二条。

### 185．计字第一八五号

流用事业费之款除员工生活补助费外仍应剔除。

某垦务管理局之经常费超支,以事业费流用,请免予剔除一案,查该项流用之款,除员工生活补助费外,余仍应予以剔除。

按事业经费预算内管理费与非管理费,除员工生活补助费行政院已有专案核准,在事业费匀支外,其他管理费用,自不得在非管理费用流用之。

### 186．计字第一八六号

逾总决算期限之会计报告仍予继续审查惟不发核准通知或审核通知。

某粮食储运局三十年及三十一年度会计报告已逾各该年度总决算审定期限,请仍予继续审查一案,该局三十年及三十一年度会计报告,准仍予继续审查,如发现有不忠不法及不经济等情事,则以公函通知,毋庸填发审核通知,倘尚符合,只可存卷备查,不必发核准通知或函件证明。

按中央及省市编制年度决算之要点内载编造办法凡各类岁出之有决算者,照决算数填列,无决算数者,照该年度十二月份各该科目累计数填列,无累计数者,照国库实发数填列。总决算审定后,即未送之机关其各该年度总决算所列支出数字,实已无再予审核发给核准通知之必要,惟各机关财务行政上之责任,并不因决算公布而终了,此在审计法第二十四条已有规定,对于决算后送审之会计报告,认为有疑义者,仍可予以审查,如发现有不当不法之支出,自可依法责令赔偿或加以处分,固无虞予狡黠者以逃避之机会。

## (三)稽察部分

### 1．稽字第一号

对于职务不法行为应依法处分。

某省审计处呈报某电话管理局,购买长途电线松木杆,勾结舞弊,侵公肥私一案,经令该处函省政府依法处分。

参照审计法第十五条。

2. **稽字第二号**

单据帐簿遗失经查明无疑准予备案。

一、单据遗失有帐簿可稽者,除应声叙其遗失经过外,并由本部派员核对,其有关帐册,如认为无疑义者,准予备案。

二、单据帐册均经遗失,应该声叙其遗失经过,并经该机关之主管上级机关证明属实者,得由本部查明备案。

按审计法第四十八条之规定,如遇意外事故,各机关对于会计档案等保管人员,并无怠忽者,自可不负责任,同法第三十九条审核机关审核会计报告时,应连同原始凭证又其他附属表册一并审核,准此,推断该项会计报告不全,只能查明后予以备案。

3. **稽字第三号**

契约规定外之支出应予纠正。

某委员会据某市场各营造厂商以食米大涨,请求加价,经该会议决所请津贴一节,未便照准,惟姑念各该商亏损属实,而对所包工程尚能努力工作,应酌予奖金,以资鼓励一案,查厂商承包营缮工程,为民法上承揽契约之一种,即互相约定一方为他方完成一定工作一方给付一定报酬,订约之始,自己各为审慎周详之考虑,事后盈亏均所不问,本案该委员会决议给与奖金自有不合,应予纠正。

参照民法第四九〇条。

4. **稽字第四号**

俸薪调查表漏盖印鉴发还补盖。

某机关函送参事室职员俸薪印鉴调查表内有某参事一份未盖印鉴,经发还补盖。

参照审计部稽察各机关公务员兼职兼薪实施办法。

5. **稽字第五号**

缺少印鉴表应予补送。

某机关咨送某厂二十八年三月份职员俸薪及印鉴调查表内缺印鉴表五份,经复请转补送。

参照审计部稽察各机关公务员兼职兼薪实施办法。

6. **稽字第六号**

变卖财物报告不详应予补送。

某机关函送变卖汽船合同抄本,及船身尺码简表,查该船原价若干未经叙明,附属器物清单,亦未检送,复请补送。

参照审计法第四十六条。

**7．稽字第七号**

印鉴表所列实薪俸与国难时期紧缩办法不合应请更正。

某所分所长俸薪印鉴表内,列现支俸薪一百元,实支一百元,核与国难时期各项支出紧缩办法规定不合,复请更正。

参照审计部稽察各机关公务员兼职兼薪实施办法及国难时期各项支出紧缩办法。

**8．稽字第八号**

税款被炸损失经证明确实且无怠忽情事得予备案。

某局所属某所征催员办公地址被炸,计损失税款一百九十九元二角七分,附送证明书切结及损失税款清单,请予备案一案,经准予备案,并通知嗣后对于现金票据等应予慎重保管,勿稍怠忽。

参照审计法第四十八条及审计法施行细则第三十六条。

**9．稽字第九号**

税收凭证遗失经证明确实准予存查。

某局所属某分局交邮呈寄之征收税款清册,及税单等件,在某地被匪劫失,附送邮局通知函一件及挂号单一纸,准予存查。

参照审计法第四十八条及审计法施行细则第三十六条。

**10．稽字第十号**

税款被敌搜劫经证明确实得予备案。

某局派驻某地征催员某某因地方失陷,被敌搜去税款十六元二角,附送前某分所长尤某切结一纸,准予备案。

参照审计法第四八条及审计法施行细则第三六条。

**11．稽字第十一号**

税款被劫经证明确实得予备案。

某局所属某卡遭叛警劫去税款七百四十六元三角,附抄送原来各证件,准予备案。

参照审计法第四八条及审计法施行细则第三六条。

**12．稽字第十二号**

公款被劫经证明确实得予备案。

某局所属某所被匪劫去经费节余款旧滇币六十五元六角五分,经查明属实,附呈当地乡长证明书一纸到部,准予备案。

参照审计法第四八条及审计法施行细则第三六条。

**13．稽字第十三号**

撤退时遗失民刑状纸准予存查。

某高等法院分院,前因某地告急,深夜仓卒向某处撤退,遗失民事状纸二百二十五套,刑事状纸三百二十七套,附送值银清单一份,暨某地方法院检察官证明书二份,准予存查。

参照审计法第四十八条,及审计法施行细则第三十六条。

### 14．稽字第十四号

财物损失缺附证明文件应予补送。

某机关函送某局二十八年敌机空袭损失报告一份,请予备案一案,查所报损失,事隔经年,又未附证明文件,无法查核,经复请函转补送证件,以凭核办。

参照审计法施行细则第三十六条。

### 15．稽字第十五号

营缮工程应依法定手续办理开标决标验收。

某机关修建房屋工程费计五千三百四十一元三角七分,曾否办理开标决标验收各项手续,应请声复。

参照审计法第四十九条及审计部稽察中央各机关营缮工程及购置变卖各种财物实施办法第二条。

### 16．稽字第十六号

营缮工程与图说不符应通知改善其情节重大者主办人员并应议处。

某部所属某校第一期校舍工程所用材料与图说不符,以及工事不良之点甚多,经咨请转按照图说全部改善,并将主办人员严行议处,再行监验。

参照审计法第四十九条及审计部稽察中央各机关营缮工程及购置变卖各种财物实施办法第九条。

### 17．稽字第十七号

监视人员应在合同上署名盖章。

某机关函送建筑临时办公室,其签订之合同,未经监视人员署名盖章,发还补盖。

参照审计法第四九条审计法施行细则第三七条。

### 18．稽字第十八号

工程未完不予监验。

某机关建筑某处市场房屋工程,经本部派员前去监验,据报告各项工程有十分之二尚未完竣,房屋内外多未粉刷,当即通知俟工竣后,再行监验。

参照审计法第四九条审计法施行细则第三九条。

### 19．稽字第十九号

营缮工程在规定数额以下毋庸监验。

中央某机关建筑职员宿舍工程完竣,请派员监验,查该项工程费,仅有二千四百元,未及五千元价额,毋庸派员监验。

参照审计法施行细则第四十条及审计部稽察中央各机关营缮工程及购置变卖各种财物实施

办法第二条。

**20．稽字第二十号**

购置财物在规定数额以上其开标决标验收应通知审计机关派员监视。

某机关筹备某处残废教养所，其开办设备费购置估价单在三千元以上，其开标决标验收，均应通知本部派员监视。

参照审计法第四十九条及审计部稽察中央各机关营缮工程及购置变卖各种财物实施办法第二条。

**21．稽字第二十一号**

未经决标手续应通知注意。

某机关建筑办事处房屋工程，照营造厂承造价按该商标价九折计算，此项工程未经履行决标手续，实有未合，惟照该商原标九折给价，较低标厂商所投之标价为廉，予以存查，并通知注意。

参照审计法第四十九条。

**22．稽字第二十二号**

违法渎职应依法移付惩戒。

某省审计处呈报某省某总队部队长伪造单据，捏报职员，侵蚀公款二万余元，实属违法渎职，经函请省政府依法办理，历时五月迄无结果，恳请依法转呈监察院移付惩戒一案，经呈院请将该总队部队长及会计主任，依法移付惩戒。

参照审计法第十五条。

**23．稽字第二十三号**

伪造单据侵蚀公款应依限期追缴并依法处分。

某省审计处呈报稽察某难民总站，结果查获伪据证件，共计侵蚀公款八百七十二元七角一分一案，经通知主管机关限期追缴，并依法处分。

参照审计法第十五条。

**24．稽字第二十四号**

暂付款超越月份分配预算及向银行借款存放备用应通知注意并纠正之。

某部每月分配数计七〇、八四六.七五元，而六月份暂付款竟至一二九、五三四.五二元，超过预算几达一倍，经通知注意，又该部因支付过矩，领入现金不敷应用，先后向中央银行借入数十万元，存放该行备用，于法不合，并予以纠正。

参照预算法第五十三条第二项及公库法第七条第十四条第十五条。

**25．稽字第二十五号**

自行保管税款超过法定期间应通知注意。

某税收机关各分局自行保管税款，超过法定期间，经函主管机关转注意。

参照公库法施行细则第九条。

#### 26．稽字第二十六号

征求旧书与普通物品不同得于一定限制内,准以出售人之收据列报。

某图书馆为救济书荒,适应需要起见,拟登报征求私人旧书,惟只能取得出售人收据,并无正式商店发票,请查核一案,查该馆所制定之收据格式,应于立据人项下,加添住址门牌,以便稽考,并规定在五百元以上时,由本部就地审计人员监验,并于每月月终加以盘查,以昭核实。

按支出凭证单据证明规则第四条规定,购买物品须有商店正式收据以资证明,惟旧书一项多为书店所无,若限于在书店购买,则搜集至不容易,故以监验盘查等方法,以证明其所购书籍及出售人所具收据是否属实,惟本例以征求旧书始能适用,如属新书或其他物品,仍须依支出凭证单据证明规则办理。

#### 27．稽字第二十七号

被敌提去税款经证明后准并备案。

某部所属某查验所委托某银行代收之二十八年二月上旬税款一万一千零二十五元八角四分,当某地失陷被敌提去,取具某银行证明书,请准予核销一案,查所报损失税款系属变出非常,既经某银行具证明书,当可征信,准予备案。

参照审计法第四十八条。

#### 28．稽字第二十八号

公款被窃如经管人未能尽良善管理者嗣后应加以注意并应负责赔偿。

某机关某分卡被仆役窃逃税款九百三十一元九角二分,仅追回五百一十元,经函法院及县政府协助拘捕,迄未缉获一案,查该分卡主任未能尽良善管理,嗣后应加以注意,其尚未追回之四百二十一元九角二分,应由该主任负责赔偿。

参照审计法第四十八条。

#### 29．稽字第二十九号

公有财物被窃如因保管人员怠忽所致应负责赔偿。

某局库存汽油三十一听,机油一听,空听三十五个被窃,经派员调查,确系因负责保管人员怠忽所致,应由该机关长官及主管人员,负责赔偿。

参照审计法第四十八条。

#### 30．稽字第三十号

预算或法案未成立前稽察程序仍应进行。

一、各机关购置财物及营缮工程,在预算或支出法案未成立前,仍予派员监视。

二、在稽察程序进行中,如因其他情形发生超越预算数情事,稽察手续仍予进行,惟主办机关办理追加预算或呈请核准时,不得以经过稽察手续为理由,而事后审核亦不受此拘束。

按稽察系就实际发生之事实予以认证不不予认证,某项事实既已发生,自有进行稽察程序之必要。

**31．稽字第三十一号**

工事结算表内所称核准延期日数之意义。

工事结算表内所称核准延期日数，系指主办机关依据合同所定条件准予延长之日数或酌量其他情形核准延期之日数而言，此项延期，审计机关自应注意其有无不合规定或是否合于情理，以免自由延展，发生流弊。

参照审计部稽察中央各机关营缮工程及购置变卖各种财物实施办法第四条。

**32．稽字第三十二号**

修订合同须得监视机关之同意。

审计机关监订之合同，如有修订必要，仍须得原监视机关之同意。

参照审计法施行细则第三十八条。

**33．稽字第三十三号**

紧急工程仍应依照手续办理毋庸另订单行法规。

据某省审计处呈为准某省政府以奉某院密令各地紧急工程应由各主管建设机关负责办理，不必依照普通手续一案，拟请函商某院，另订详细单行规则，通施行，以资依据等情，查现行各种有关工程审计法规所定比价监订合约等办法手续简便，并不妨碍工程之紧急性，毋庸另订单行规则。

参照审计法第四十九条及施行细则第三十七条。

**34．稽字第三十四号**

未经验收之建筑工程受灾损失应由包商负担。

准某市政府代电为某会建筑工程尚未验收，遭受风灾损失，请按照合同规定空袭损失例，由该会负担一案，碍难同意。

按民法第零八条工作毁坏减失之危害，于定作人受领前由承揽人负担。之规定，凡未经验收之建筑工程，受灾损失自应由包商负担之，合同规定对于空袭损失办法，固明以空袭为限，其他自不得为例。

**35．稽字第三十五号**

工程案件招标或参加比价厂商不及法定家数不得从权决定。

准某院函转据某局呈为发包工程招标比价仅及一二家时，拟由某市政府暨某部所派监视人员从权会议决定，是否可行，请查核见复一案，函复应依法办理。

参照审计部稽察中央各机关营缮工程及购置变卖各种财物实施办法第五条。

**36．稽字第三十六号**

标售公有财物未按规定手续办理标售无效。

某省审计处呈报以某工厂登报标售公有糖斤价值约二百万元之矩，并未按规定手续办理，且有袒护商人嫌疑密查属实一案，经咨请其主管机关先行过秤，再行投标，以前之标售无效，其违法事项另案办理。

参照审计法第四十九条。

**37．稽字第三十七号**

不得于合约规定外任意加价。

某审计处呈报某机关与建办公房屋,因轰炸影响物价人工陡涨数倍,包商不能履行合同规定,由该机关协助运料增加运费三千四百二十元,并另订合约一案,查增加运费究与原合同规定不符,仍应依法办理,不得合同签订后,任意加价。

参照民法第四九〇条。

**38．稽字第三十八号**

擅自销毁会计凭证应依法移付惩戒。

某部咨据某局呈为预防空袭避免燃烧起见,焚毁税票存根缴验两联计四百六十万三千二百八十八张,转请备案一案,查上项凭证既未达到保存届满年限,又未经该管上级机关及审计机关之同意,擅自焚毁殊属不合依法呈谓监察院移付惩戒。

参照会计法第一〇六条审计法第十五条。

**39．稽字第三十九号**

营缮工程不按法定手续办理事后不予核销。

某省审计处呈报某公路局建筑桥梁工程不依法定手续办理,致损失公帑六千元以上,所送合约业经拒绝签证,将来本案报销,究应全部不予核销,抑只就其超出部份予以剔除,谓核示一案,查关于营缮工程不按法定手续办理者,事后不予核销。

参照修正审计机关稽察各机关营缮工程及购置变卖财物办法第十八条。

**40．稽字第四十号**

滥支公款应依法追偿并移付惩戒。

某省审计处呈报某所副所长违法滥支公款属实,经函请省政府通缉清偿,并恳请转呈监察院移付惩戒一案,经呈院请将该副所长依法移付惩戒。

参照审计法第十五条第十七条。

**41．稽字第四十一号**

公务员不法行为应通知该管理机关依法办理。

某省审计处呈报某高等法院第一分院前会计员捏报员役薪饷及生活补助费一案,经通知该分院依法办理,并令该处于审核此项报销时,切实注意以杜浮冒。

参照审计法第十五条。

**42．稽字第四十二号**

对于主管机关处理失当案件应呈请监察院核办。

某省审计处呈报某保安处筹制三十年冬季服装标价超过市价甚钜,经通知省府核减失当,恳请转呈监察院咨行政院令该省府按照当时市价切实办理,并将原经办人移付惩戒一案,经据情呈请监察院依法核办。

参照审计法第十九条。

### 43．稽字第四十三号

司法官不得兼任其他官吏,并不得支领兼薪。

某省审计处呈报某地方法院检察官兼任某区保安司令部军法官并领兼薪一案,通知该管机关依法办理并追缴所领兼薪。

参照公务员服务法第十四条国民政府十六年十一月二十八日训令第八十一号二十八年四月二十九日训令第二四二号。

### 44．稽字第四十四号

事务官不得兼职并不得兼薪及米代金等。

某机关秘书兼任某司令部上校参议,并兼领俸薪及平价米代金等,经通知该管机关依法办理,并追缴兼领各费。

参照公务员服务法第十四条国民政府二十八年四月二十九训令第四二号修正非常时期改善公务员生活办法第八条及第二十四条。

### 45．稽字第四十五号

公有财物损失非因怠忽所致得予备案。

某部咨据某总团军需在衡阳领运擦枪布被焚请查核备案一案,查该军需原为预防空袭藉策安全起见,将擦枪布四百匹移存华利军服厂保管,该厂仓库失慎致遭焚毁,既经据某省审计处调查属实,应准备案。

参照审计法施行细则第三十六条。

### 46．稽字第四十六号

如因非常事变发生财物损失经主管机关证明得予备案。

某部咨据某炼钢厂呈为仰光失陷所存精铅四吨无法抢运计值国币二万零六百八十四元三角,拟列入非常损失,经查属实请予备案一案,查缅南失守,事出仓卒,该厂精铅四吨抢运不及既属事实,应予备查。

参照审计法施行细则第三十六条。

### 47．稽字第四十七号

销焚会计凭证应依法定手续办理。

某部函据某局呈为历年会计凭证存积过多转运困难,拟将保存已满五年以上之凭证,悉予销毁转请备案一案,该局声请销毁逾年会计凭证,于法尚无不合,惟未附具销毁清册,应请转补送以凭办理。

参照会计法第一〇六条。

**48．稽字第四十八号**

损失公款声复理由及所附证件不完备者不予存查。

某部声复某署及所属机关撤退时损失公款以事过境迁，无法取得当地机关证明书，检送公款收支清单及损失公款单据，请准予核销一案，查声复理由及所附证件尚欠完备，不予存查。

参照审计法第四十八条同法施行细则第三十六条。

**49．稽字第四十九号**

处境确属特殊振票经以送审其存根得焚毁。

某院函据某会呈为某省处境特殊，各机关行动靡定，振票携带困难军邮寄递未准埋藏又恐腐烂遗失，请准予就地焚毁一案，查处境确属特殊，除振票已送审者其存根得以焚毁外，其余仍应妥为保存。

参照会计法第一〇六条。

**50．稽字第五十号**

遗失单据不能以经办人员证明单列报。

某局以所属某运输事务所撤退时，遗失单据帐册未能取得其他机关证件，请以经办人员证明单据列报，依法不予备案。

参照审计法第四十八条同法施行细则第三十六条第二项及修正支出凭证单据证明规则第二条第二项。

**51．稽字第五十一号**

职员弃职潜逃借支款项应由该机关负责追缴。

某局以车站车务长某等三人弃职潜逃，所有前借旅费及周转金因保证人所具保单被炸，免予追赔一案，依法仍由该局负责追缴。

参照审计法第四十八条。

**52．稽字第五十二号**

损失案件声请补列原证不足不予存查。

某站单据被炸经具证明属实，予以存查，旋请补报漏列数被炸单据，并称与前报被炸捐失案为同一之证明书，查原证明书只系证明单据被炸，尚不足为漏列之证明，又经查明该站整理报销时期亦非迫切，声复理由尚欠充分，不予存查。

参照审计法施行细则第三十六条。

**53．稽字第五十三号**

伪造合同虚报价款应依法移付惩戒。

某省审计处呈报某警察总队及某县政府购办三十二年度警兵夏季制服伪造合同虚报价款一案，经依法呈请监察院移付惩戒。

参照审计法第十五条。

**54．稽字第五十四号**

损毁会计凭证如系主管人员怠忽所致应依法处分。

某处保险库失慎焚毁会计凭证,查系主管人员怠忽所致,经通知其上级机关将该主管人员予以处分。

参照会计法第七十五条。

**55．稽字第五十五号**

公有财物损失延不报核应声叙缘由。

某局于三十年四月间闽海战役损失小电艇三只,至三十三年三月始行报核,应补叙迟报缘由。

参照审计法施行细则第三十六条。

**56．稽字第五十六号**

公有财物被敌焚毁经证明确实得予存查。

某局因地方沦陷,公有财物悉被敌人焚毁,附送证件,准予存查。

参照审计法第四十八条及审计法施行细则第三十六条。

**57．稽字第五十七号**

各机关举行借款不应充作经常费用。

各机关举行借款应以紧急用费为限,若藉充经常用费者,虽经有上级机关核定,亦不予存查。

按各机关举行借款增重利息之担负,宜加限制,参照本部五〇一次审计会议议决案。

**58．稽字第五十八号**

公有营业机关延聘会计师查帐之查帐费准于列报。

某审计处请示以某银行之前经理失职舞弊延聘会计师查帐列支查帐费,应否予以列报一案,查此项查帐费,准予列报。

参照第五四九次审计会议议决案。

**59．稽字第五十九号**

标售敌伪物资最低限价准予公开。

某处敌伪产业处理局标售敌伪物资,拟将最低限价予以公开请查照一案,查标购之目的在节省开支,标售之目的在增加收入,标售时如将最低限价公开,而能增加国库收入,自可准照办理。

参照本部第五四五次审计会议决议案。